宫崎滔天家藏
民国人物书札手迹
（第四卷）

中国宋庆龄基金会研究中心 编

中国出版集团公司
华文出版社

图书在版编目（CIP）数据

宫崎滔天家藏民国人物书札手迹 . 第四卷 / 中国宋庆龄基金会研究中心编 . -- 北京：华文出版社，2021.1
ISBN 978-7-5075-5375-8

Ⅰ. ①宫… Ⅱ. ①中… Ⅲ. ①历史人物—手稿—收藏—中国—民国 Ⅳ. ① G262.1

中国版本图书馆 CIP 数据核字 (2020) 第 231926 号

宫崎滔天家藏民国人物书札手迹（全八卷）

编　　者：	中国宋庆龄基金会研究中心
责任编辑：	潘　婕
出版发行：	华文出版社
社　　址：	北京市西城区广外大街 305 号 8 区 2 号楼
邮政编码：	100055
网　　址：	http://www.hwcbs.com.cn
电　　话：	总编室 010-58336239　　发行部 010-58336238　　责任编辑 010-63429159
经　　销：	新华书店
印　　刷：	北京画中画印刷有限公司
开　　本：	889mm×1194mm　1/12
印　　张：	166.33
字　　数：	1436 千字
版　　次：	2021 年 1 月第 1 版
印　　次：	2021 年 1 月第 1 次印刷
标准书号：	ISBN 978-7-5075-5375-8
定　　价：	1999 元

版权所有，侵权必究

《宫崎滔天家藏民国人物书札手迹》(全八卷)编辑委员会

特别顾问：王家瑞　宫崎蕗苳（日）
顾　　问：章开沅　杨天石　宫崎黄石（日）　久保田文次（日）
主　　任：杭元祥
副 主 任：井顿泉　于　群
委　　员：唐九红　艾　多　陈爱民　宋　健　孙晓燕　李长莉　赵立彬

本卷执行编委

主　　编：艾　多
编　　辑：李　朋　赵　波

出版说明

宫崎滔天是日本熊本县人，早年受资产阶级民主思想的影响，追随孙中山支持中国民主革命。宫崎家藏大量中国近现代珍贵历史资料，一直未能公之于世，因而备受各界关注。

20世纪70年代末80年代初，中日史学界研究辛亥革命的学者，开展国际交流研讨的活动渐渐多起来。1981年，北京景山学校日语教师何子岚先生因与宫崎家熟悉的缘故，曾协助对其家藏的历史资料进行整理。同年10月，宫崎滔天的孙女宫崎蕗苳女士及其先生宫崎智雄教授应邀到中国参加纪念辛亥革命70周年大会，向大会赠送了一批家藏的文献资料，引起史学界的注意。1982年，著名历史学家刘大年先生致函宫崎蕗苳女士，提出与宫崎家合作整理、研究资料的建议，并指派中国社会科学院近代史研究所荣孟源先生推动，1985年荣先生不幸病逝，工作被迫中断。此后，中国学者陆续造访宫崎家，阅览资料并作了相关研究。黄兴、何天炯后人在与宫崎家的来往中，也曾获取这些资料的相关部分。1993年，宫崎蕗苳女士向历史学家章开沅先生初步透露希望系统整理与出版其家藏资料的意向。

2005年11月，中国宋庆龄基金会与中央电视台共同赴日本九州拍摄《寻访孙中山的足迹》文献片过程中，参观了宫崎兄弟的故居，了解到宫崎家藏资料的情况，感到对中国近代史研究具有重要意义，并感慨这批资料历经一个多世纪得以保存下来的不容易。2007年11月，在章开沅先生的帮助和引荐下，中国宋庆龄基金会正式启动了整理出版宫崎滔天家藏有关中国革命资料的项目。这一项目得到宫崎蕗苳女士、宫崎黄石先生及其夫人的大力支持，也得到了日本学者久保田文次、久保田博子夫妇的积极帮助。2011年，在辛亥革命百年之际，中国宋庆龄基金会将先期整理出来的部分资料汇集，由人民美术出版社出版了《宫崎滔天家藏——来自日本的中国革命文献》一书，受到海内外各界的关注与赞扬。2013年，为了推动这项工作的持续开展，中国宋庆龄基金会成立了"宫崎滔天家藏资料研究"项目组，制订规划、组织专人、明确任务，每年两次至三次派出工作组赴东京西池袋宫崎滔天旧居工作，对这些珍贵资料进行分类、编目、扫描等。同时，工作组坚持整理与保护并举的良好做法，认真持续地对文物原件采取防潮、防虫等保护措施，得到了宫崎家的进一步信任。2016年春，资料整理基本进入尾声，按计划进入编辑出版阶段。经过反复论证，确定了以《宫崎滔天家藏民国人物书札手迹》为书名，分八卷逐卷出版的方案。

《宫崎滔天家藏民国人物书札手迹》收录辛亥革命至民国期间，包括孙中山、宋庆龄、黄兴、廖仲恺、何香凝、宋教仁、何天炯、戴季陶、蒋介石、汪精卫、胡汉民、朱执信、于右任、黄复生、陈其美、李烈钧、谭延闿、邓恢宇、孙毓筠、吴玉章、陈独秀、李大钊、毛泽东、熊克武、但懋辛等近百位与宫崎家有书信往来的中国历史人物的相关资料，涵盖笔谈、信函、题词、手札等。资料集采用影印形式出版，由相关专家学者对原文进行释读。释读中，原文错字用〔 〕号，增补者用〈 〉标出，模糊不清或无法辨认者用□标示，汉字形式的日文在[ ]内标注中文含义，个别人物化名或指代名以编者注的形式在【 】内标出。关于资料编排，首先按资料类型区分，第一卷至第六卷为笔谈、信函，第七卷、第八卷为题词；其次按照资料涉及人物、数量等情况相对集中编于各卷，各卷中按人物姓名拼音首字母顺序排列，同一人物的按资料时间顺序排列，日期不详或无法考证的置于该人物末尾。由于编者水平所限，书中难免有错讹之处，敬请读者指正。

在宫崎滔天家藏资料整理与出版工作中，宫崎家一如既往地给予信任和支持，中国驻日本大使馆及日本宋庆龄基金会等机构积极协助，章开沅、金冲及、黄彦、尚明轩、步平、严昌洪、罗福惠、王晓秋、杨天石、汪婉、李长莉、赵立彬、何大章、陈红军、沈锡麟、彭剑、苏刚及久保田文次、久保田博子等中日两国专家学者进行热忱指导，中国宋庆龄基金会理事孙晓燕、中山大学历史系教授赵立彬、井冈山大学外国语学院霍耀林参与大量具体工作，于志强先生提供部分资助，中国出版集团和华文出版社给予大力支持，在此一并致谢。

编者

2020 年 11 月

序一

章开沅

我与宫崎家族可以说有天生的缘分。

小时候曾在父亲的书架上翻阅过《三十三年落花梦》，知道在日本曾经有位流浪武士，如同《隋唐演义》中的侠士虬髯客一样，把孙中山当作李世民式的明君，忠心耿耿帮助他发动辛亥革命，建立中华民国。

长大成人当上历史教师以后，由于研究辛亥革命，日本浪人与宫崎滔天成为绕不开的话题，对他有了更为具体的认知。但是在很长一个时期，由于中日已成敌国，所以从来不敢对这位东洋豪侠之士公开肯定。

直至"文化大革命"结束，中国进入改革开放的历史阶段，我们才有可能对宫崎滔天及其家族进行客观而较深入的研究。其实，就在"文化大革命"发动的那一年，即1966年春天，我差一点就与滔天的侄子世民见面。那时我被"纪念孙中山诞辰100周年筹备委员会"借调，参与出版孙中山、宋庆龄文集与征集史料方面的学术性工作，借住在白塔寺全国政协宿舍。宫崎世民正好也在北京友好访问，可能是想提供珍贵史料，急于与筹委会联络。当时北京市委已经成为批判对象，市内人心惶惶，筹委会又没有正式办公地点，及至找到我的住处，宫崎世民已经在飞机场候机返国，所以只能约定在机场见面。政协工作人员非常关切，赶紧派车送我到机场，但为时已晚，飞机即将起飞，那时又无手机，所以连说一句送别的话都无法实现。

1978年春，黄兴的女儿德华与丈夫薛君度到长沙访问，邀我共同探讨黄兴评价问题，宫崎兄弟自然成为重要话题。其时黄兴长子一欧因病住院，我们专程前往探访。他虽然高龄衰病，但谈起1907年至1911年年初寄住在宫崎家的往事，仍然充满依恋之情。感叹说："宫崎滔天已经去世50多年了，我虽已进入衰暮晚年，仍然时常想起这位和蔼可亲的长辈，他的音容笑貌，历历如在眼前。"那些年宫崎只顾为孙中山东奔西走，家中经济极为贫困，但滔天夫人宁可给亲生儿子吃杂粮，也要保证一欧吃米饭健壮成长，及时回国参加辛亥革命。

1978年春夏之交，日中友协（正统）奈良县本部名誉会长北山康夫先生来武汉访问，交流辛亥革命研究情况。我顺便介绍了一下一欧老人的回忆，他顿时激动起来，并把滔天当年主编的《革命评论》杂志送给我。据说整个日本能够完整保存下来的只有两套，这是他自己珍藏多年的纪念品。我认真阅读了这套杂志，内心非常感动，并借用该刊登载的中国留日革命志士的诗句"只教文章点点血，流作樱花一片红"，作为题目，写成一篇深情散文在《人民日报》（海外版）发表，公开表达了我对宫崎兄弟的崇敬之情。

日本史学界很多辛亥革命研究者看过这篇文章，所以1979年深秋访问京都大学时，狭间直树曾经陪同我前往熊本荒尾参观宫崎故居及家墓。家墓保存完好，旧居原貌仍存，引发我许多感慨。1981年日本举办纪念辛亥革命70周年国际研讨会，会后我与金冲及教授应荒尾市市长邀请，又专程前往拜谒这位日本先贤的故居及相关历史遗址，并且举办了盛大的公众集会，我与冲及发表了热情洋溢的讲话。

在此前一年，即1980年秋天，宫崎的孙女蕗苳率滔天会一行20余人访问中国，曾经专程来武汉与我晤谈。这是我与宫崎家族正式结交的开始。但彼此交往密切，相知渐深，却是在1993年夏季我滞留日本的两个多月期间。我与妻子不仅参加了滔天会的例行集会，而且再次比较从容地参观了东京宫崎故居收藏的宝贵文物与丰富文献。正是在此期间，蕗苳初步透露了这批历史文献的整理与出版的意向，由我回国寻求可靠的承办单位。日本东京女子大学久保田教授与宫崎蕗苳一家关系密切，其妻博子又是日本宋庆龄研究会的骨干，自愿担任日方的相关联络。回国以后，我立即与中国宋庆龄基金会通报此事，并且迅速得到他们的明确回复，决定承办宫崎家文献的影印出版事宜。经过多方努力与辛勤整理编辑，终于实现了我们多年的共同梦想，其丰硕成果就是由中国宋庆龄基金会研究中心主编，人民美术出版社于辛亥革命百年纪念期间隆重推出的《宫崎滔天家藏——来自日本的中国革命文献》，线装影印，装帧典雅，受到海内外各界人士的热情赞扬。

此书出版后，曾在北京隆重举办新闻发布会，我与宫崎蕗苳及黄石母子，还有久保田文次教授，再次在北京欢聚，洋溢欣慰之情。正是在这次会上，我倡议再接再厉，一鼓作气，把宫崎家藏全部与中国相关的历史文献加以整理，逐卷影印出版。当即得到与会者一致赞同，而更为可贵的是中国宋庆龄基金会的相关领导，深切理解这项编辑出版工程的重大意义与深远影响，立即开始运作，共同书写中日友好合作交流的新篇章。

经过宫崎家族与宋庆龄基金会的通力合作，宫崎家藏历史文献整理编辑工作有序高效推进。今年即可出版两卷，主要为宫崎滔天与孙中山、黄兴两人的来往函札。这是对孙中山150周年诞辰的最好纪念。作为此项重大工程的倡议者与参与者，能够亲眼看见多年梦想逐步化为现实，内心之喜悦难以言表，只能草成此序，略抒胸臆而已。

丙申仲秋于桂子山，年方九十

序作者为华中师范大学原校长、荣誉资深教授。

序二

杨天石

宫崎滔天是孙中山的亲密友人，和中国许多革命人士交往频繁，一生热诚支持中国革命，家藏大量相关信函、笔谈、照片等珍贵文物。2010年，为迎接辛亥革命100周年，中国宋庆龄基金会编辑并影印出版了孙中山与宫崎滔天的笔谈39枚、信函多通，受到世界中国近代史学界的广泛关注。2016年，为纪念孙中山诞辰150周年，宋庆龄基金会得到宫崎滔天后人授权，拟逐卷出版其全部家藏的中国革命人士的手迹等文物。这将为中国近代史的研究提供大批珍贵资料，是孙中山150周年诞辰纪念活动中最重要、最有光彩、最为学界关注的一笔。

宫崎滔天（みやざき とうてん 1871—1922），本名宫崎寅藏，一名虎藏，别号白浪庵滔天。出身于日本熊本县玉名郡荒尾村（今荒尾市）的"乡士"家庭（"武士寒门"）。有七个哥哥，三个姐姐，寅藏居末，与其兄宫崎八郎、宫崎民藏、宫崎弥藏四人，合称为宫崎兄弟。其中，八郎是日本自由民权运动的健将，1877年战死于反对封建藩阀的西南战争中；二哥民藏反对封建土地制度，倡导土地均分论，组织土地复权同志会，是日本提出土地问题的先驱；三哥弥藏认为当时的世界"弱肉强食"，"强者逞暴，日甚一日，弱者的权利与自由，一天天地丧失殆尽"，"必须速谋恢复之策"。三位兄长的思想都给了滔天以深刻的影响。

滔天幼年随父亲宫崎长藏学习剑术，后就读于德富苏峰所办大江义塾和中村正直所办同人社。1886年，转入东京专门学校（今早稻田大学）英语科，开始关注亚洲的革命运动。1888年，弥藏对滔天说：要防止黄种人永远遭受白种人的压迫，"这个命运的转折点，实系于中国的兴亡盛衰"，"倘若中国得以复兴，申大义于天下，则印度可兴，暹罗、安南可以奋起，菲律宾、埃及也可以得救"，将"广泛地恢复人权，在地球上建立一个新纪元"。弥藏建议深入中国内地，遍访英雄，共图大事。如果找到治世豪杰，就愿效犬马之劳。弥藏的思想自此成为滔天"一生进路的指南针"。后来，滔天又在此基础上进一步扩展为"世界维新，欲行天道于此邪恶世界"。他在给妻子的信中表示："我们的朋友是穷人、乞丐，我们的敌人是君王、贵族、地主和富翁。我们势非与社会的最强者搏斗不可。"

1891年5月，滔天初访中国上海，无所成。1897年7月，滔天与平山周等经由犬养毅斡旋，得到日本外务省的资助，来华考察秘密结社。1897年9月，滔天与平山周在横滨陈少白的家中见到孙中山，孙阐述了自己的革命主张，认为"共和政治"为"政体之极则"。滔天对孙中山大为倾倒，感慨地写道："孙逸仙实在已接近真纯的境地。他的思想何其高尚，见识何其卓越，抱负何其远大，情念何其切实。在我国人士之中，究竟有几个如他？他实在是东方的珍宝。"自此，滔天就将自己振兴亚洲和振兴中国的希望寄托于孙中山身上。他不仅将孙中山引荐给犬养毅等日本政治、经济界要人，而且将孙中山所写《伦敦蒙难记》译成日文，改题《清国革命领袖孙逸仙幽囚录》，亲撰按语，在福冈的《九州日报》上连载。这样，孙中山在日本的影响就日渐扩大。

1898年戊戌政变发生，滔天护送逃亡香港的康有为到达日本，奔走于孙中山与康有为及其弟子梁启超之间，力图劝说两派联合，共同反对清朝政府。1899年11月，滔天协助毕永年等人，将兴中会、哥老会、三合会三派联合，成立兴汉会，推举孙中山为会长。1900年6月，滔天陪同孙中山等人自日本乘轮南下，企图乘北方发生义和团运动之机，以江苏、广东、广西等南方六省为基础，建立共和政体。滔天亲到广州，与李鸿章的代表刘学洵谈判，实行两广独立；又到新加坡，企图劝说康有为"复建共和之旗帜，握手协力"。康有为怀疑滔天为刺客，向英国殖民当局控告，滔天被捕。孙中山得知，从西贡赶来营救。10月，滔天参与惠州起义，负责从日本调运原菲律宾独立军所留弹药，由于政客和商人的欺骗舞弊，均为废物。11月7日，起义失败，滔天返回日本。他穷困潦倒，又不愿从政府的对华间谍组织获取经费，转职成为浪花节艺人，到日本各地演唱，筹措革命经费。他曾对家人说："我能挣到革命的经费，而无法挣到养家的经费，万分地抱歉，请你们自食其力吧。"

1902年，滔天出版自传《三十三年之梦》，其中《兴中会首领孙逸仙》一章详述孙中山的革命经历。孙中山为该书作序，称滔天为"今之侠客"，"识见高远，抱负不凡，具怀仁慕义之心，发拯危扶倾之志。日忧黄种陵夷，悯支那削弱，数游汉土，以访英贤，欲共建不世之奇勋，襄成兴亚之大业。闻吾人有再造支那之谋，创兴共和之举，不远千里，相来订交，期许甚深，勖励极挚。"该书1903年由章士钊节译，以《大革命家孙逸仙》为名出版，随即"风行天下，人人争看，竟成鼓吹革命之有力著述"。

1903年之后，中国内地的爱国青年纷纷赴日留学，滔天热情接待、联络。1905年7月，滔天陪同孙中山会见黄兴，"谈论极合"，一见如故。不久，再次陪同孙中山访问《二十世纪之支那》杂志社，会见湖南革命志士陈天华与宋教仁。同月30日，参加中国各省志士在东京赤坂区黑龙会会所举行的会议，决定成立新的革命团体。8月13日，参加中国留日学生在东京富士见楼举行的欢迎孙中山会，与日人末永节二人先后发表演说。8月20日，以孙、黄为核心的中国同盟会成立，滔天成为第一批外籍会员。11月26日，同盟会机关刊物《民报》创刊，公开提出民族、民权、民生三大主义，滔天的住宅成为其最早的发行所。为了与《民报》呼应，滔天创办日文杂志《革命评论》。在第4号上以头版刊登孙中山的大幅照片，同时刊登滔天所写文章《志士的风骨》，介绍孙中山的事迹和为人。第7号上发表《支那革命殉难者小传》，纪念史坚如、邹容、陈天华、吴樾等烈士。1906年7月15日，章太炎出狱，到达东京，中国革命党人在锦辉馆召开欢迎大会，滔天发表演说，声称世界专制之国，存于今日者只有中国及俄罗斯，"然俄于近年民党进步至锐，旦夕将达其目的，贵国宁能无动乎？"

孙中山在日本东京期间，曾将联络、运动日本各方的工作委托滔天。1907年，支持中国革命的平山周、北一辉、和田三郎几个日本人士之间发生矛盾，孙中山于9月13日致函滔天，委托其全权办理在日本的"筹资、购械、接济革命军"以及与出资者谈判等各方面的工作。函称："专托足下一人力任其难，如有所商酌，可直接函电弟处。"由此可见孙中山对滔天的高度信任。1909年，滔天的经济愈加困难，生活陷于绝境，东京赤坂警察署的署长企图乘机收买滔天，要他提供中国革命者的情报，被滔天愤然拒绝。孙中山作书致谢。函称："足下为他国事，坚贞自操，艰苦备尝如此，吾人自问，惭愧何如！"

滔天和黄兴也情谊深厚。1907年，黄兴将儿子一欧寄养于滔天家。1908年7月，黄兴到东京，与滔天"天天有来往"。当时，滔天全家吃豆腐渣过日子，却设法借债让黄兴吃白米饭。1910年2月，黄兴为在中国南方发动起义，委托滔天在日本招募步兵、炮兵、工兵官佐。滔天为此运动长谷川大将，陆军大臣寺内正毅乘机派亲信随滔天到香港考察，黄兴作诗赠滔天，表达"百万雄师直抵燕"的热切愿望。同年，滔天被日本政府列为甲号社会主义者，受到严密监视。1911年4月，孙中山听到滔天"贫而病"，从加拿大寄款慰问。

1911年10月10日，武昌起义。10月17日，滔天参加在东京日比谷公园举行的浪人会，主张日本"绝对中立"，反对政府乘机侵华，干涉中国内政。11月15日，滔天挪借旅费来华，准备西上汉阳，接到孙中山约见的电报后立即赶到香港，与孙中山同轮赴沪。1912年元旦，参加孙中山就任临时大总统典礼。为了解决北伐清廷所需军费，滔天等人介绍孙中山向日本三井财阀借款，最终未能成功，孙中山不得不接受袁世凯所提出的和议。8月，孙中山应袁世凯之邀北上，电告滔天，称袁世凯将授予滔天以米谷输出权，滔天以渴不饮盗泉之水自励，加以拒绝。9月1日，滔天与何天炯、邓恢宇等人共同创办中日文并用的《沪上评论》，倡导发展中日友好。10月，离华回国。

1913年3月，孙中山访问宫崎家乡，在致词中盛赞宫崎弟兄"竭尽全力"支持中国革命的精神，祝愿两国的友谊"能如吾等之君子之交"，"携手共进，和睦友善"。同月20日。宋教仁在上海遇刺，孙中山从日本匆匆回国，发动"二次革命"，滔天参与筹划。"二次革命"失败，孙中山、黄兴之间意见分歧，革命党人中出现严重分裂，滔天力图化解孙、黄两派之间的矛盾。1915年10月25日，出席孙中山与宋庆龄的婚礼。1915年，滔天为改变大隈重信内阁的对华政策，反对袁世凯，支援孙中山，曾试图参政。他在犬养毅、头山满、寺尾亨、阪本金弥等人的推荐下，设立事务所，竞选众议院议员，孙中山曾驰书鼓励，赞美滔天为"真爱自由平等博爱之人"。

1916年5月，滔天再次到上海，和钮永建等计议向日本财阀久原房之助借款，发动讨袁军事。同年10月31日，黄兴逝世，滔天"痛心欲绝"，"大哭特哭"。1917年4月，长沙各界公葬黄兴、蔡锷，滔天不远万里，临穴送棺。当时正在湖南第一师范读书的毛泽东和萧三受到感动，联名求见滔天，称赞他"高谊贯于日月，精神动乎鬼神，此天下所希闻，古今所未有也"。4月1日，滔天到第一师范演讲，继续呼吁振兴亚洲。同年9月，孙中山在广州就任军政府大元帅，颁布讨伐段祺瑞令，命何天炯赴日，通过滔天争取财政援助。曾谋划开采广东汕头和安徽芜湖附近的铁矿和煤矿。此后的几年间，滔天及其夫人槌子一度热衷于联络革命党人邓恢宇等，投资矿业和米业。

1918—1921年，滔天为《上海日日新闻》撰写大量时评，抨击日本的军国主义与侵略扩张政策，主张日本应同各国发展相互平等的关系。他尖锐批评寺内正毅内阁的援助段祺瑞、压迫南方政府的外交政策。

1921年2月，孙中山授意何天炯邀请滔天访粤。3月12日，滔天与另一位支持中国革命的萱野长知在广州会见孙中山，孙中山仍然希望滔天代为向日本资本家借款。滔天返日后，积极进行，使孙中山无比感动，称滔天为"岁寒松柏"，"其人格尤苍健无匹"。次年12月6日，滔天因肾病和尿毒并发症逝世于日本东京，享年51岁。孙中山驰电："惊悉滔天同志去世，谨致哀悼之意！"1923年1月，孙中山领衔发起，在上海召开追悼大会，赞誉滔天为"日本之大改革家"，"对于吾国革命历史上，尤著有极伟大之功勋"。其骨灰分葬于故乡熊本县荒尾市与新潟县保仓村显圣寺。

宫崎滔天家藏中国革命人物的书简、手迹和实物。其中，属于孙中山与国民党系统的有孙中山、黄兴、宋教仁、胡汉民、朱执信、廖仲恺、张继、李烈钧、章太炎、何天炯、邓恢宇、陈去病等，后来成为中共领导人的有陈独秀、李大钊、毛泽东、吴玉章等，属于文化、艺术系统的有鲁迅、田汉等，总数约近百人，均弥足珍贵。1985年6月，我访问东京，曾由日本学者久保田文次、藤井昇三陪同，访问滔天旧居，蒙宫崎智雄、宫崎蕗苳夫妇热情接待，出示部分珍贵资料，并在孙中山手书的"推心置腹"四字匾额下合影，彼时情景，至今感念不忘。京都大学小野川秀美教授藏有何天炯、邓恢宇致滔天函复印件多份，我承该校狭间直树教授赐赠，又蒙宫崎夫妇惠允利用，陆续写成《何天炯与孙中山》《邓恢宇与宫崎夫妇》两篇论文。当时，颇以未窥全豹为憾。现在，滔天家藏的这些珍贵资料陆续全部出版，这是中日学界的大事、喜事，相信必将大为推动中国近代史和中日关系史的研究。

2016年8月写定于北京东城之书满为患斋

序作者为中国社会科学院荣誉学部委员、中央文史研究馆馆员、近代史研究所研究员、国家图书馆民国文献保护工程专家委员会顾问。

序三

久保田文次（日）

宫崎滔天（1871—1922），本名虎藏，通称寅藏，出身于今熊本县荒尾市乡士（居住乡村的武士）兼大地主家庭。全家人皆仁慈厚爱，且具反潮流精神。长兄八郎曾参加明治维新及自由民权运动，追随西乡隆盛战死沙场。民藏继为长兄，因同情佃农开展"土地复权"运动将土地有偿转让给他们。次兄弥藏反对俄罗斯及欧美各国入侵亚洲，为保日本独立，明治维新后随即主张国力尚不完备的日本给予朝鲜、中国协助。因为朝鲜、中国均尚贫弱，两国若不经改革乃至革命，即无法与日本携手合作，也不足以抵抗欧美。弥藏为寻求主张改革的中国志士开始学习中文，并于1895年在横滨与孙文、陈少白相识，1896年不幸病故。滔天赞同弥藏联合亚洲的主张，于1897年9月自香港回国抵达横滨后径直前往中华街陈少白寓所，陈未在，仅一身材矮小的西洋式绅士在场，正是弥藏多方寻访的孙文本人。初识之孙文与滔天想象的伟岸、美髯、善"高谈壮语"的"东洋豪杰"形象相差甚远，故心存疑虑。孙文就中国现状与革命理想谆谆如处女般谈起，继而"挥洒如脱兔"。滔天为孙文的激情折服，且感意气相投，自此，终生成为中国革命的援助者。

宫崎滔天投身孙文革命运动的同时，不断将孙文本人及革命运动的情况发表于报纸杂志。其最大功绩莫过于1902年于其自传《三十三年之梦》中系统介绍了孙文其人及思想活动，为世界首次。该书翌年经章士钊《孙逸仙》、金天翮《三十三年落花梦》抄译，为中国人民了解近代革命家孙文做出重大贡献。1905年经滔天斡旋，孙文与黄兴相识并共创中国同盟会，继而滔天与萱野长知共同创刊《革命评论》以声援中国革命。同时协助武器购买及资金筹集等具体事务，并积极向孙文等介绍日本政治家、外交官、军人、舆论人。其间与犬养毅及头山满也建立起密切关系。辛亥革命爆发时，滔天亲往上海支持孙文。之后亦不断给中国革命以支援，一贯对日本武断的对华政策加以批判。

滔天身为"浪人"并无固定职业，唯一收入来自报纸杂志和"浪曲师"等的稿费。多亏妻槌子揽女红活贴补，方可维持家计。并不富裕、"勉强度日"中，不仅接待孙文、黄兴、宋教仁，还款待过许多当时尚无名气的年轻革命者们。槌子十分理解滔天的事业，每每亲自接待中国来客。长子继承家业是日本的家族原则，滔天的兄长民藏理解并支持弟弟对中国革命的付出，乐于与留宿滔天家的中国志士交流。槌子之姐前田卓子是日本著名作家夏目漱石小说《草枕》女主人公原型，因婚姻失败前往东京，在同盟会机关报《民报》社居住并工作，被爱称为"民报祖母"。槌子的弟弟前田九二四郎亦曾参加革命活动。

滔天长子宫崎龙介（1892—1971）毕业于东京帝国大学法学部，是"大正民主运动"领袖吉野作造的门生，理解中国"五四"运动，与陈独秀、李大钊有亲密交往。龙介曾一度接近蒋介石，对日本的侵略政策一贯持批判态度，第二次世界大战后为和平运动及日中友好运动做出贡献，并长期致力于宫崎家藏资料的保护与整理。龙介女儿蕗苳之夫宫崎智雄是早稻田大学教授，在有识者何子岚的协助下倾心整理、挖掘家藏资料，并在与何天炯后人交流中提供并公开资料。

黄兴1904年11月亡命日本时立即拜访滔天，在推动同盟会翌年成立的过程中与滔天交往密切。滔天爱慕黄兴的质朴，将黄兴之子黄一欧、黄一中、黄乃接来日本读书，两家交往。滔天东京居所的取得也得益于黄兴的帮助，双方"情谊"深厚。尽管滔天无比仰慕孙文，但对孙文某些独裁倾向持批判态度。特别是在中华革命党成立前后的孙黄对立中竭尽调停之力，之后对孙文一如既往地支持，对黄兴的同情也不加掩饰。此次全集的编辑出版，恰将印证滔天与黄兴一家的亲密关系。

滔天与孙文、黄兴的友谊世人皆知，但最得滔天一家关照过的是宋教仁。宋教仁日记《我之历史》已成为记录宋本人及孙、黄等人活动的重要史料。谨此引用一段宋日记中描绘滔天一家接待中国人的段落。宋教仁于1905年7月19日与程家柽（润生）一同初次拜访宫崎家，记为"既抵滔天君家、则滔天已外出、惟其夫人在、速客人、属待之、余等遂坐。良久、一伟丈夫、美髯椎髻、自外昂然入、视之则滔天君也、遂起与行礼。润生则为余表来意、讫、复坐。滔天君乃言孙逸仙君不日将来日本、来时余当为介绍君等云云。又言君等生于支那、有好机会、有好舞台、君等须好为之、余日本不敢望其肩背、余深恨余之为日本人也"。滔天对得遇机会、舞台的中国革命家的羡慕之情可见一斑。之后，滔天参与协商黄兴及华兴会与孙文的合并，正是由于滔天的斡旋，事态快速进展，至8月20日中国同盟会成立大会召开。

同年9月17日宋教仁与张步青等友人共同拜访宫崎家，日记为"既至、坐良久、滔天出酒肴共啖之、余举杯连饮、少焉稍有醉意、乃放声唱湖南之新剧、滔天亦击节而歌、步青亦作鄂调、举坐殆若狂。良久、滔天之夫人内田氏（应为前田氏）亦出而举酒属客、余一饮而尽者数杯。又移时、余乃醉矣、呕吐满地、颓然横卧、迨至戌初、步青乃呼醒余、乃共辞归"，主客相融的气氛溢于言表。如此场景宋教仁日记多有记录，如实描绘了滔天一家对中国青年革命者们的热情接待。

宋教仁曾从事《民报》工作，与前田卓子同事。宋患有神经性疾病，卓子非常关心其健康，帮助宋治疗坐骨神经痛，宋自田端脑病院出院后，卓子建议宋去其九州娘家疗养。最终，经黄兴建议暂住新宿滔天家静养。宋教仁记有1906年10月5日下午4时到达宫崎家时的情景，"宫崎之夫人即为余扫除房间、少时余之行李亦运、遂搬入焉。其房在其家屋深处、有窗临街、颇可居也。宫崎氏有子二人、长名龙（龙介）、次名震（震作）、女一名节（节子）、夫人前田氏和坦可亲、其家庭之乐甚足羡"。宋教仁在宫崎家养病期间迎来《民报》创刊一周年大会，1907年元旦与滔天、萱野长知等对酒迎新，1月7日为代理即将远赴越南的黄兴的同盟会庶务干事一职搬入黄兴租住居所。如此打扰过宫崎一家的宋教仁直接史料，在宫崎家史料中却所见不多。不过宋教仁、何天炯、张继与盛装的前田卓子、福田内子（《民报》职员，滔天同乡）的合影照片"民报社的人们"可见。据宋教仁日记，1906年3月1日何天炯、前田等聚会为即将赴中国东北的张继饯行，2日特前往照相馆合影留念。宋教仁直接史料虽然不多，但宋日记却记录宋教仁本身和同盟会动态的同时，还如实记录了滔天一家对中国革命者、留学生的热情接待，是珍贵史料。

为张继饯行并参加合影留念的何天炯也是频繁到访宫崎家的中国人之一，他致滔天信函逾百封。宫崎家藏滔天收讫信函中，包括日本人在内，来自何天炯的堪称最多。如杨天石、狭间直树所说，何天炯有着敢于向孙文谏言的骨气，宫崎家藏数十位同志题跋签名的大幅横轴，正是为何天炯书法"文章有神交有道……"所题。何天炯书简预计由李长莉编辑出版为《何天炯集》，百余封信函的分析对孙文研究、辛亥革命研究具有重要意义。

宫崎家不仅藏有上述孙文、黄兴、宋教仁、何天炯资料，还藏有其他众多中国革命运动领导人、参与者的信函、随笔、书画、照片、名片等大量史料。以往出版过的《孙中山全集》《国父全集》《黄兴集》《黄克强先生全集》等不曾收录的资料此次亦有相当补充。宫崎家史料或多或少涉及的主要人物除上述人物还有以下诸位，恕不分排名先后：孙科、宋庆龄、陈少白、赵声、章炳麟、蔡元培、汪兆铭、胡汉民、陈其美、李烈钧、柏文蔚、谭延闿、孙毓筠、许崇智、朱执信、廖仲恺、何香凝、戴季陶、于右任、黄复生、章士钊、蒋介石、陈诚、谢持、吴玉章、董必武、熊克武、但懋辛、邓铿、胡毅生、景梅九、林义顺、韩恢、凌钺、白逾桓、邓恢宇、陈家鼎、何树龄，以及毛泽东青年时期致滔天信函。与龙介相关史料涉及鲁迅、陈独秀、李大钊、周恩来、廖承志、田汉、康白情，等等。中国近代史上熠熠生辉的人物在宫崎家藏史料中如星罗棋布。仅一个家族所藏涉及如此众多历史人物，在泱泱中国也不多见。

这些历史人物都是身后扬名，滔天一家招待时都还是无名且前途无从预测的青年，无论是蒋介石还是毛泽东。我只有无比钦佩滔天一家对这些无名青年的期待乃至招待。能为世界留下如此大量的重要且珍贵的史料无不源自那些日常招待。还应该说，正是有了滔天与槌子、龙介与白莲、智雄与蕗苳、黄石与博子历代继承者的精心保管、整理，才使得本资料全集的出版成为可能。

我本人原本不是孙文研究者，多年协助刘大年先生等中国学者访问宫崎家之余，通过宫崎智雄先生将发现龙介与宋庆龄往来信函告知久保田博子事，对滔天自身产生浓厚关注，并开始协助中国宋庆龄基金会整理资料。可以说每次拜访宫崎家都有令我激动的新发现。值此基金会的资料整理告一段落，开始出版八册全集之际，唯有无限感慨。衷心感谢宫崎一家及中国宋庆龄基金会给予我们夫妇如此巨大的学习机会。

2016年9月

序作者为日本女子大学名誉教授。

目 录

1. 何天炯致宫崎滔天函（1911年5月19日） /1
2. 何天炯致宫崎滔天函（1913年9月13日） /3
3. 何天炯致宫崎滔天函（1913年11月5日） /5
4. 何天炯致宫崎滔天函（1913年11月9日） /7
5. 何天炯致宫崎滔天函（1914年4月15日） /9
6. 何天炯致宫崎滔天函（1914年4月24日） /11
7. 何天炯致宫崎滔天函（1914年5月15日） /13
8. 何天炯致宫崎滔天函（附）（1914年5月15日） /15
9. 何天炯致宫崎滔天函（1914年5月25日） /17
10. 何天炯致宫崎滔天函（1914年6月7日） /19
11. 何天炯致宫崎滔天函（1914年6月13日） /21
12. 何天炯致宫崎滔天函（1914年6月28日） /23
13. 何天炯致宫崎滔天函（1914年7月29日） /25
14. 何天炯致宫崎滔天函（1914年9月21日） /27
15. 何天炯致宫崎滔天函（1914年11月12日） /29
16. 何天炯致宫崎滔天函（1914年11月22日） /31
17. 何天炯致宫崎滔天函（1915年4月2日） /33
18. 何天炯致宫崎滔天函（1915年7月至8月） /35

19. 何天炯致宫崎滔天函（1915年8月27日） /37
20. 何天炯致宫崎滔天函（1915年9月3日） /39
21. 何天炯致宫崎滔天函（1915年10月8日） /41
22. 何天炯致宫崎滔天函（1915年10月11日） /43
23. 何天炯致宫崎滔天函（1915年10月19日） /45
24. 何天炯致宫崎滔天函（1915年11月1日） /47
25. 何天炯致宫崎滔天函（1915年11月8日） /49
26. 何天炯致头山满函（1915年11月8日） /51
27. 何天炯致宫崎滔天函（1915年11月9日） /53
28. 何天炯致宫崎滔天函（1915年11月13日） /55
29. 何天炯致宫崎滔天函（1915年11月14日） /57
30. 何天炯致宫崎滔天函（1915年11月21日） /59
31. 何天炯致宫崎滔天函（1916年1月2日） /61
32. 何天炯致宫崎滔天函（1916年1月6日） /63
33. 何天炯致宫崎滔天函（1916年1月12日） /65
34. 何天炯致宫崎滔天函（1916年1月23日） /67
35. 何天炯致宫崎滔天函（1916年2月24日） /69
36. 何天炯致宫崎滔天函（1916年4月25日） /71
37. 何天炯致宫崎滔天函（1916年4月27日） /73
38. 何天炯致宫崎滔天函（1916年5月4日） /75
39. 何天炯致宫崎滔天函（1916年5月25日） /77
40. 何天炯致宫崎滔天函（1916年5月） /79
41. 何天炯致宫崎滔天函（1916年6月29日） /81
42. 何天炯致宫崎滔天函（1916年9月10日） /83
43. 何天炯致宫崎滔天函（1916年9月11日） /85
44. 何天炯致宫崎滔天函（1917年3月12日） /87
45. 何天炯致宫崎滔天函（1917年6月3日） /89
46. 何天炯致宫崎滔天函（1917年7月11日） /91

47. 何天炯致宫崎滔天函（1917年9月13日） /93
48. 何天炯致宫崎滔天函（1917年11月12日） /95
49. 何天炯致宫崎滔天函（1917年12月8日） /97
50. 何天炯致宫崎滔天函（1917年12月20日） /99
51. 何天炯致宫崎滔天函（1918年6月28日） /101
52. 何天炯致宫崎滔天函（1918年7月15日） /103
53. 何天炯致宫崎滔天函（1919年2月21日） /105
54. 何天炯致宫崎滔天函（1919年4月27日） /107
55. 何天炯致宫崎滔天函（1919年5月15日） /109
56. 何天炯致宫崎滔天函（1919年6月7日） /111
57. 何天炯致宫崎滔天函（1919年6月16日） /113
58. 何天炯致宫崎滔天函（1919年7月16日） /115
59. 何天炯致宫崎滔天函（1919年9月9日） /117
60. 何天炯致宫崎滔天函（1919年10月13日） /119
61. 何天炯致宫崎滔天函（1919年10月18日） /121
62. 何天炯致宫崎滔天函（1919年10月18日） /123
63. 何天炯致宫崎滔天函（1919年10月20日） /125
64. 何天炯致宫崎滔天函（1919年10月21日） /127
65. 何天炯致宫崎滔天函（1919年10月23日） /129
66. 何天炯致宫崎滔天函（1919年10月24日） /131
67. 何天炯致宫崎滔天函（1919年10月30日） /133
68. 何天炯致宫崎滔天函（1919年11月13日） /135
69. 何天炯致宫崎滔天函（1919年12月15日） /137
70. 何天炯致宫崎滔天函（1919年12月26日） /139
71. 何天炯致宫崎滔天函（1920年2月12日） /141
72. 何天炯致宫崎滔天函（1920年3月21日） /143
73. 何天炯致宫崎滔天函（1920年3月26日） /145
74. 何天炯致宫崎滔天函（1920年3月30日） /147

75. 何天炯致宫崎滔天函（1920年4月7日） /149
76. 何天炯致宫崎滔天函（1920年4月17日） /151
77. 何天炯致宫崎滔天函（1920年4月21日） /153
78. 何天炯致宫崎滔天函（1920年5月22日） /155
79. 何天炯致宫崎滔天函（1920年5月26日） /157
80. 何天炯致宫崎滔天函（1920年6月8日） /159
81. 何天炯致宫崎滔天函（1920年6月8日） /161
82. 何天炯致宫崎滔天函（1920年6月10日） /163
83. 何天炯致宫崎滔天函（1920年6月15日） /165
84. 何天炯致宫崎滔天函（1920年6月18日） /167
85. 何天炯致宫崎滔天函（1920年7月9日） /169
86. 何天炯致宫崎滔天函（1920年7月14日） /171
87. 何天炯致宫崎滔天函（1920年8月2日） /173
88. 何天炯致宫崎滔天函（1920年8月2日） /177
89. 何天炯致宫崎滔天函（1920年8月2日） /179
90. 何天炯致宫崎滔天函（1920年9月6日） /181
91. 何天炯致宫崎滔天函（1920年9月19日） /183
92. 何天炯致宫崎滔天函（1920年9月30日） /185
93. 何天炯致宫崎滔天函（1920年10月4日） /187
94. 何天炯致宫崎滔天函（1920年10月10日） /189
95. 何天炯致宫崎滔天函（1920年11月14日） /195
96. 何天炯致宫崎滔天函（1920年12月21日） /197
97. 何天炯致宫崎滔天函（1921年1月5日） /199
98. 何天炯致宫崎滔天函（1921年1月25日） /201
99. 何天炯致宫崎滔天函（1921年2月8日） /203
100. 何天炯致宫崎滔天函（1921年3月20日） /205
101. 何天炯致宫崎滔天函（1921年4月9日） /207
102. 何天炯致宫崎滔天函（1921年4月18日） /209

103. 何天炯致宫崎滔天函（1921年7月8日） /211
104. 何天炯致宫崎滔天函（1921年7月19日） /213
105. 何天炯致宫崎滔天函（1921年7月21日） /217
106. 何天炯致宫崎滔天函（1921年7月23日） /219
107. 何天炯致宫崎滔天函（1921年8月5日） /221
108. 何天炯致宫崎滔天函（1921年8月21日） /223
109. 何天炯致宫崎滔天函（1921年9月15日） /225
110. 何天炯致宫崎滔天函（1921年9月21日） /227
111. 何天炯致宫崎滔天函（1921年9月28日） /231
112. 何天炯致宫崎滔天函（1922年5月29日） /233
113. 何天炯致宫崎龙介、震作函（1923年4月14日） /237
114. 何天炯致宫崎龙介、震作函（1925年1月3日） /239

(1)
滔公足下事敗以來未上一椷詢候實因腦痛心亂不能執筆今將邇近情形為
陳女大略此回失敗有胡冠卿某二人伊為人私心太重復意怠用事且
誤用偵探陳某查以絕大之任務託用事之時胡後偽生怕死伊昨指芳死生一
百人臨時祇七八次之罪州之事發星平日所辦英雄兩平義烈半真半假致

(2)
獨力難持終幸黃克強有部思欣奮男兒奇致滿狂先托快三倍我此先拉
之耳剛將偽子及革實鴻搞林暗爽居腸都中檢死於督署門而死方所
住於同志共死五六深巳憂傷亡三指叭藏不日也盛瘉蒼擔出事之聞於漢陽漢府
小有一條趙聲亦剛東京手賀身已死矣師倪居於喪棟出巷死皆由事敗致
日病死鳴呼喪人個矣疾亦且鳴呼喪又弱一個矣

(3)
鈕事敗先失故友名譽故將事對外灣同志個內等難搖
了分憤激深恨同志之謀軍刻不頜同古為個人
故欲不顤問古之事敵刻不坐入等
貴國進行細特形狀紬重行屆時詳細再述此如勿掛念有宝大名事定
述率行此初切即有
鋼皮能展用珊俱於昨日出帆向
莊尉心尚未乾又是屁下毛年一行也辛此也
突行惑之事敬對不坐防
故欸不頜問古之事敬刻不坐防
劃次新昨夜西洋

鴻安
萱野居未知所遇為諸
皆樣宜少
香港西營盤第四街
二樓何梅春收轉交何國剛函
夕剛加五桐示位交五月十九

宫崎滔天家藏民国人物书札手迹（第四卷）

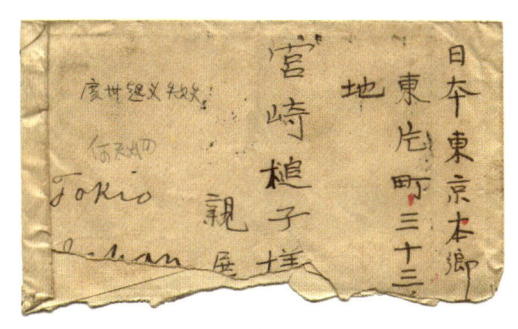

释读

滔公足下：

　　事败以来，未上一缄问候，实因脑痛心乱，不能执笔。今少间适，请为阁下陈其大略：此回失败最大原因，在胡飞卿一人。伊为人私心太重，复意气用事，且误用侦探陈某，委以绝大之任务。事发之时，胡复偷生怕死，伊所招募死士一百人，临时无一人在故也。其次之罪，则为姚雨平（嘉应州人），临事仓皇，皆由平日所办之事半真半假，致事发之时，克强独力难持。然幸克强所部，人人奋勇向前，致满兵伤亡，三倍我党，稍快人意耳（我军伤亡及事后被擒者约千人以上）。林时爽君脑部中枪，死于督署门前。东京田野方所住之同志，共死五人，深可伤也。克强右手负伤，三指切断，不日可以全〔痊〕愈矣。但此事乞阁下暂时秘密，以刻下满洲政府以为克强已死，今若骤然发布，则东京侦探必告知满廷故也。赵声君于昨日病死，皆由事败后血热气郁，致生肠疾亡。呜呼！吾党又弱一个矣！

　　此回事虽失败，然不失名誉，故将来对外洋同志，仍可筹款。惟克强此刻十分愤激，深恨同志之误事，故欲不预闻大局之事，而行个人实行之事。故刻下同人多方劝慰，尚未气平耳。吴君永珊及熊君月珊俱于昨日出帆，向贵国进行，届时详细情形必能面述。弟行止如何，尚未有定，大约事定之后，欲往南洋一行也。专此即问

鸿安

　　萱野君未另缄，乞代问候各位好。

弟 何拜
五月十九

阁下如有缄示，乞交：香港西营盘第四街二十三号二楼何梅春收转交何。

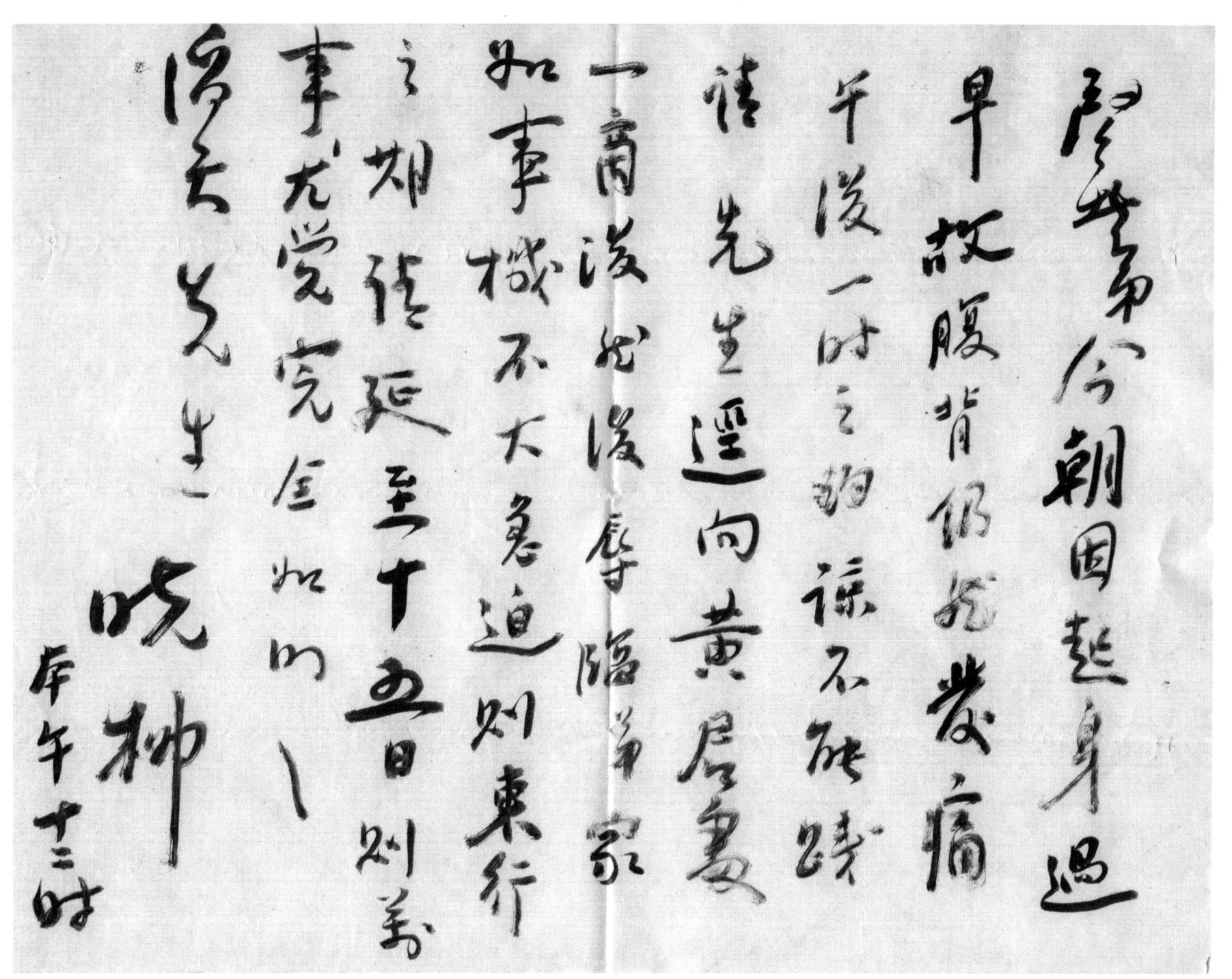

何天炯致宫崎滔天函（1913年9月13日）

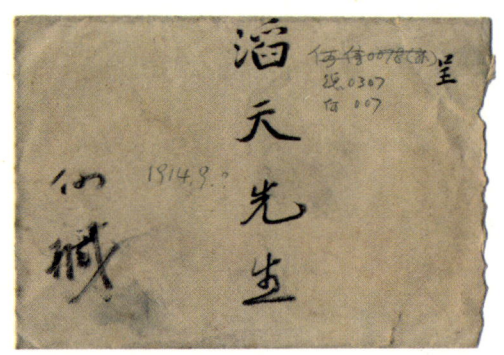

释读

启者：

  弟今朝因起身过早，故腹背仍然发痛，午后一时之约，谅不能践。请先生径向黄君处一商后，然后辱临弟家。如事机不大急迫，则东行之期请延至十五日，则万事尤觉完全，如何如何？

滔天先生

晓柳
本午十二时

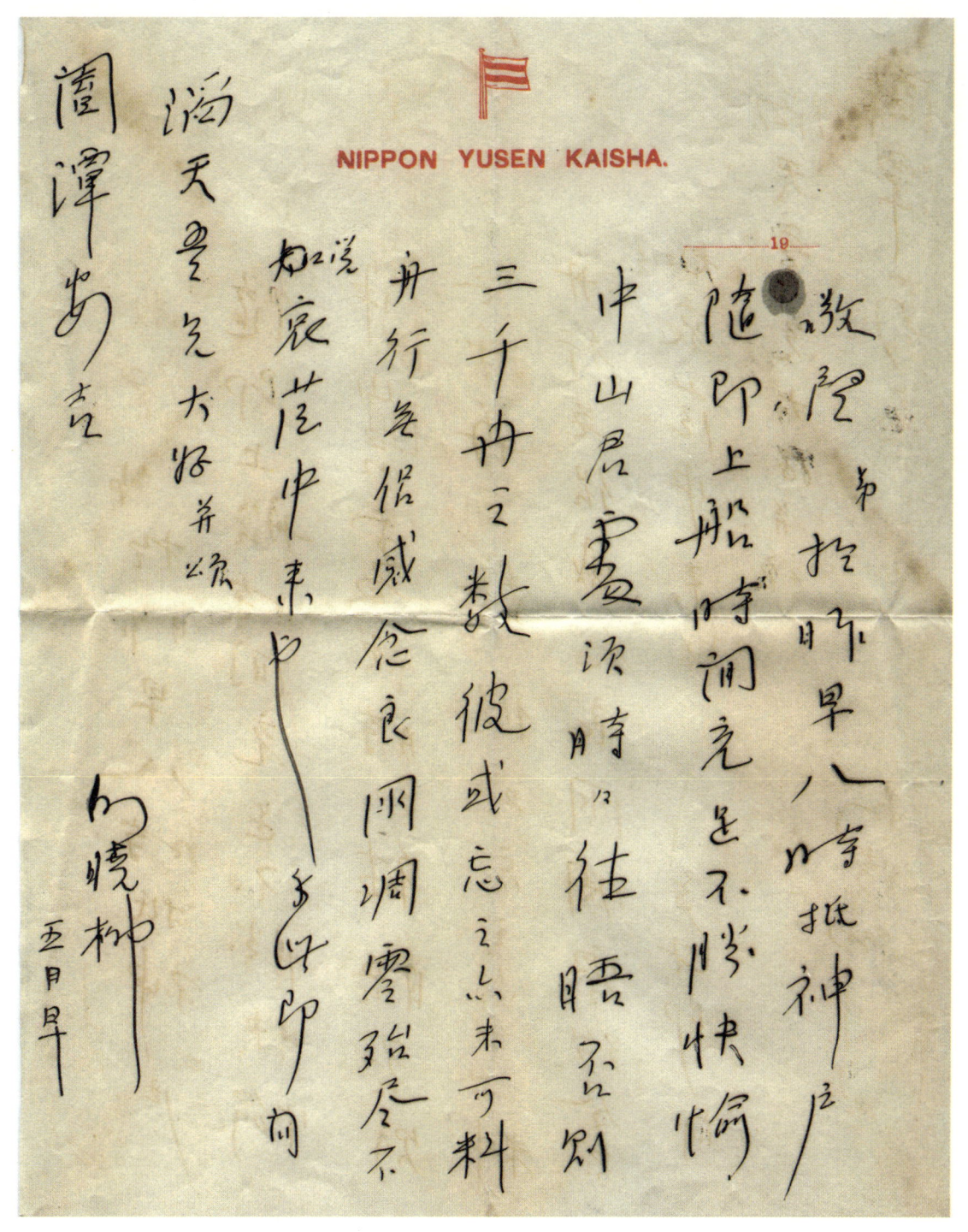

何天炯致宫崎滔天函（1913年11月5日）

宫崎滔天家藏民国人物书札手迹（第四卷）

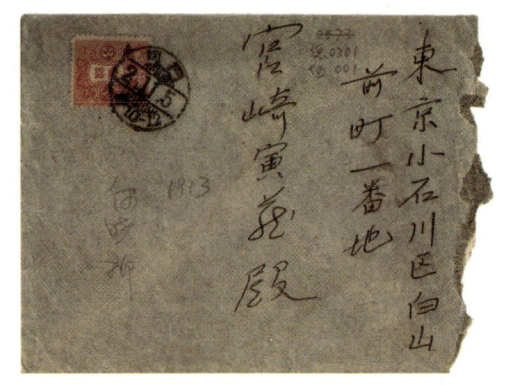

释读

敬启：

　　弟于昨早八时抵神户，随即上船。时间充足，不胜快愉。中山君处须时时往晤，否则三千元之数彼或忘之，亦未可料。舟行无侣，感念良朋凋零殆尽，不觉哀从中来也。手此即问

滔天吾兄大好并颂

阃潭安吉

何晓柳
五日早

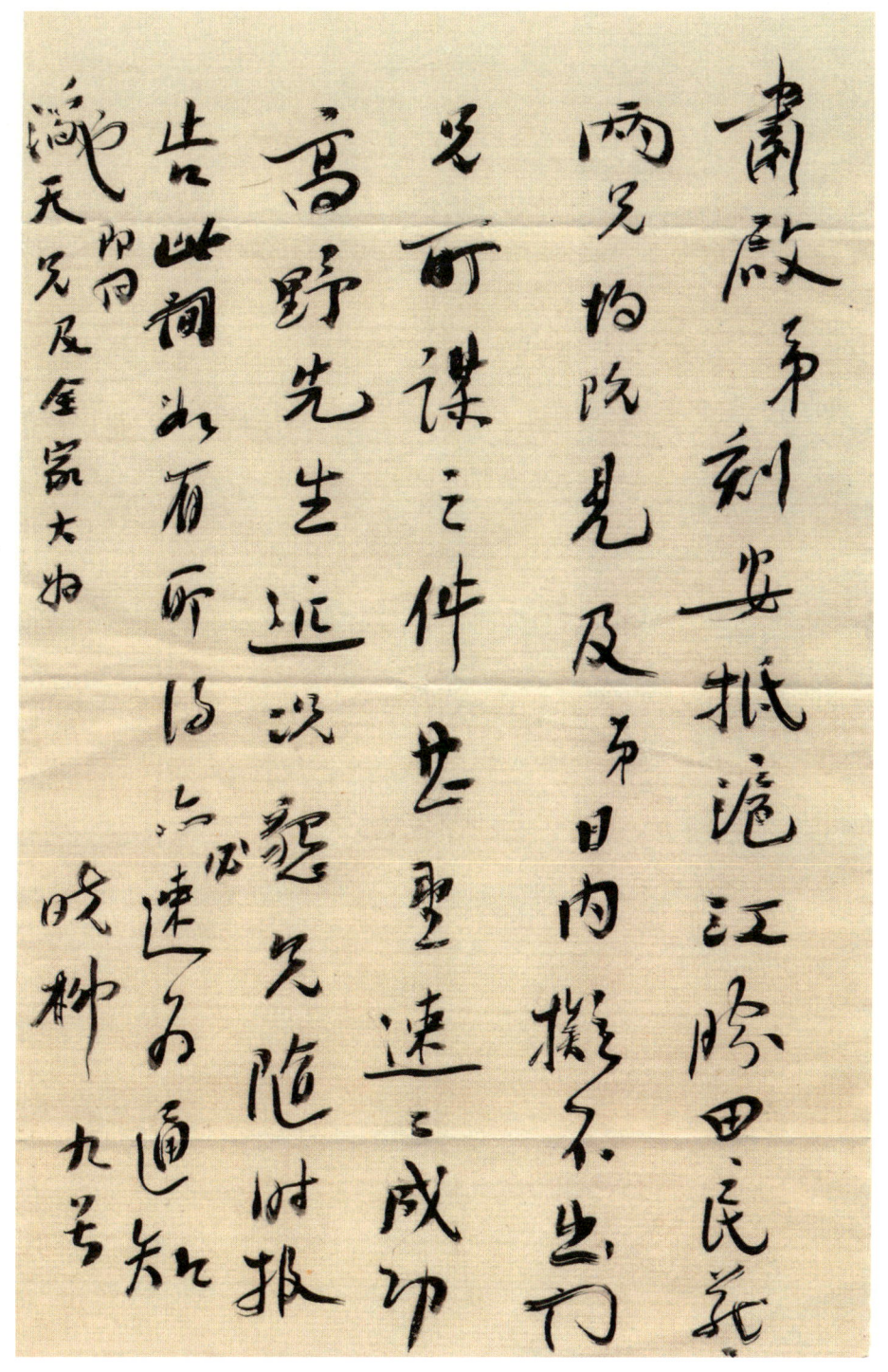

何天炯致宫崎滔天函（1913年11月9日）

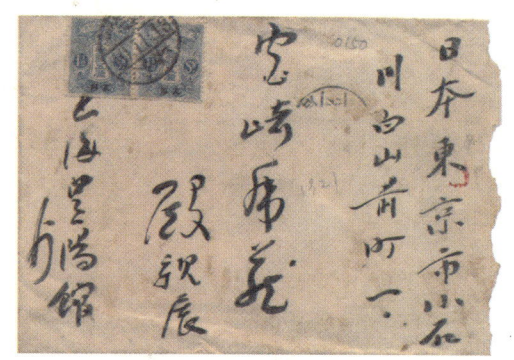

释读

肃启：

  弟刻安抵沪江，胜田、民藏两兄均既见及。弟日内拟不出门，兄所谋之件甚望速速成功。高野先生【编者注：指孙中山】近况，恳兄随时报告，此间如有所得，亦必速为通知也。即问

滔天兄及全家大好

晓柳
九号

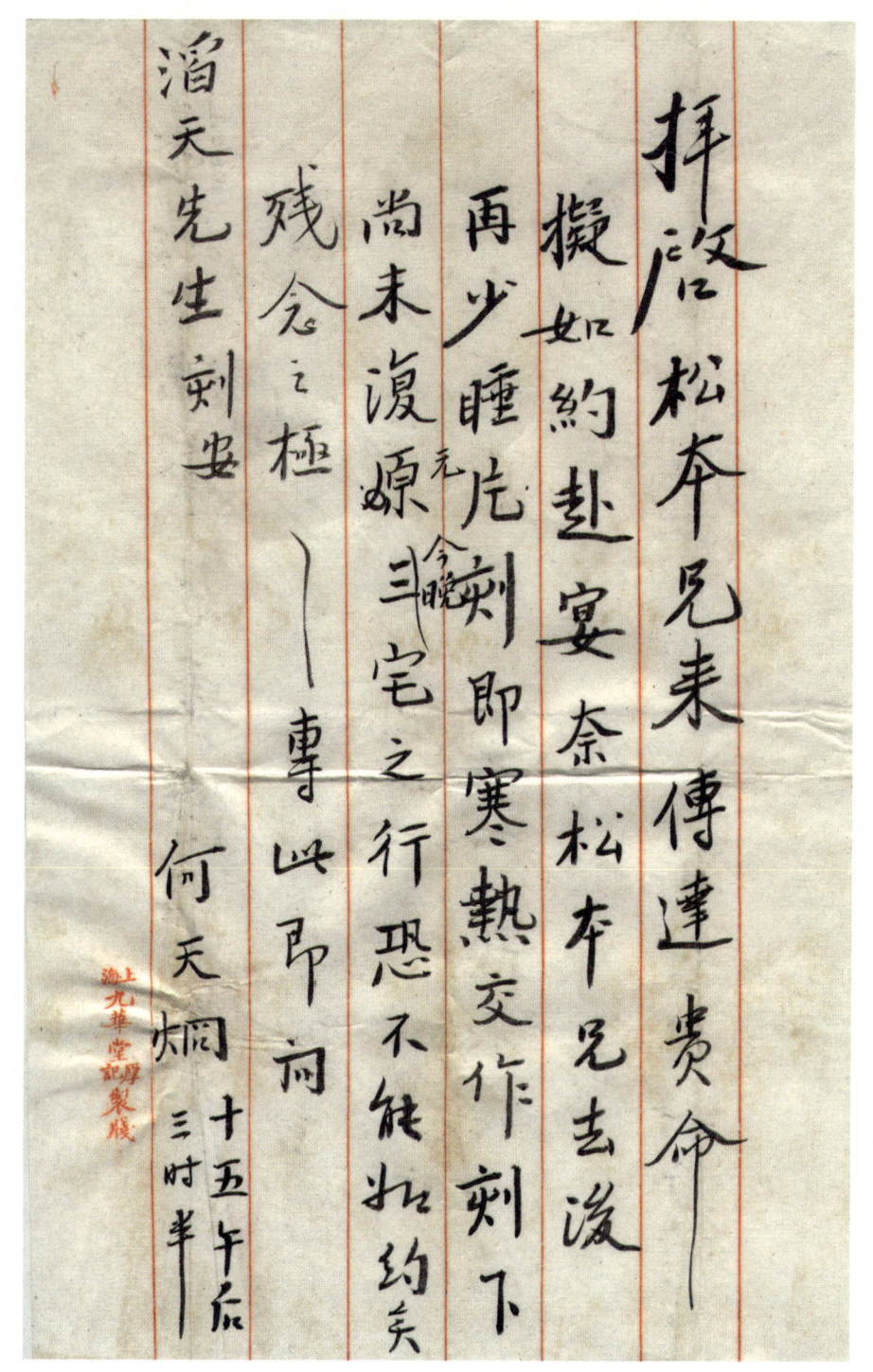

何天炯致宮崎滔天函（1914年4月15日）

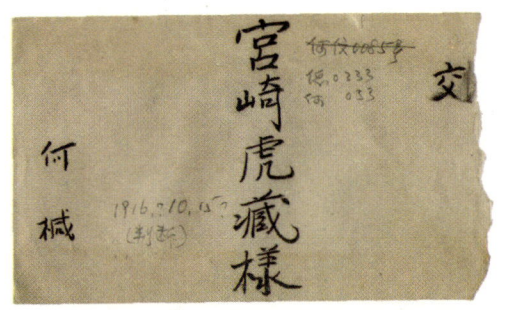

释读

拜启：

　　松本兄来传达贵命，拟如约赴宴。奈松本兄去后再少睡片刻，即寒热交作，刻下尚未复元，今晚三宅之行恐不能如约矣。残念[日文，意为抱歉]之极。专此即问

滔天先生刻安

何天炯

十五午后三时半

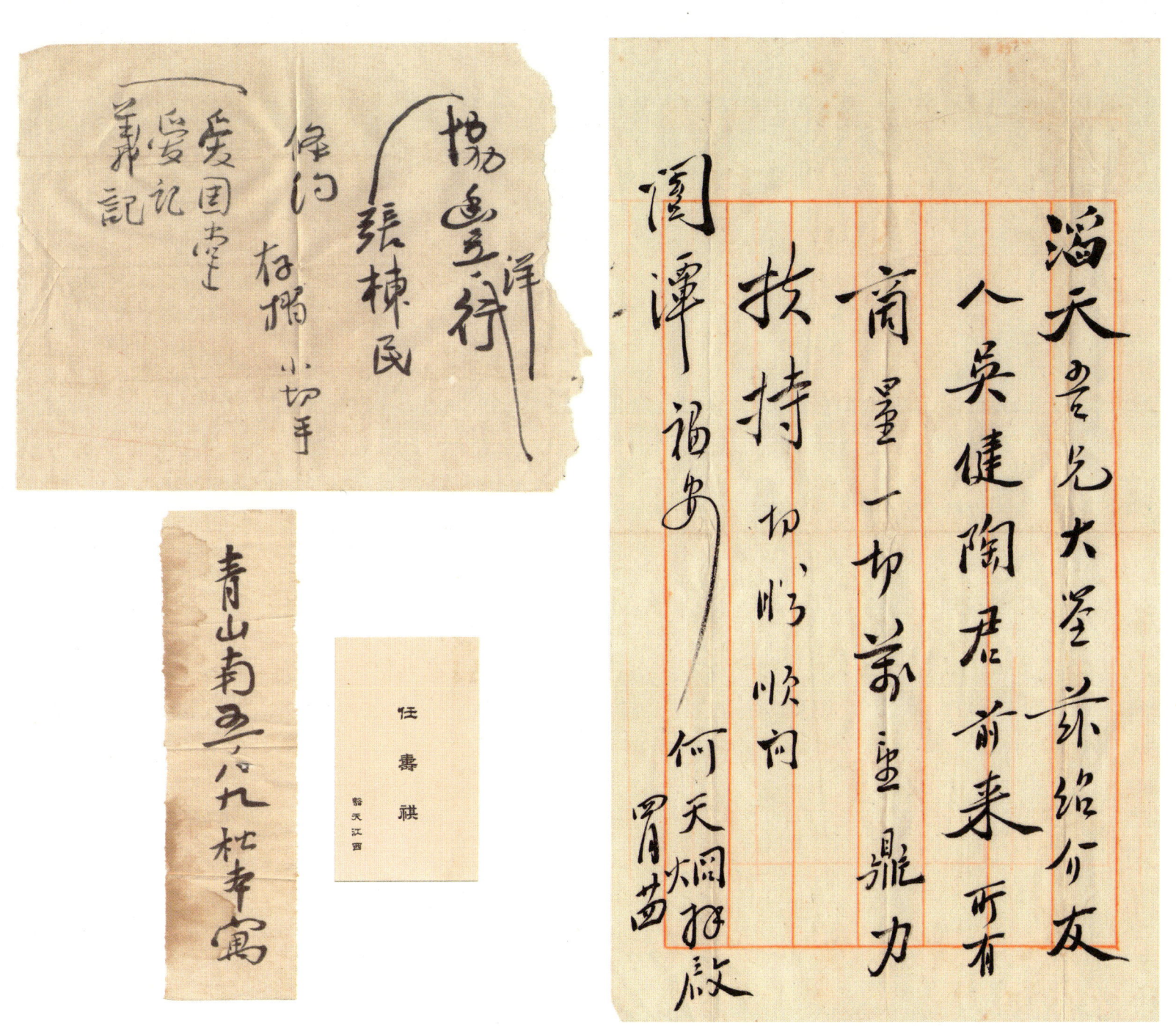

何天烱致宫崎滔天函（1914年4月24日）

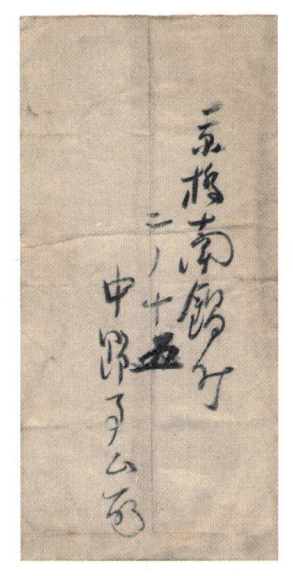 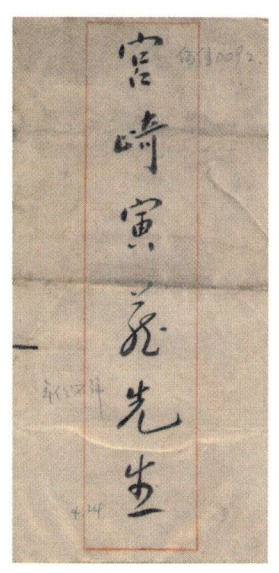

释读

滔天吾兄大鉴：

　　兹绍介友人吴健陶君前来，所有商量一切，万望鼎力扶持。切盼。顺问

阖潭福安

何天炯拜启

四月二十四

【附：便签】

青山南五　八九松本寓

协丰洋行　张栋民

条约　存折　小切手［日文，意为支票］

爱国堂　爱记　义记

【附：任寿祺名片】

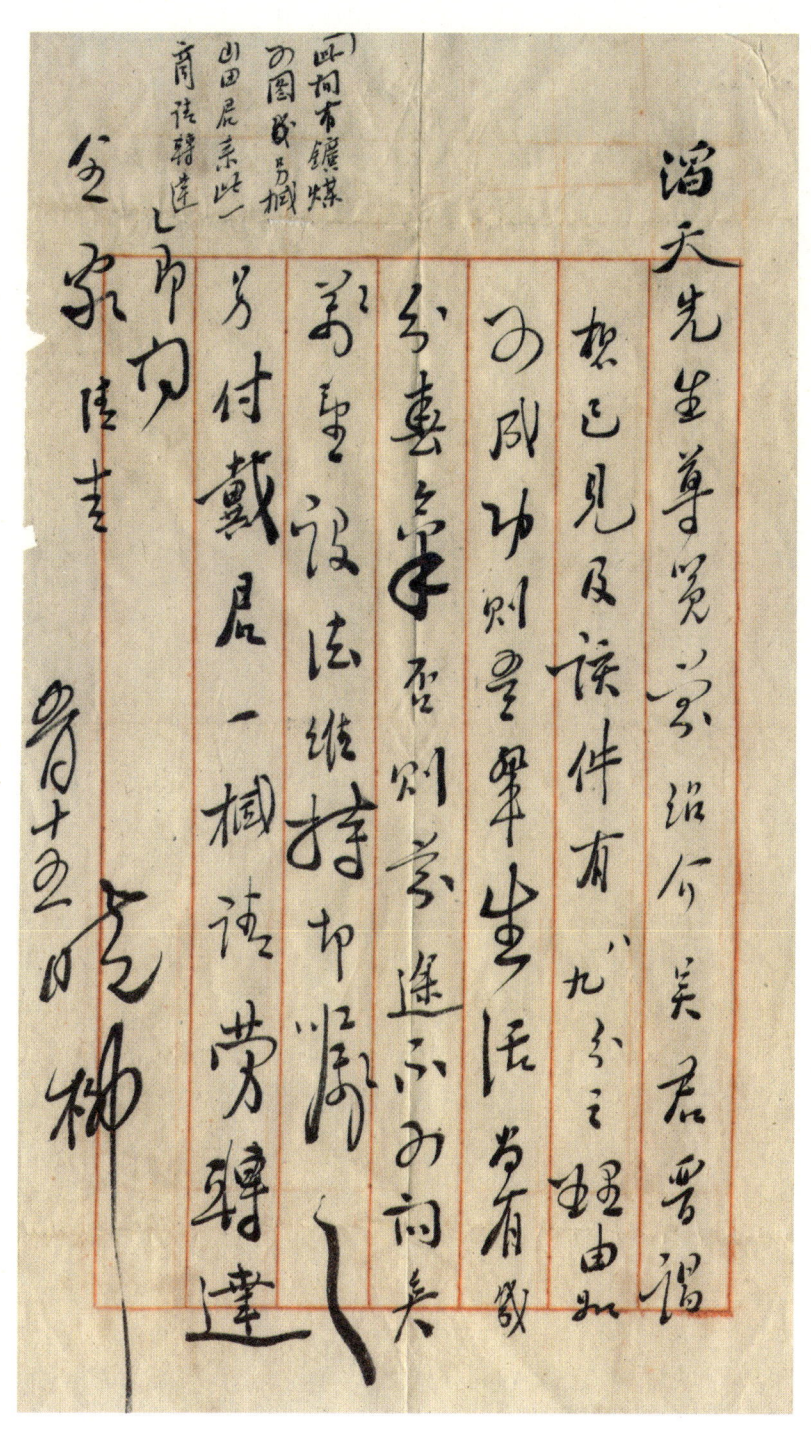

何天炯致宫崎滔天函（1914年5月15日）

宫崎滔天家藏民国人物书札手迹（第四卷）

 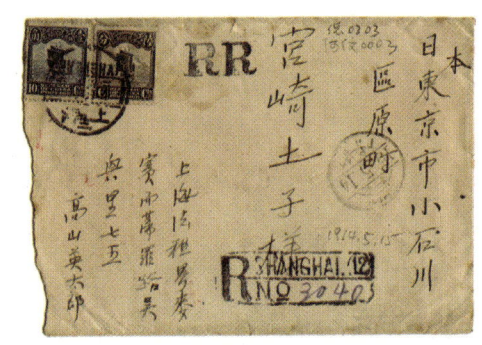

释读

滔天先生尊览：

　　曾绍介吴君晋谒，想已见及。该件有八九分之理由，如可成功，则吾辈生活当有几分春气。否则，前途不可问矣。万望设法维持，切嘱切嘱。

　　另付戴君一缄，请劳转达。

　　即问

全家清吉

　　（此间有矿煤可图，另缄山田君来此一商，请转达。）

晓柳

五月十五日

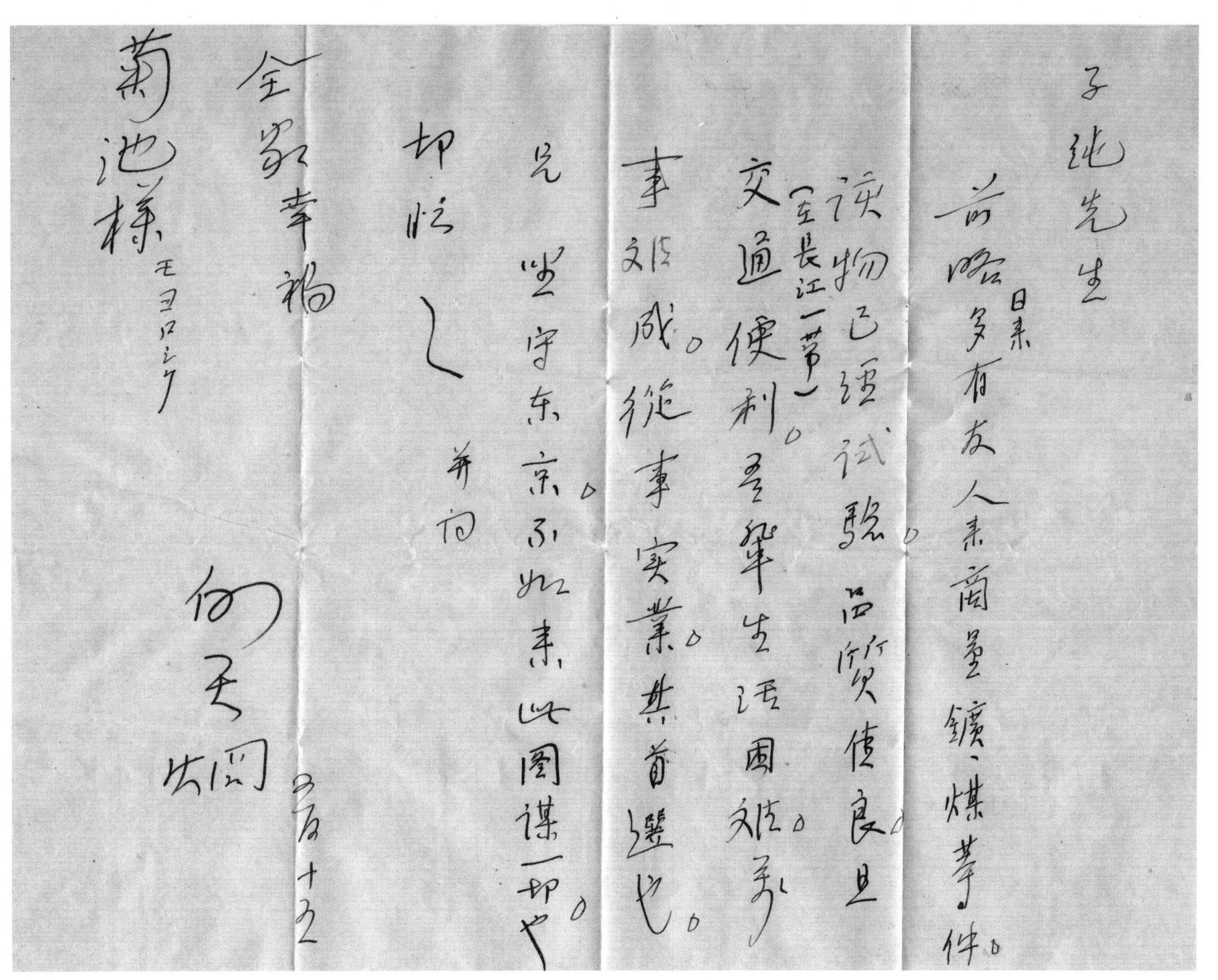

何天炯致宫崎滔天函（附）（1914年5月15日）

宫崎滔天家藏民国人物书札手迹（第四卷）

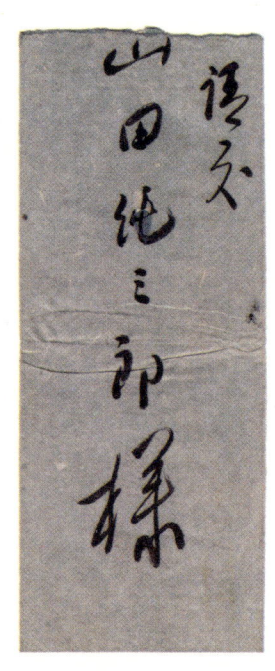

释读

子纯先生：

　　前略。日来多有友人来商量矿煤等件，该物已经试验，品质佳良，且交通便利（在长江一带）。吾辈生活困难，万事难成，从事实业，其首选也。兄坐守东京，不如来此图谋一切也。切盼切盼。并问

全家幸福

　　向菊池先生问好。

何天炯
五月十五

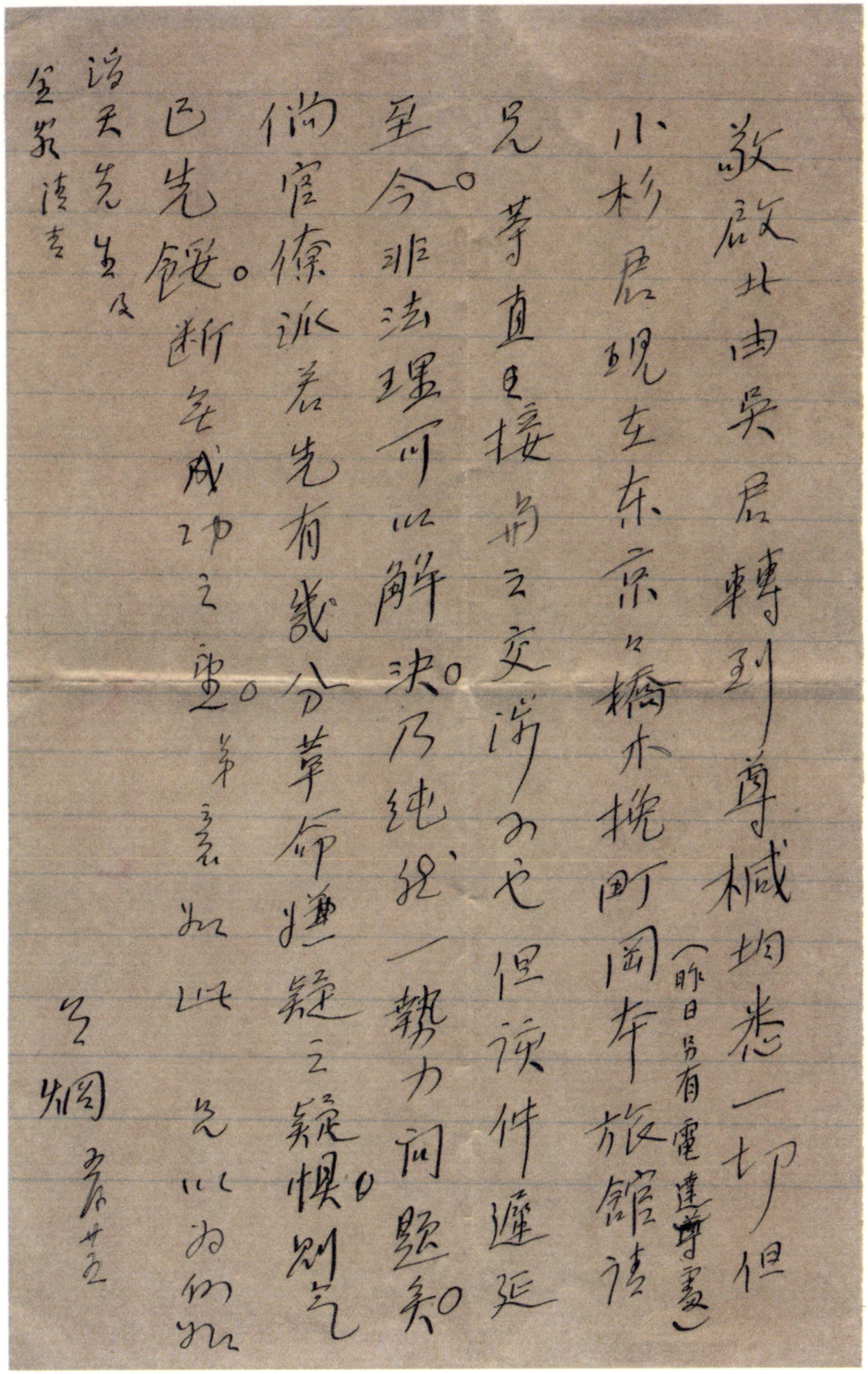

敬啟此由吳君轉到尊械均悉一切但
小杉君現在東京々橋木挽町岡本旅館待（昨日另有電達尊處）
兄等直接与之交涉み也但諸件遲延
至今。非法理可以解決乃純然一勢力問題矣。
倘官僚派若先有幾分革命嫌疑之疑慮則気
已先餒。斷各成功之望。草此 知此
兄心如何れ
宮崎尊兄
                        弟 炯 啟 廿五
滔天先生及
金哭清吉

何天炯致宮崎滔天函（1914年5月25日）

 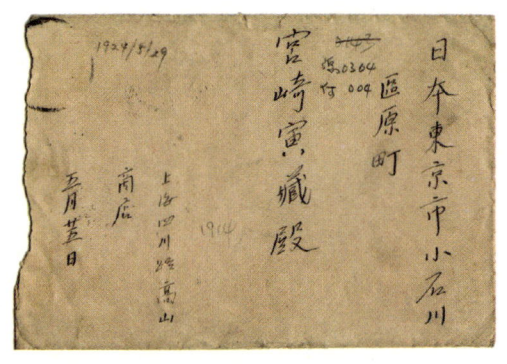

释读

敬启者：

由吴君转到尊缄，均悉一切。但小杉君现在东京京桥木挽町冈本旅馆（昨日另有电达尊处），请兄等直接与之交涉可也。但该件迟延至今，非法理可以解决，乃纯然一势力问题矣。倘官僚派若先有几分革命嫌疑之疑惧，则气已先馁，断无成功之望。弟意如此，兄以为何如？

滔天先生及全家清吉

天烱
五月二十五

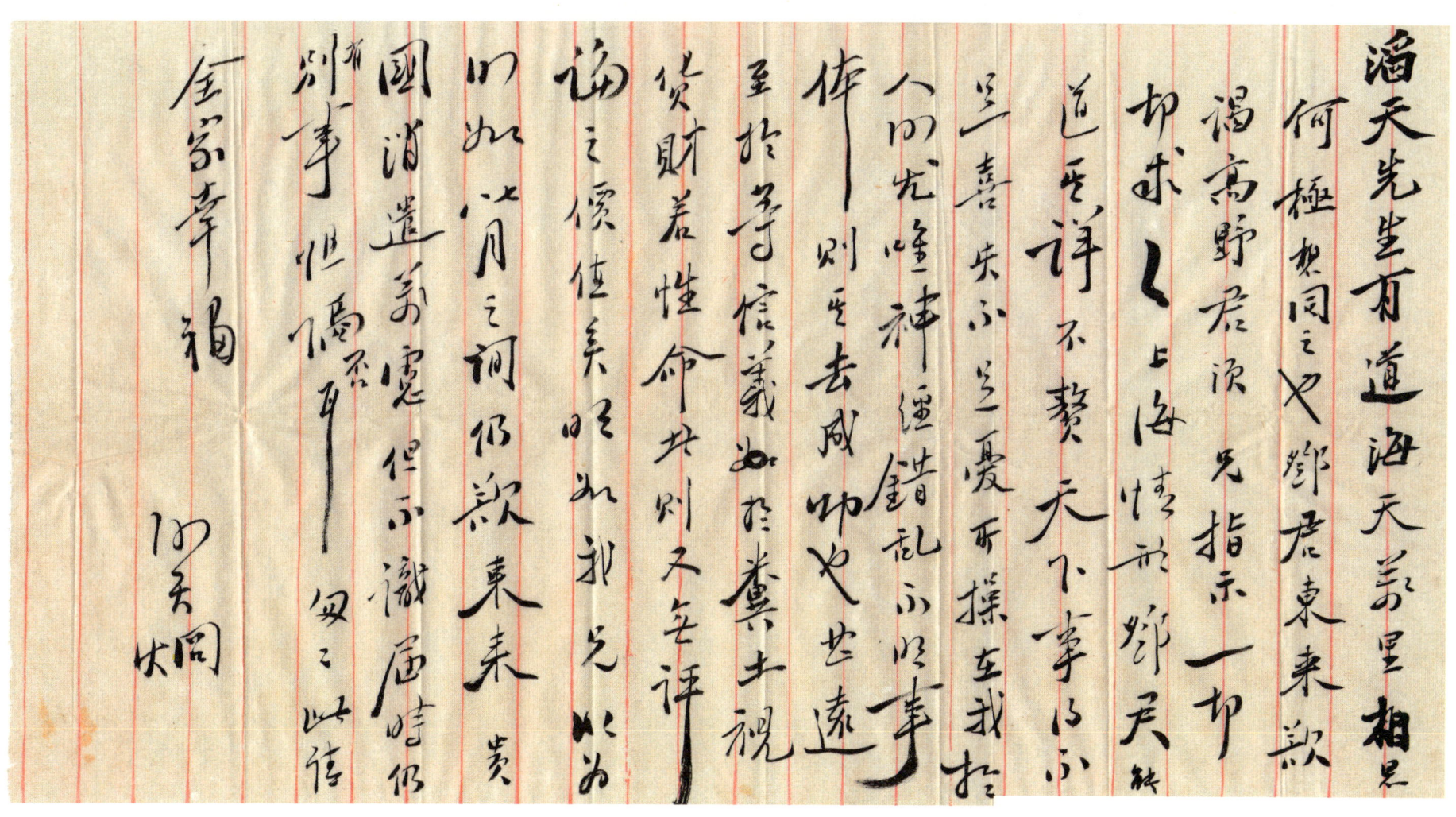

何天炯致宫崎滔天函（1914年6月7日）

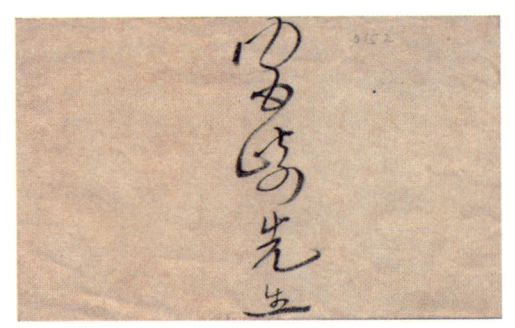

释读

滔天先生有道：

　　海天万里，相思何极，想同之也。邓君东来，欲谒高野君【编者注：指孙中山】，须兄指示一切，切求切求。

　　上海情形，邓君能道其详，不赘。天下事，得不足喜，失不足忧，所操在我，于人何尤？唯神经错乱，不明事体，则其去成功也甚远。至于等信义于粪土，视货财若性命者，则又无评论之价值矣。明如我兄，以为何如？七八月之间，仍欲东来贵国，消遣万虑，但不识届时仍有别事阻隔否耳。匆匆，此请

全家幸福

何天炯

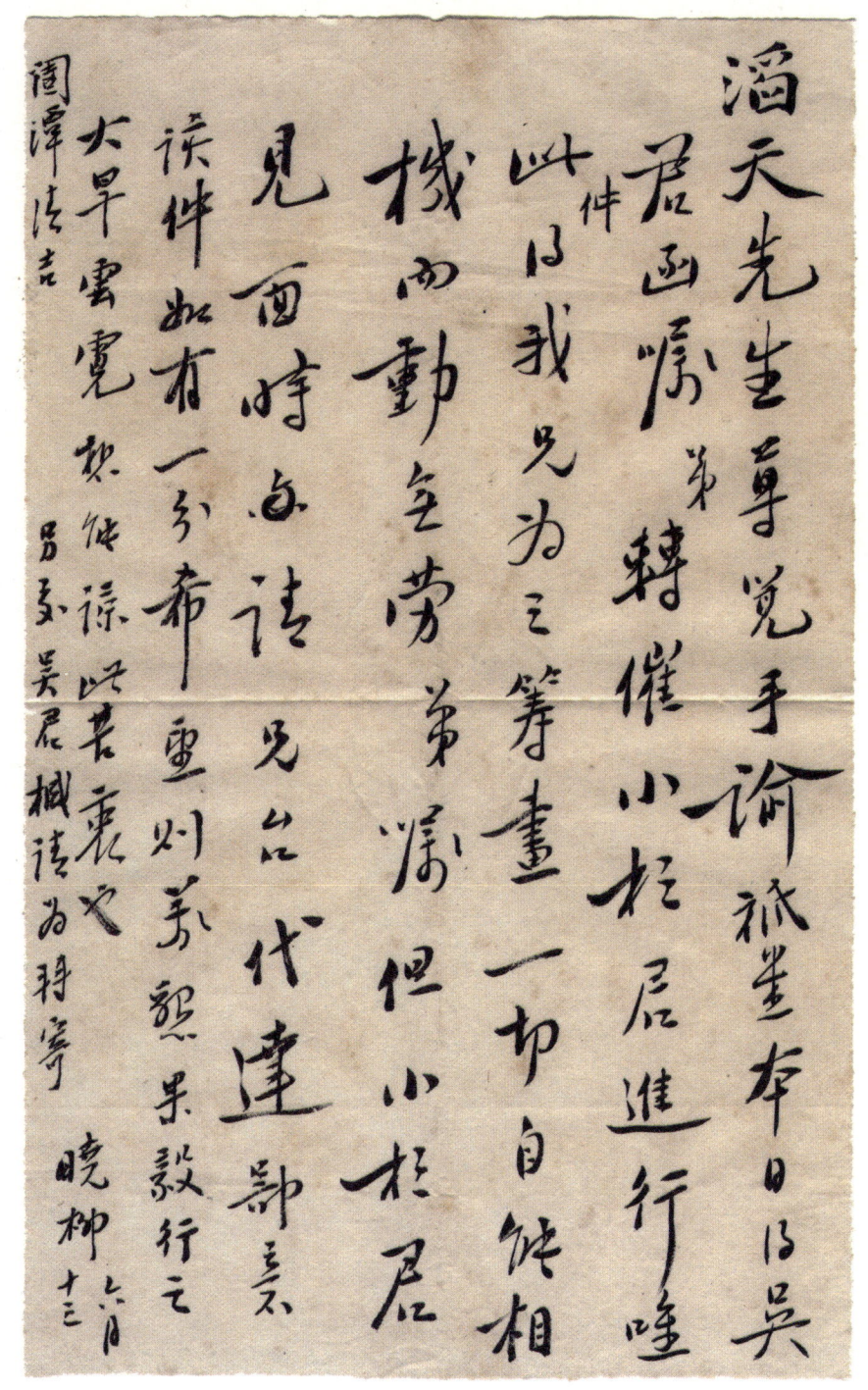

何天炯致宫崎滔天函（1914年6月13日）

宫崎滔天家藏民国人物书札手迹（第四卷）

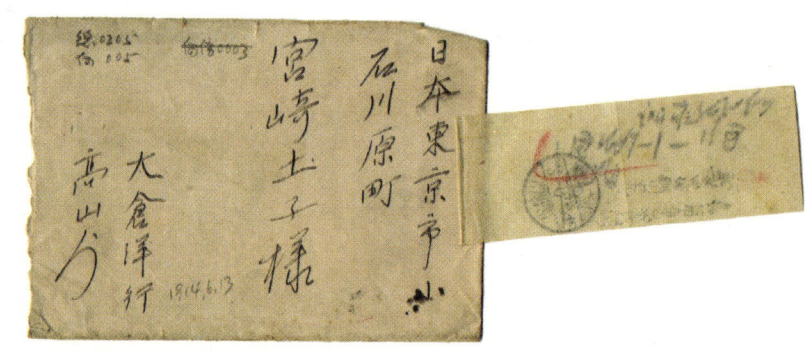
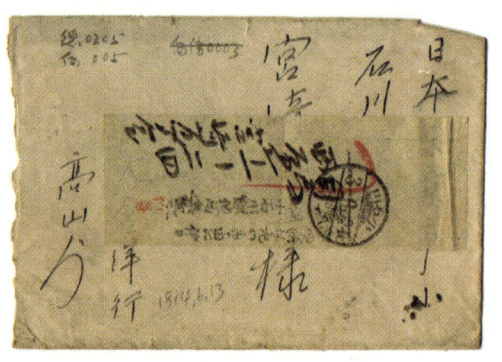

释读

滔天先生尊览：

手谕衹悉。本日得吴君函，嘱弟转催小杉君进行。唯此件得我兄为之筹画一切，自能相机而动，无劳弟嘱。但小杉君见面时，请兄台代达鄙意。该件如有一分希望，则万恳果毅行之。大旱云霓，想能谅此苦衷也。

阖潭清吉

另交吴君缄，请为转寄。

　　　　　　　　　　　　　　　　　　　　　　　　　　　　晓柳

　　　　　　　　　　　　　　　　　　　　　　　　　　　　六月十三

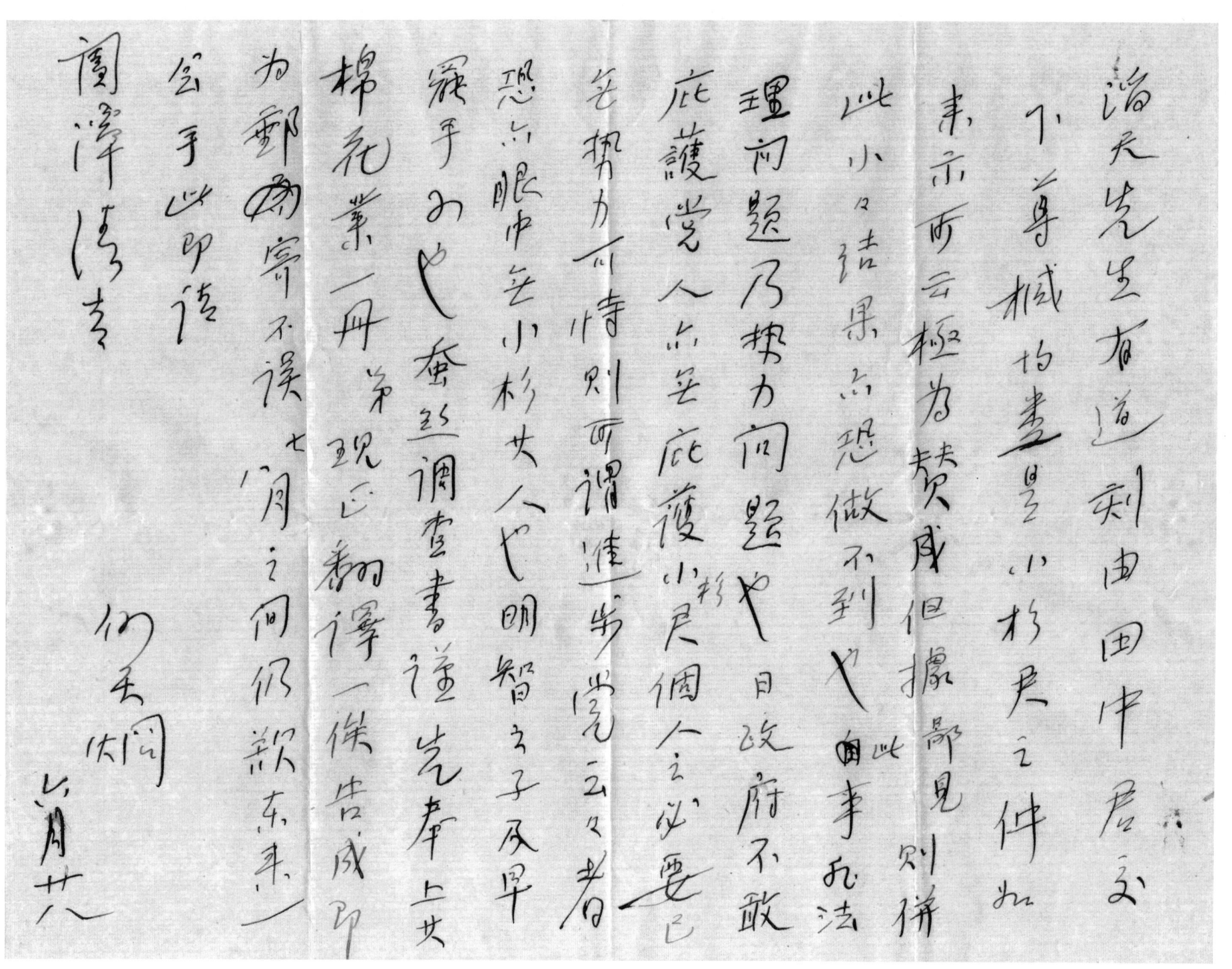

何天炯致宫崎滔天函（1914年6月28日）

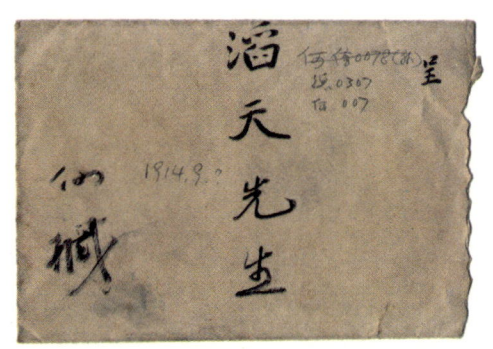

释读

滔天先生有道：

刻由田中君交下尊缄均悉。是小杉君之件，如来示所云，极为赞成，但据鄙见，则并此小小结果亦恐做不到也。此事非法理问题，乃势力问题也。日政府不敢庇护党人，亦无庇护小杉君个人之必要。已无势力可恃，则所谓进步党云云者，恐亦眼中无小杉其人也，明智之子及早罢手可也。《蚕丝调查书》谨先奉上，其《棉花业》一册，弟现正翻译，一俟告成，即为邮寄不误。七八月之间，仍欲东来一会。手此，即请

阖潭清吉

何天炯

六月二十八

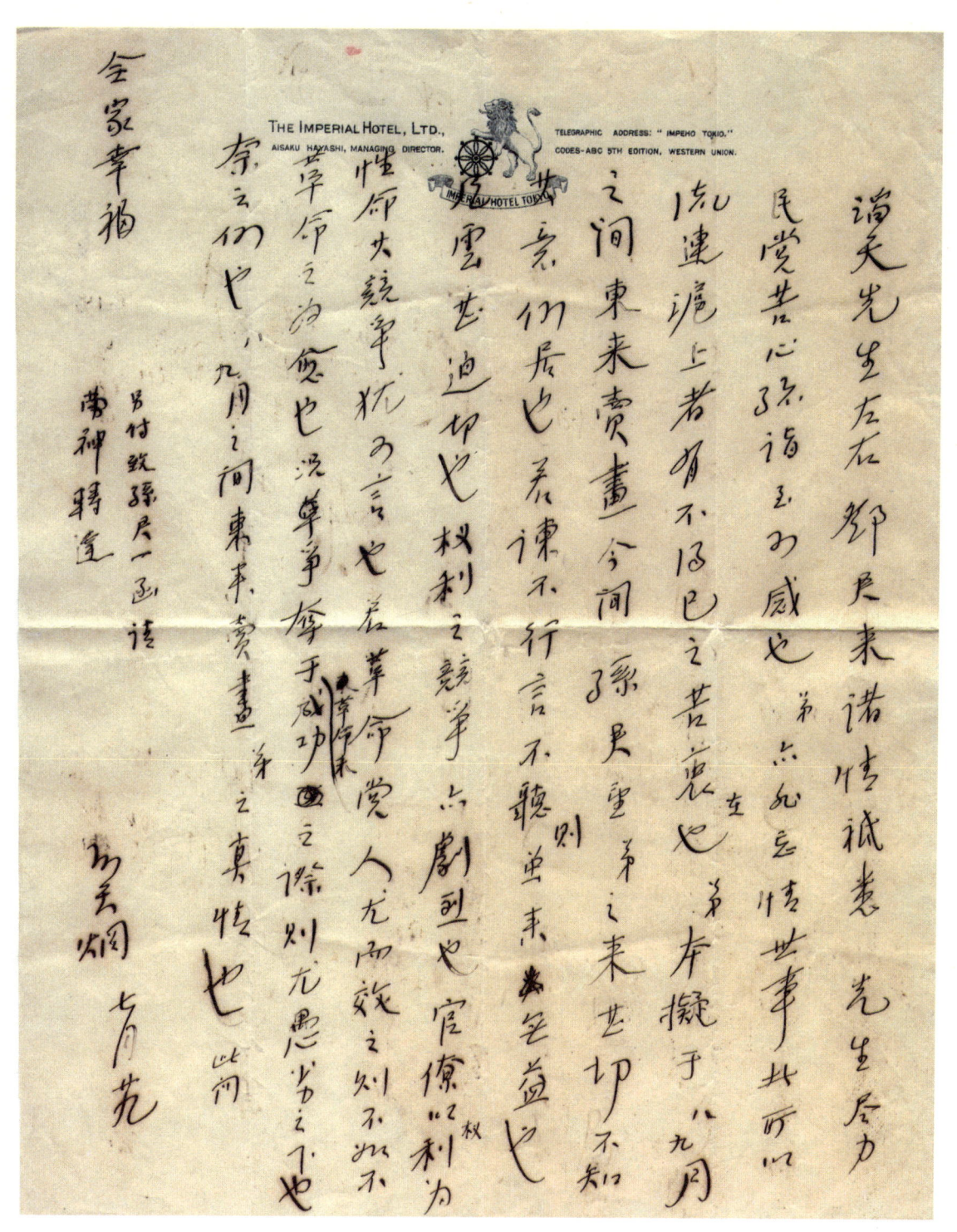

何天炯致宫崎滔天函（1914年7月29日）

宫崎滔天家藏民国人物书札手迹（第四卷）

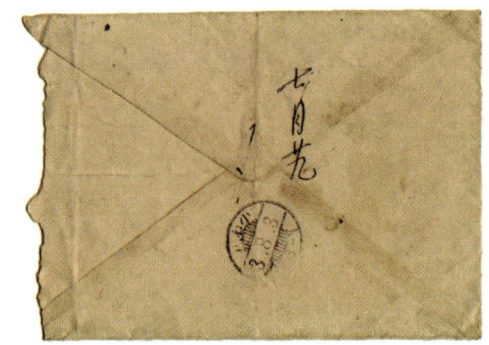 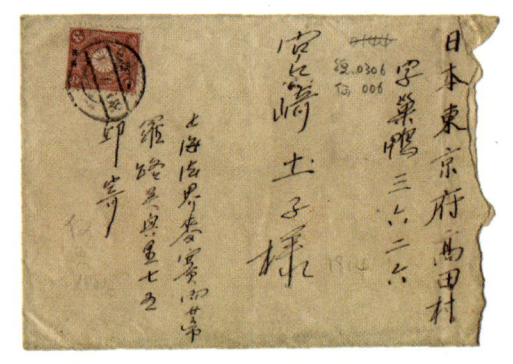

释读

滔天先生左右：

　　邓君来，诸情祗悉。先生尽力民党，苦心孤诣，至可感也。弟亦非忘情世事者，所以流连沪上者，有不得已之苦衷在也。弟本拟于八九月之间东来卖画，今闻孙君望弟之来甚切，不知其意何居也。若谏不行、言不听，则虽来无益也。风云甚迫切也，权利之竞争亦剧烈也。官僚以权利为性命，其竞争犹可言也，若革命党人尤而效之，则不如不革命之为愈也。况争夺于革命未成功之际，则尤愚劣之下也，奈之何也？八九月之间东来卖画，弟之真情也。此问

全家幸福

　　另付致孙君一函，请劳神转达。

何天炯

七月二十九

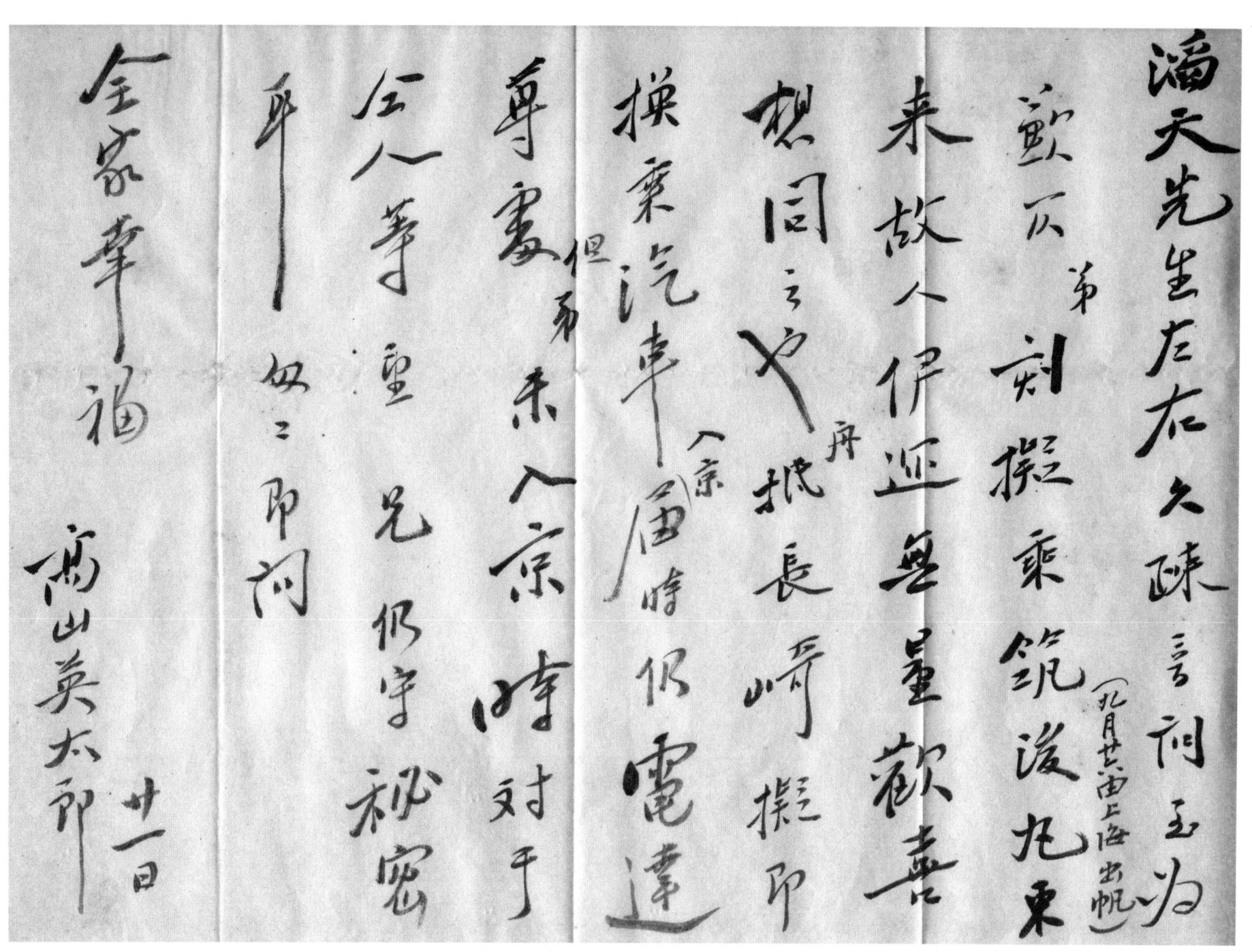

何天炯致宫崎滔天函（1914年9月21日）

 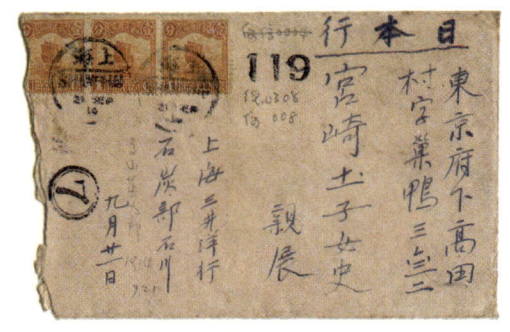

释读

滔天先生左右：

久疏音问，至为歉仄。弟刻拟乘筑后丸（九月廿六由上海出帆）东来，故人伊迩，无量欢喜，想同之也。舟抵长崎，拟即换乘汽车入京，届时仍电达尊处，但弟未入京时，对于全人等望兄仍守秘密耳。匆匆，即问

全家幸福

高山英太郎

二十一日

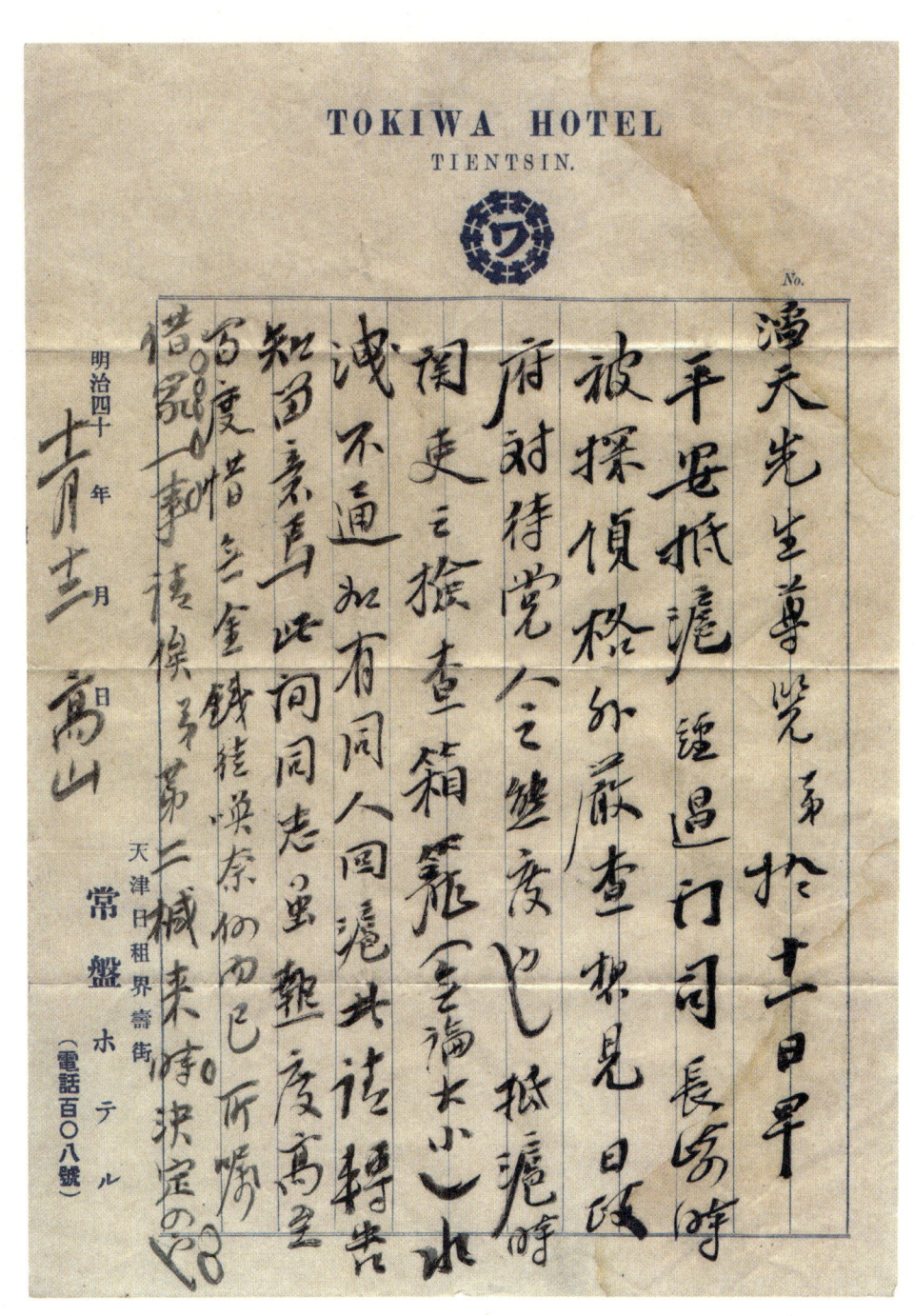

何天炯致宮崎滔天函（1914年11月12日）

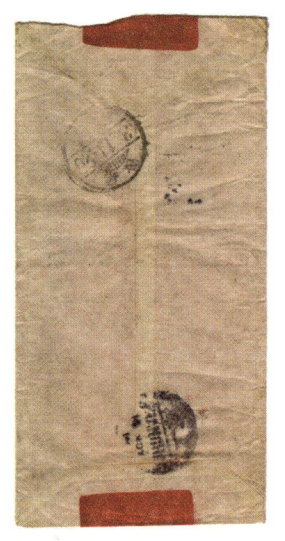 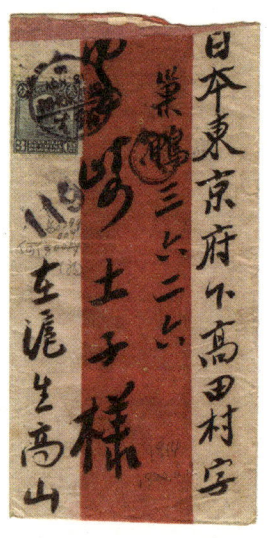

释读

滔天先生尊览：

　　弟于十一日早平安抵沪，经过门司、长崎时，被探侦格外严查，想见日政府对待党人之态度也。抵沪时关吏之检查箱笼（无论大小），水泄不通，如有同人回沪者，请转告知留意焉。此间同志虽热度高至百度，惜无金钱，徒唤奈何而已。所嘱借家［日文，意为租房］一事，请俟弟第二缄来时决定可也。

高山

十一月十二

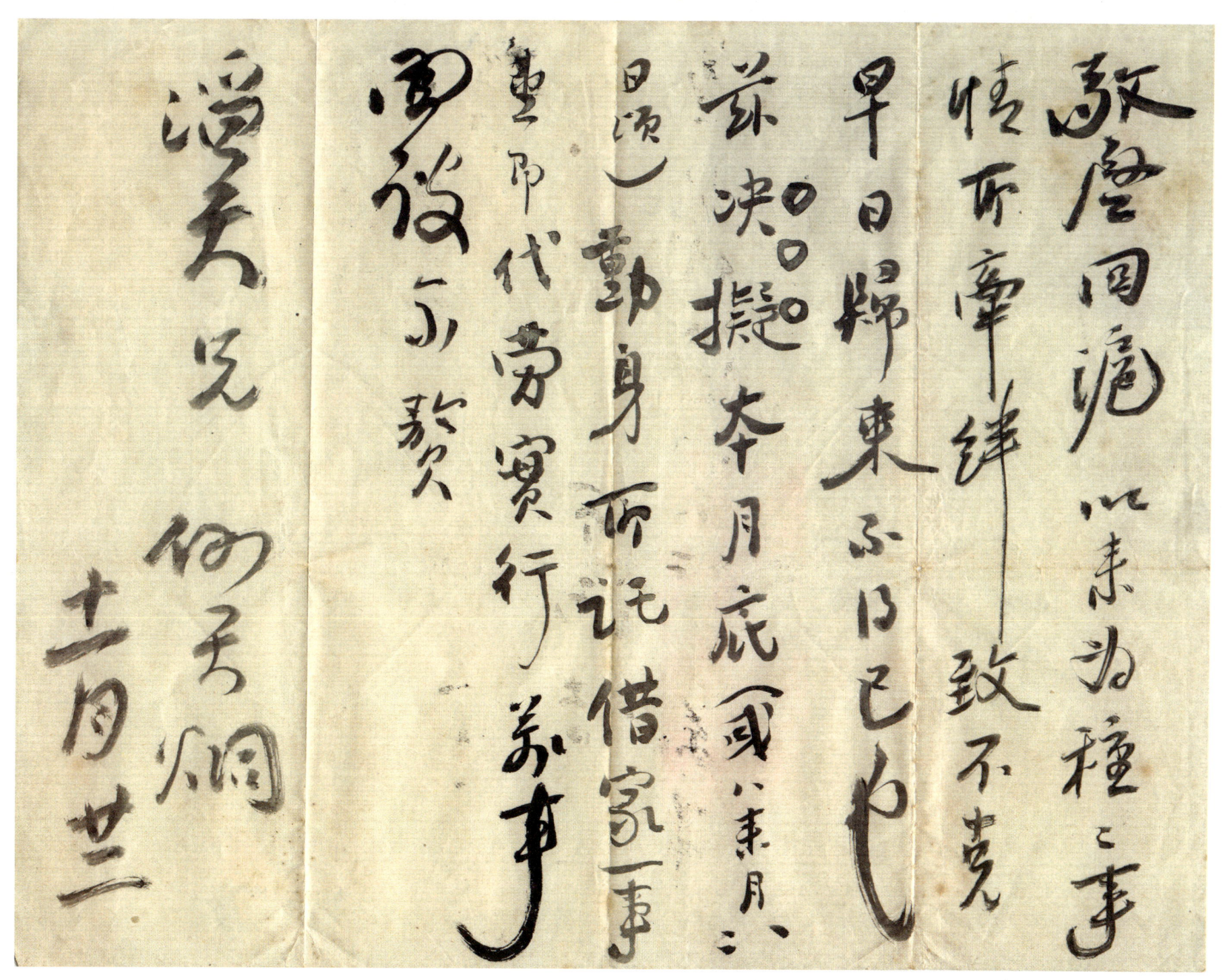

何天炯致宫崎滔天函（1914年11月22日）

释读

敬启：
　　回沪以来，为种种事情所牵绊，致不克早日归东，不得已也。兹决拟本月底（或来月一、二日顷）动身。所托借家一事，望即代劳实行。万事面谈，不赘。
滔天兄
何天炯
十一月二十二

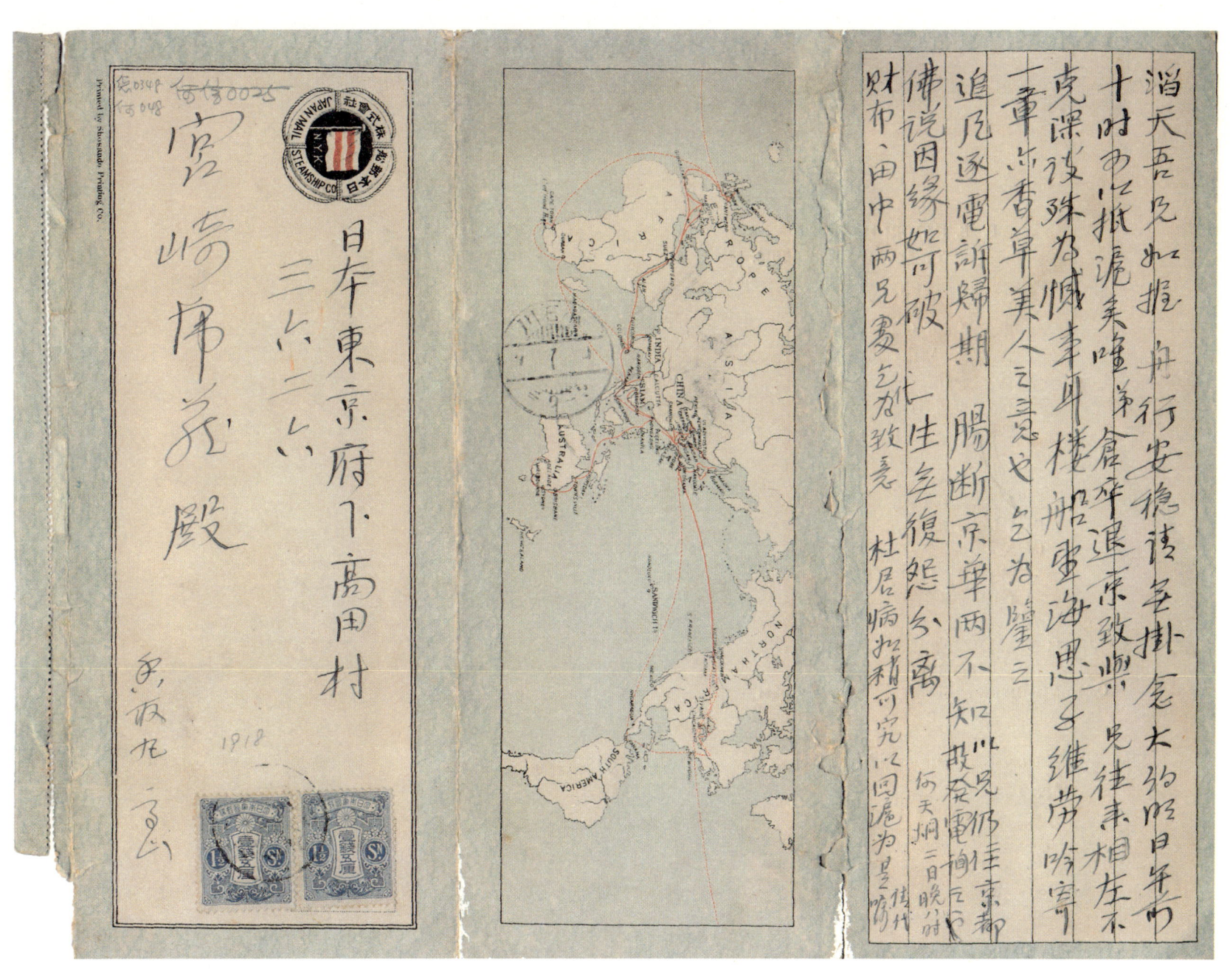

滔天吾兄如握 舟行安稳请免挂念 大约明日下午十时西仁抵沪美唯弟不克躬送珠为慨耳 幸托船堂海思子维劳吟寄一章聊表香草美人之意也 乞为鉴之

追凡逐电讯归期 肠断东华两不知 以此发电搁已离
佛说因缘如可破 一生无复怨分离
财布、田中两兄处乞为致意 杜君病如稍可究以回沪为是吧

何天炯三日晚八时于浅代

日本东京府下高田村
三八三六
宫崎寅藏殿

何天炯致宫崎滔天函（1915年4月2日）

释读

滔天吾兄如握：

　　舟行安稳，请无挂念，大约明日午前十时可以抵沪矣。唯弟仓卒退京，致与兄往来相左，不克深谈，殊为憾事耳。楼船望海，思子维劳，吟寄一章，亦香草美人之意也，乞为鉴之：

　　追风逐电诉归期，肠断京华两不知（以兄仍住京都故发电询之也）。佛说因缘如可破，一生无复怨分离。

何天炯

二日晚八时

财布、田中两兄处乞代为致意。杜君病如稍可，究以回沪为是，请代嘱。

滔天先生左右:履接琅函过蒙锦注感谢之至。唯弟自前月以来欧陷在床垂之一兄麦直接有中山公之消息，是以大局之事未有一函奉告。夫礼之逝，对于嘉熙湖州二府之事，进行益密。同党中详有知者，郑之佳良。此之孙公妻尚全力以谋杭州者实有之，孙公妻有同（不敢用多少金钱）。天渊之别，唯读件近来误于廖仲恺氏为一可惜耳。盖弟同匪伙之廖不绍介读妻之代表者於廖代两廖氏烧饼之心大重。竟指读代表者为无赖汉且实其言曰：此人旧年屡至孙宅气钱吾当之驱逐若非一次。心切勿为其骗云。乃演代表询之。怨火中烧急词奉事以明心迹遂

玉裁感热。因而失败及失败後，氏提出质问，彼乃自称错误。六足孙公妻办事人之名聊耶。今读代表现女中体名完虞不久恐遭镇毙。乃期亥人
女中豪杰见匪亥之生命危先（是十七夜之事）
遗孤三岁，余亥余身後，不要官家一钱可求于上海之同志之鸣呼壮哉、弟茧子
殊无遗憾。余别为亥死亡完可苦
御药以殉其遗嘱。云亥为国而死
棺葬之事拜托何君玉余一钱
妃一身大义可豆只有典賣家物
勉强as百冊以助之而已
胸痛欲裂不再写矣
但嘉湖之事仍去有希望。
全破坏，惜手中至一钱列入何而已
前田久宣し
　　　　　　　晓柳

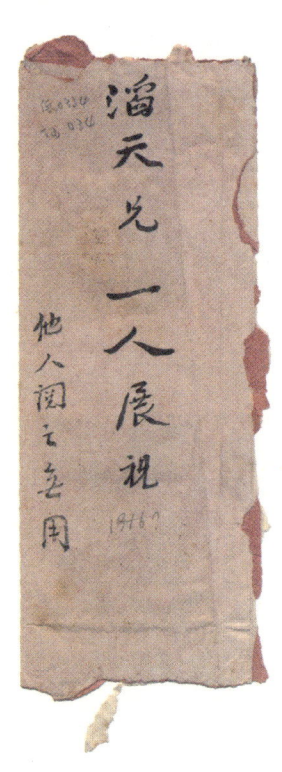

释读

滔天先生左右：

屡接琅函，过蒙锦注，感谢之至。唯弟自前月以来，卧病在床，兼之兄处直接有中山公之消息，是以大局之事，未有一函奉告也。失礼之极之极。弟对于嘉兴、湖州二府之事，进行极为秘密，同党中鲜有知者。至其成效之佳良，比之孙公处用全力以谋（不知用了多少金钱）杭州者，实有天渊之别。唯该件近来误于廖仲恺氏，为可惜耳。盖弟因经济之故，不能不绍介该处之代表者于廖氏，而廖氏烧饼之心大重，竟指该代表者为无赖汉，且实其言曰："此人旧年屡在孙宅乞钱，吾（廖氏自称）为之驱逐者非一次，汝切勿为其所骗。"云云。乃该代表闻之忿火中烧，急闻举事以明心迹。遂至机未成热〔熟〕，因而失败。及失败后，弟向廖氏提出质问，彼乃自称错误。亦足见孙公处办事人之无聊也。今该代表现在狱中，体无完肤，不久恐遭枪毙。乃不料其夫人是女中豪杰，见其夫之生命无望，乃先仰药以殉（是十七夜之事），其遗嘱云："余夫为国而死，殊无遗憾。余则为夫而死，亦无所苦。遗孤三岁，拜托何君。至余身后棺葬之事，不要官家一钱，可求于上海之同志。"云云。呜呼，壮哉！弟虽孑然一身，大义所在，只有典质家物，勉强得百円以助之而已。弟书至此，脑痛欲裂，不再写矣。但嘉湖之事，仍甚有希望，盖机关未完全破坏也。惜手中无一钱，则奈何而已。

前田兄问好

晓柳

滔天先生左右 两接琅函及瞻许居东京情形
被弟一切失晦 先生责临弟 游优自适不任大幸
则是未知弟剖下痛若之情耳 弟自南洋回申
该个人经济已困不能言西欣瞻党事 登愧满怀
聊前月底曾致函お胡瑛民居伸惶卸铨诸郎
兄嘱陈切劝中山公改行誓约以维持繫人心耶
函痛党先俾指陈的失贺之良心尚无愧作闻
三君俱太息无法挽回当时诱函为孙公可见
不獨毫无悔之心且责弟为不明事体 從别
民党前途毫无希望 弟尚有东来等谋一
切之事 年前两立基械俱不见震心为
先生第一欧往来 私心揣度如四分乃至不能
且貧迫如此们相隔一海竟无聊如吾
两人者之遥之相对字可嘆之复み笑や
支郡内地会且異聞觉之中坚西如此毛把
勿望于东京地方 邀小者甲山公一人之
请负不知七节革業の指有起色顾
    耑此 全家内祁为
          何
 高山英太郎

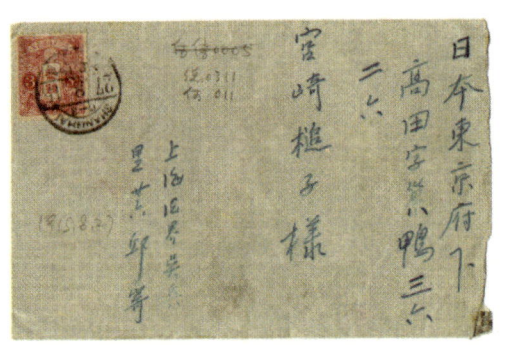

释读

滔天先生左右：

两接琅函，及晤许君，东京情形，祗悉一切矣。唯先生责备弟游优自适，不任大事，则是未知弟刻下痛苦之情形也。弟自南洋回中后，个人经济已困不堪言，而顾瞻党事，益愤懑无聊。前月底曾致函于胡汉民、廖仲恺、邓铿诸兄，嘱其切劝中山公，改订誓约以维系人心。鄙函痛哭流涕，指陈得失，质之良心，尚无愧怍。闻三君对于此事，俱太息无法挽回。当时该函为孙公所见，不独毫无反悔之心，且责弟为不明事体。然则民党前途毫无希望，弟尚何有东来筹谋一切之事乎？前两上芜缄，俱不见复，以为先生与一欧往米。私心揣度如此。今乃其不然，且贫迫如此。何相隔一海，竟有无聊如吾两人者之遥遥相对乎？可叹亦复可笑也。支那内地无甚异闻，民党之中坚且如此，其他何望乎？东京地方虽小，有中山公一人之请负[日文，意为承包]，不知革命事业可稍有起色否？一叹。即问
全家福安

高山英太郎
八月二十七

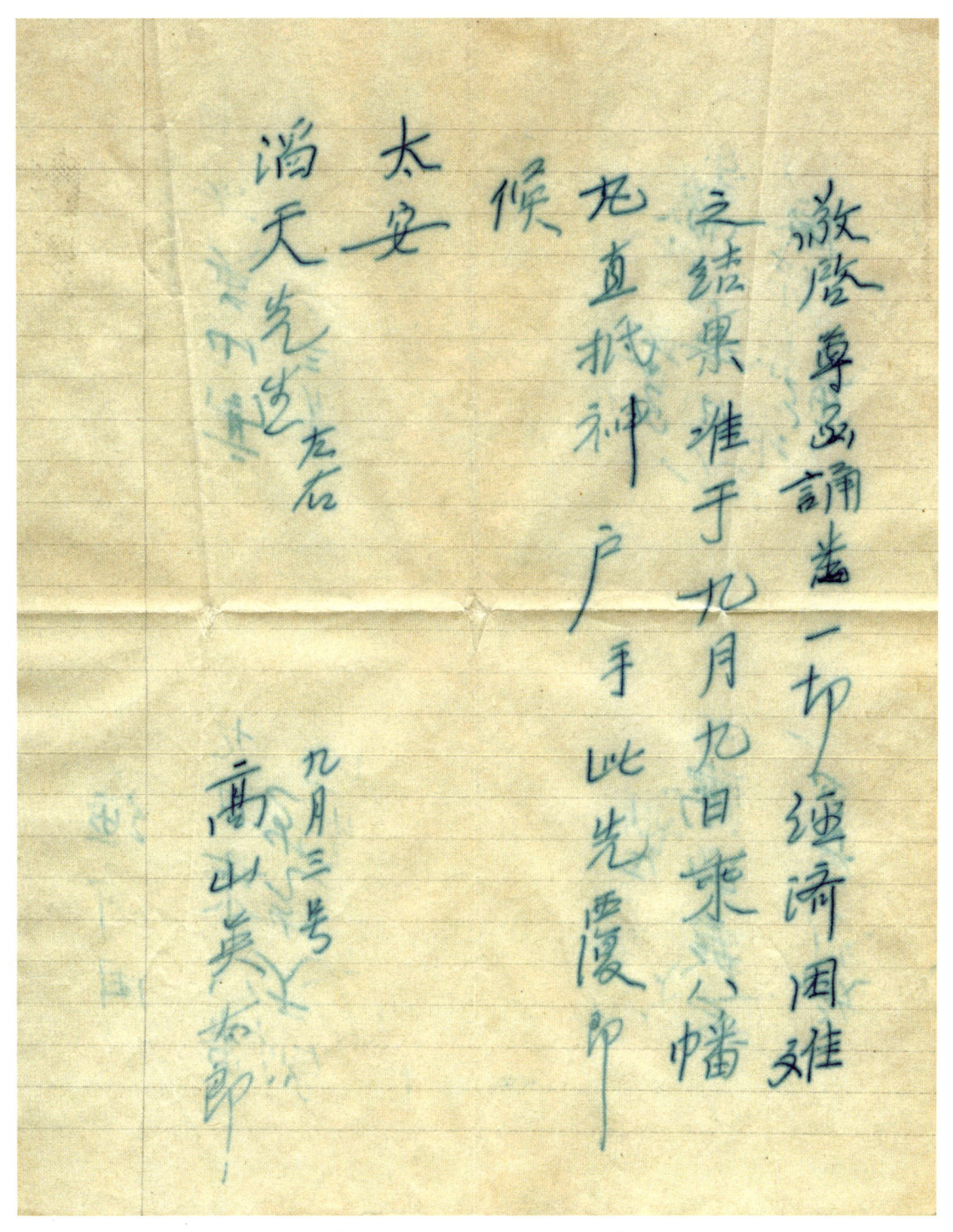

何天炯致宫崎滔天函（1915年9月3日）

 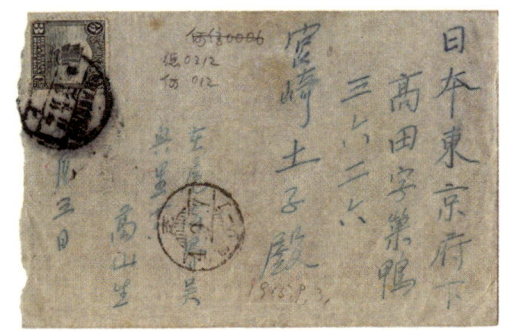

释读

敬启：

　　尊函诵悉一切经济困难之结果。准于九月九日乘八幡丸直抵神户，手此先复。即候

太〔大〕安

滔天先生左右

　　　　　　　　　　　　　　　高山英太郎

　　　　　　　　　　　　　　　　九月三号

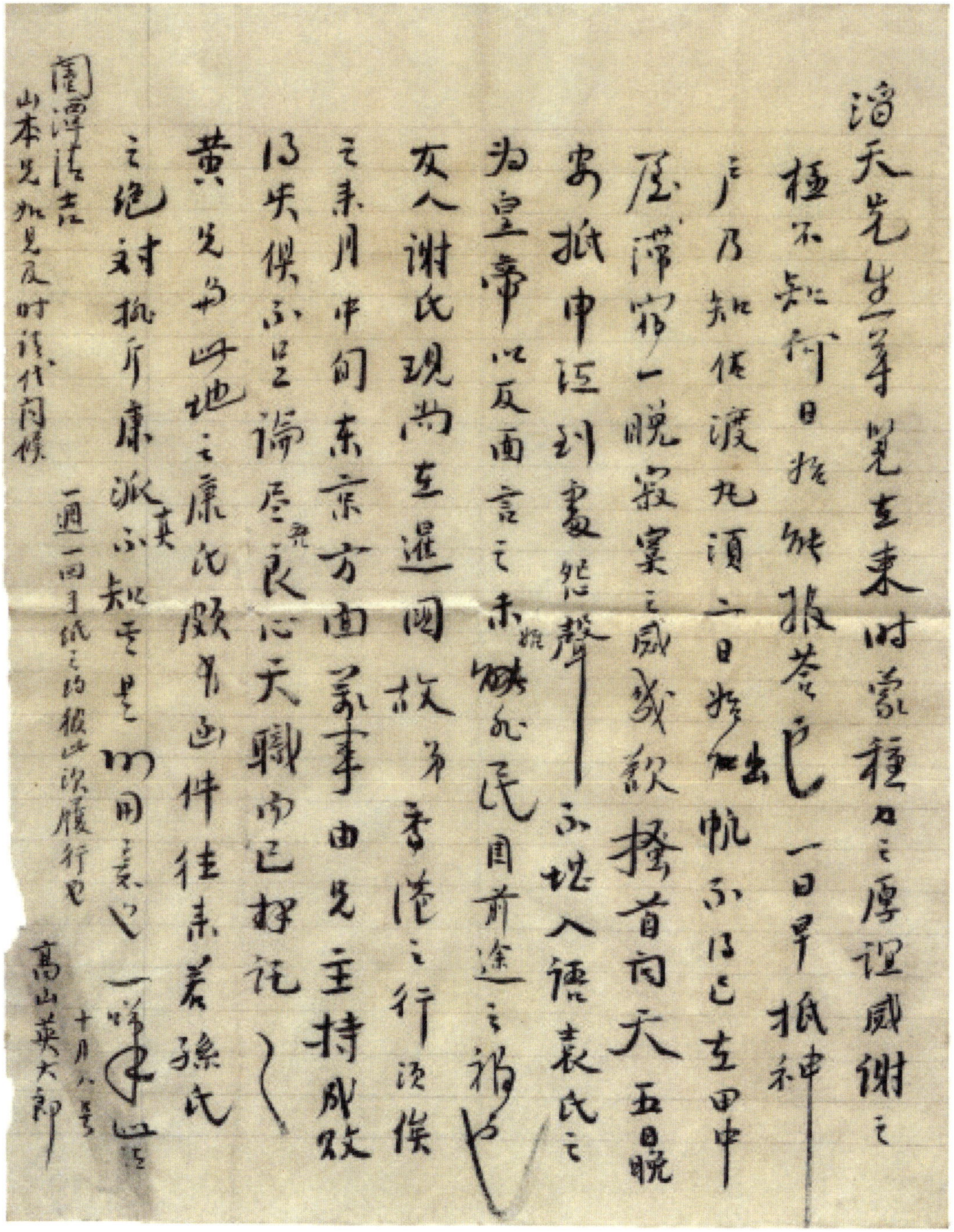

滔天先生：一年笔丢未晤时蒙种种之厚谊感谢之极不知何日始能报答已月乃偕渡九须二日扬帆不日已达田中屋泽宿一晚寂寞之感或欲搔首问天五日晚安抵申辰到寡能怒声不地入德袁氏之为皇帝以反面言之未械氏民目前途之祸友人谢氏现为上海过同故为香港之行顷俟之来川中间东京方面筹事由先主持成败归失俱不日正谕蛋良心天职而已拜托黄先为此地之康氏颇多画件往来着孙氏之绝对讨抚斤康派不知吉县四月三袁已 一峰山丘十月八号

闰潭沧吉
山本先加兄反时请代问候
一通两日纸之奶批此款履行也

高山英太郎

何天炯致宫崎滔天函（1915年10月8日）

释读

滔天先生尊览：

　　在东时蒙种种之厚谊，感谢之极，不知何日始能报答也。一日早抵神户，乃知佐渡丸须二日始出帆，不得已在田中屋滞宿一晚，寂寞之感，几欲搔首问天。五日晚安抵申江，到处怨声，不堪入语。袁氏之为皇帝，以反面言之，未始非民国前途之福也。友人谢氏现尚在暹国，故弟香港之行须俟之来月中旬。东京方面，万事由兄主持，成败得失，俱不足论，尽吾良心天职而已。拜托拜托。

　　黄兄与此地之康氏颇有函件往来，若孙氏之绝对排斥康派，真不知其是何用意也。一叹。此请

阖潭清吉

　　一周一回手纸[日文，意为信函]之约，彼此须履行也。

　　山本兄如见及时，请代问候。

高山英太郎

十月八号

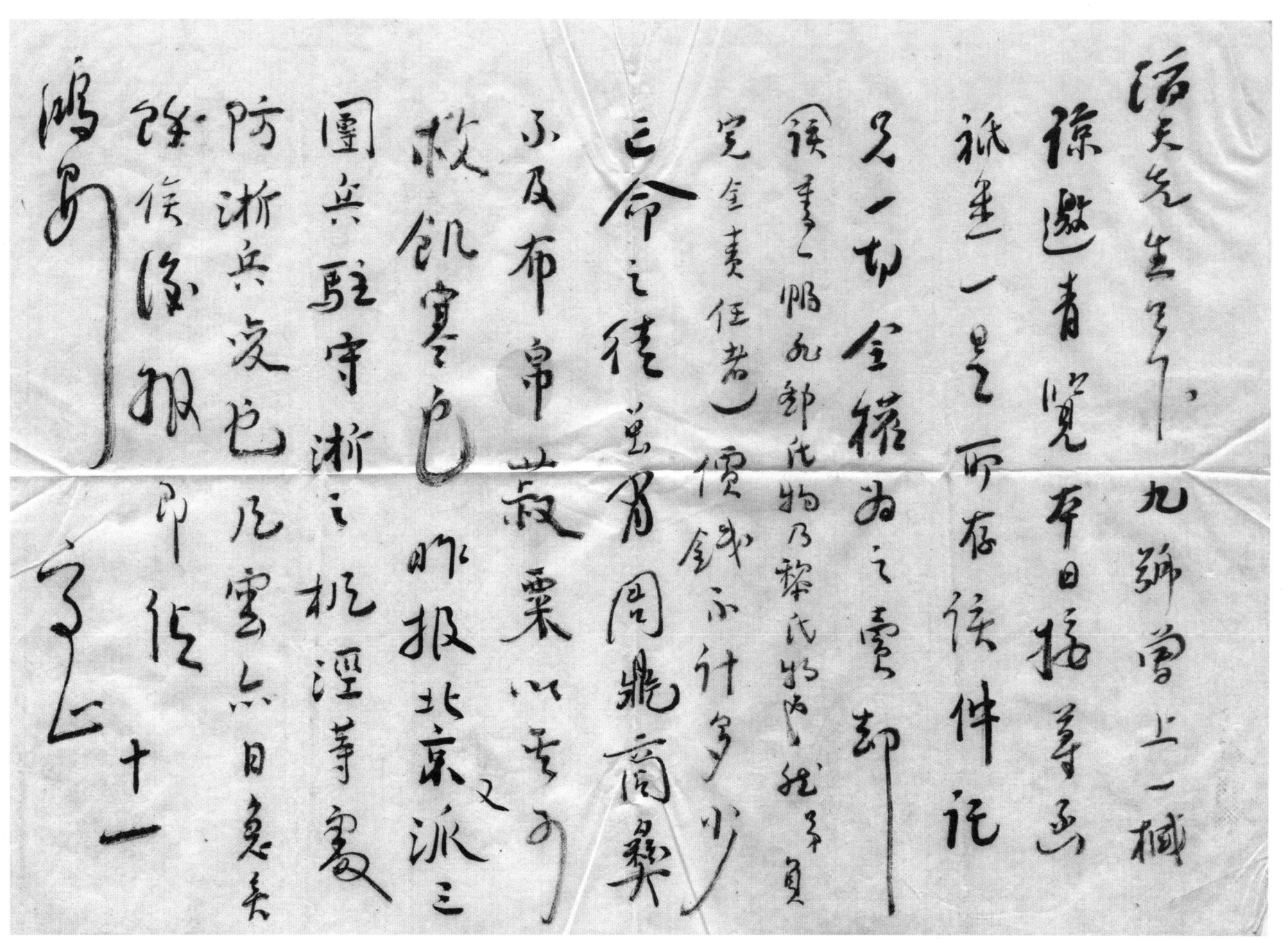

何天炯致宮崎滔天函（1915年10月11日）

宫崎滔天家藏民国人物书札手迹（第四卷）

释读

滔天先生足下：

　　九号曾上一缄，谅邀青览。本日接尊函，祗悉一是。所存该件，托兄一切全权为之卖却（该画一幅，非邓氏物，乃黎氏物也，然弟负完全责任者），价钱不计多少。亡命之徒，虽有周鼎商彝，不及布帛菽粟，以其可救饥寒也。昨报北京又派三团兵驻守浙之枫泾等处，防浙兵变也，风云亦日急矣。余俟后报。即请

鸿安

高山

十一

滔天先生尊鉴 第四函迄以来已迭奉
两械 想均以次第收閱矣 此间谣言心
起人心惶惑 细（经）详细调查则各方由
军界人物经之鼓动者实不乏之人
但未有尊火线则相隨难主一时
千载一时真立党之机已
先生素心须访嘉妻民党乎一念及

唯有威峰但民贼以四之举二劲颇为
奸险窜戟皇帝不惜利权果尔则吾
日政府之外交想已咽满解决矣
与先生等之所图必有抵触讹人之患
显表面如何之之消息语云「不诚之
物其结果无良为之希望可逆料平
唯希贵地人民颇具侠肠足同情东亚
大局者必渡不少若由上述下将实为

此方面之运动。功效逈以大。有一分别
冒险窜做是皇帝不惜利权尔则吾
唯先生因之康有为之逃往青岛有
密电捕拿故也贼内即氏患贪血子宫
病生死阕欧不以已送往病院语云贪病
交加以贫字必与病字相联盖天演之例
不可逃也唯云人妻以境遇则能为怀乎
诸尺宜之
何天烱
高山拍啟青九
第三函

释读

滔天先生尊览：

  弟回沪以来，已迭奉两缄，想均次第收阅矣。此间谣言日起，人心惶惑。经详细调查，则各方面军界人物跃跃欲动者实不乏人，但未有导火线，则相隐忍于一时耳。千载一时，真吾党之好机也。先生苦心孤诣，嘉惠民党，每一念及，唯有感叹。但民贼此回之举动颇为奸险，宁做皇帝，不惜利权。果尔，则与日政府之外交问题，想已暗中圆满解决矣，与先生等之所图必有扞格难入之患。虽表面有如何如何之消息，语云"不诚无物"，其结果无良好之希望，可逆料耳。唯鄙意贵地人民颇具侠肠，其关怀东亚大局者，亦复不少，若由上而下，转而为此方面之运动，功效不求其甚大，进一分则有一分之实用。时机迫切，事半功倍，唯先生图之。康有为已逃往青岛，有密电捕拿故也。贱内邱氏患贫血子宫病，生死关头，不得已送往病院。语云"贫病交加"，贫字必与病字相联，盖天演之公例，不可逃也。唯无钱之亡命人，处此境遇，则难为情耳。呵呵

  诸君问好。

高山拜启　第三函

十月十九

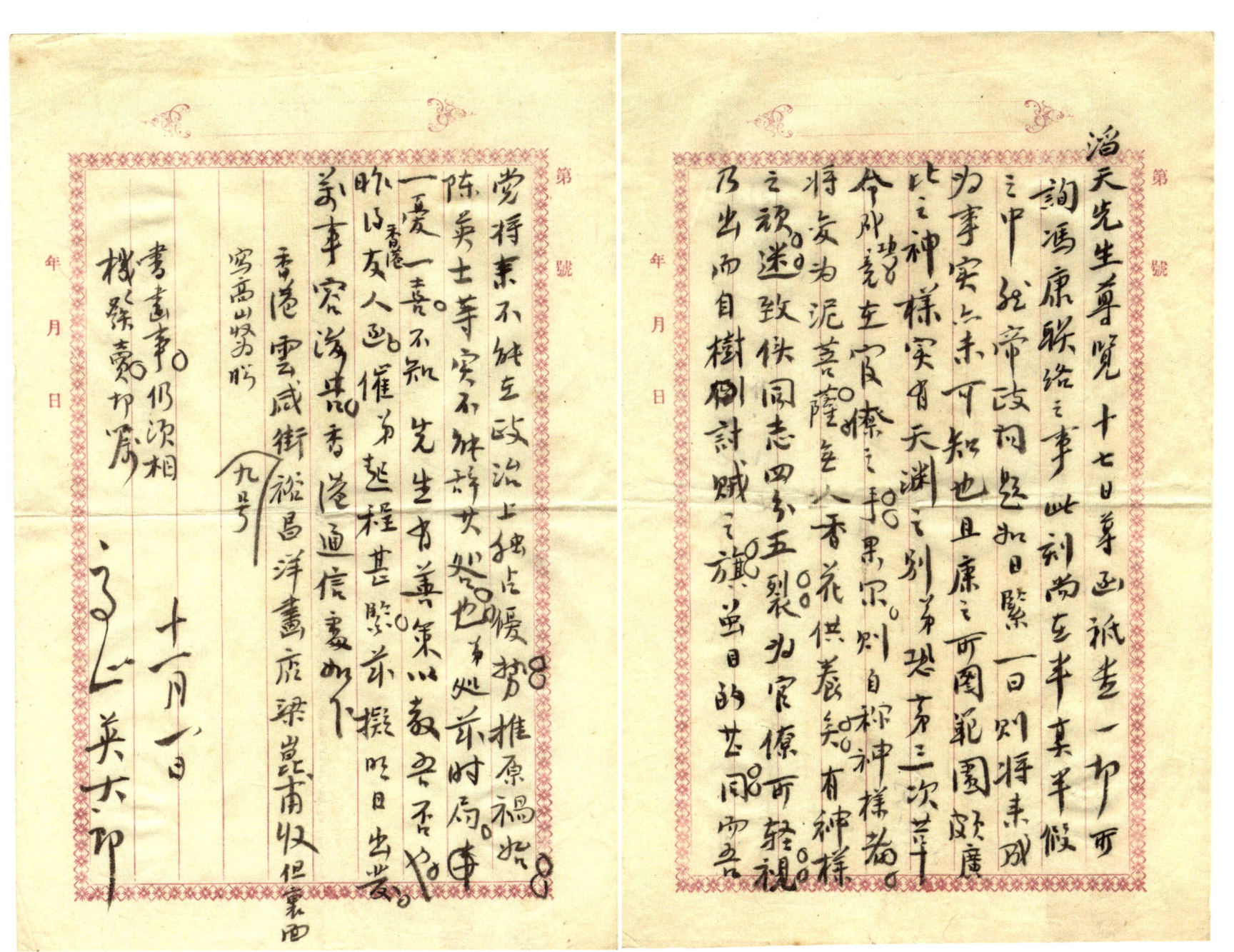

何天炯致宮崎滔天函（1915年11月1日）

宫崎滔天家藏民国人物书札手迹（第四卷）

释读

滔天先生尊览：

十七日尊函祗悉一切。所询冯、康联络之事，此刻尚在半真半假之中。然帝政问题如日紧一日，则将来成为事实，亦未可知也。且康之所图，范围颇广，比之神様【编者注：指孙中山】，实有天渊之别。弟恐第三次革命成功，竟在官僚之手。果尔，则自称神様者，将变为泥菩萨，无人香花供养矣。有神様之顽迷，致使同志四分五裂，为官僚所轻视，乃出而自树讨贼之旗，虽目的甚同，而吾党将来不能在政治上独占优势。推原祸始，陈英士等实不能辞其咎也。弟处兹时局，一忧一喜，不知先生有善策以教吾否也？昨得香港友人函，催弟启程甚紧，兹拟明日出发，万事容后告。香港通信处如下：

香港云咸街九号裕昌洋画店梁崑甫收，但里面写高山收为盼。

书画事，仍须相机发卖，切嘱。

高山英太郎
十一月一日

滔翁大鑒：弟於一昨日到此，各項情形均在佳物雖龍濟光之為人頗為畏憚，則亦為張提攜之事既承袁之虞也（聞為龍所薦可靠）此二人求其在此就候龍等俱樹討袁之旗幟此粵民黨不就左軍界上尚有勢力望結果云云無色良策

可斷言矣故今日之事一喜一憂真吾黨發奮之秋也廣東事狀民黨已範圍言之頗復雜弟雖有調停之苦心然今日死之以欺復難不如不言候將來田此時機仍不如不言候再行功起事後相機卯乎之方面謝尼弟仍三萬冉左左惜謝尼左遲時有由南洋

興薪課其能包辦粵事恐未必為才疏學淺如愛世之志未一日忘先生知我者在此之中已不在分文困難惟歌不他再有進行神樣方面二派人四出款達到目的卽施如多少杯水

攢一萬三千餘元者見謝屆不左當遠橫領而逃之澳門日之田已收入若現已頗複雜非停之不可狀故弟田

元歲辭大言滔為南粤霸王也當仁不讓為霸有志焉即若田先生知我者在此先生志惟求現在有佈畫此粵械公事仍日不之其◯諫方實不可及儀之其◯諫方實不可及儀揖廷言及此粤事為已末

持生耳不知◯恐也山本先生先生亦善◯恐也山本老若現有佈畫若現有佈畫

免先生不無肩以重迫而未若非重不能活入華命◯所謂過屠門而大嚼當且快哉◯李辰◯先生心力而為之不不◯◯

山本交寺尾弟均望羽候
該仍交上海敝宅多之孔記
填十月八日

宫崎滔天家藏民国人物书札手迹（第四卷）

释读

滔翁大览：

　　弟于一昨日［日文，意为前天］到此，各处情形均甚佳妙。唯龙济光之为人颇为愚蠢，刻虽有与冯、张提携之事，难保无中变之虞也（云南、广西均可靠）。然天下事求其在我，就使龙等俱树讨袁之旗，而纯粹民党不能在军界上占有势力，则其结果亦毫无良善，可断言矣。故今日之事，一喜一忧，真吾党发奋之秋也。广东事，就民党之范围言，亦颇复杂。弟虽有调停之苦心，然今日非此时机，故不如不言，俟起事后相机而行可耳。弟之方面，由谢君筹得三万円左右，惜谢君在暹时，有由南洋托携一万三千银元者，见谢君不在，遂横领而逃之澳门。其由已收入者，现已不存分文，困难情形，不可言状。故弟虽由沪来此，不能再有进行，殊闷煞人也。神样方面，亦派人四出筹款，能达到目的，亦属疑问，就使能得多少，亦杯水舆薪，谓其能包办粤事，恐亦未必。弟才疏学浅，然忧世之志未一日忘。先生知我者，此番机会，未可放宽，当仁不让，弟窃有志焉。若得十万元，弟敢不辞大言，虽为南粤霸王可也。若得半数，则粤事亦能中分而持牛耳。不知先生有善策以教吾否也？山本兄时时见及否？头山老翁现有布画否？此等古谊男儿，求之东方，实不可多得，弟盖无日不心仪其人也。万事拜托先生。军械问题，请注意及之。总之，以粤事为己事，非先生不能肩此重任也。天时人事，俱相迫而来，若我辈毫不能活动，则为有看人革命，所谓过屠门而大嚼，虽不得当，且快意焉耳，奈何奈何。箭在弦上，不得不发，望先生尽心力而为之。不罪不罪。

　　寺尾翁、山本兄，均望羽候。

　　书画事如能得小款，请仍交上海敝宅，多多拜托。

高山英太郎
十一月八日

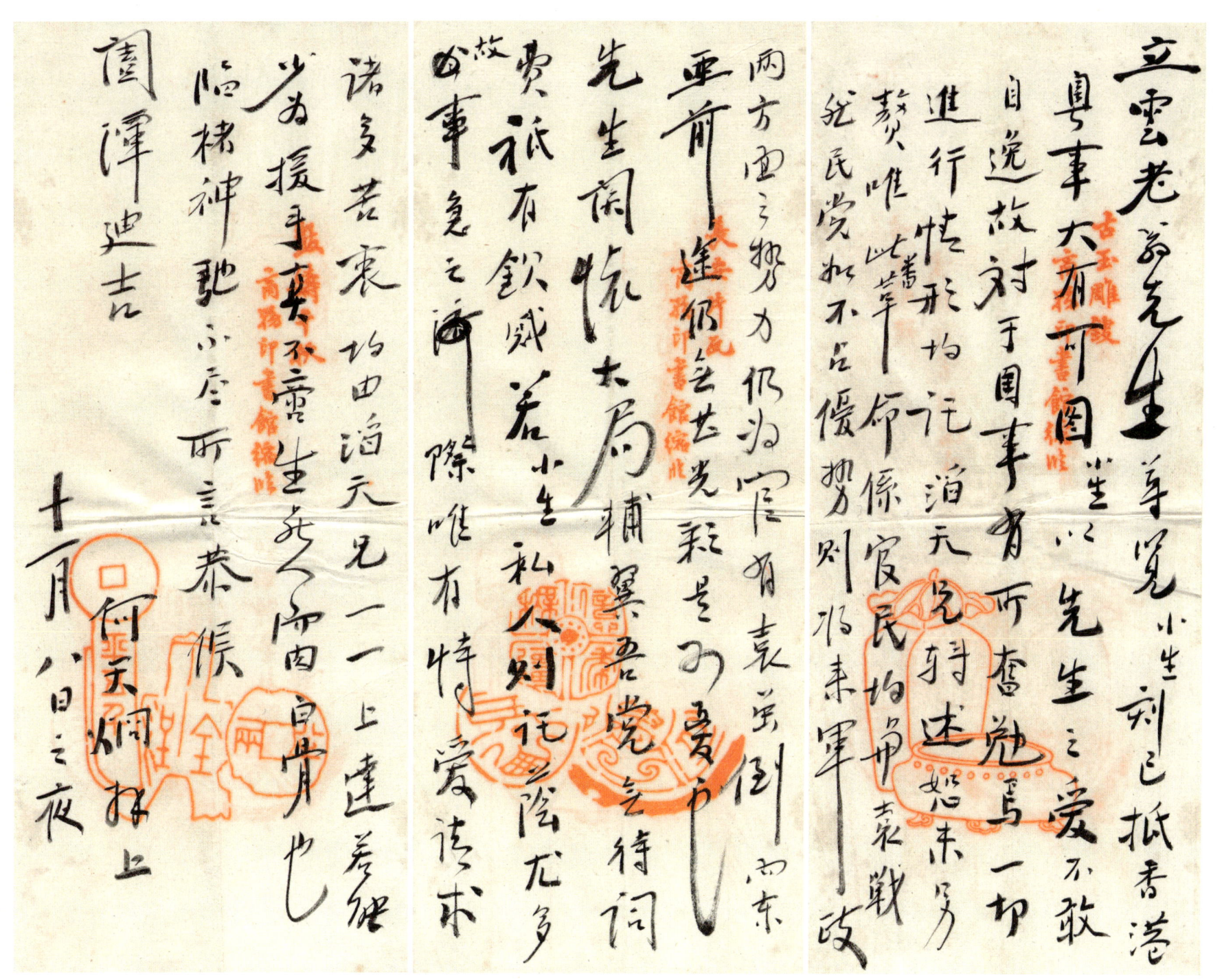

何天炯致头山满函（1915年11月8日）

宫崎滔天家藏民国人物书扎手迹（第四卷）

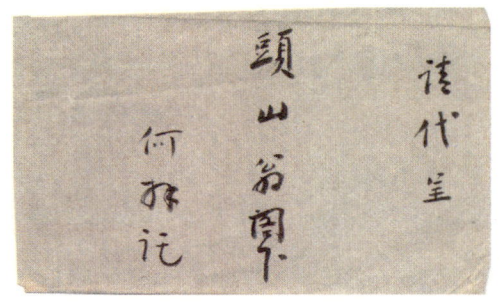

释读

立云老翁先生尊览：

    小生刻已抵香港，粤事大有可图。小生以先生之爱，不敢自逸，故对于国事，有所奋勉焉。一切进行情形，均托滔天兄转述，恕未另赘。唯此番革命系官民均与袁战，然民党如不占优势，则将来军政两方面之势力，仍为官有，袁虽倒而东亚前途仍无甚光彩，是可忧也。先生关怀大局，辅翼吾党，无待词费，只有钦感。若小生私人，则托荫尤多，故事急之际，唯有恃爱请求。诸多苦衷，均由滔天兄一一上达。若能少为援手，真不啻生死人而肉白骨也。临楮神驰，不尽所言。恭候

阖潭迪吉

何天炯 拜上
十一月八日之夜

滔天先生大鑒 昨日正上一椷关（因有件達頌此函）事急之際勝手要求不冤之此因此致候生誤会之点可笑之至謝屈之書记生以為弟已向先運動招了改代弟候電急催真小兒希望食館之事也

此可見此間急切星火之共況矣。還復函時尚望先将東京運動情形極言有望。勿作悲观别此向人气較佳蓋轅面敷衍。名益实际此能遲延一日以仍向他方有实际尋運動進行。腕莫為假雜。乞今日擬知其若乎政治運動之手

此間局面苦。弟出来維持。实为减少兒鉄少实加别为有大息言之。恢今日世界雜前四公理上研末就其他勿偏蓋君早節従前退讓主义蓋其其他勿偏蓋君早節先生南往洋運動一番。則勇又未定矣今别此晚先弟前時殿有些日志常對第二人言之切齿养事把此函后

来函俱交香港雲咸街九號怡昌洋畫店 梁崑甫收

此間戒嚴时候来函该用語 勿大露骨以避检查 又及
克强有消息君念之慨

何天炯致宮崎滔天函（1915年11月9日）

释读

滔天先生大览：

　　昨日已上一缄矣（内有转达头山翁函），事急之际，胜手[日文，意为随便]要求，不罪不罪。然因此致发生误会之点，可笑可笑。盖谢君之书记生以为弟早已向兄运动好了，故代弟发电急催，真小儿希望食饴之景象也，然亦可见此间急如星火之苦况矣。复函时，尚望兄将东京运动情形，极言有望，勿作悲观，则此间人气较佳。虽表面敷衍，无益实际，然能迁延一日，此一日中，弟必仍向他方有实际处运动进行。政治运动之手腕，甚为假杂，弟今日始知其苦也。此间局面，若弟出来维持，较之他人，阻碍力实为减少。然缺少实力，则为〔惟〕有大〔太〕息言之。今日世界，谁肯向公理上研求哉？弟甚悔从前取退让主义，其他勿论，盖若早与先生往南洋运动一番，则天下事定矣，今则晚矣。弟前时颇有此志而与先生言也。总之，万事拜托。

　　此等运作，勿对第二人言之，切嘱。

高山
十一月九号

来函仍交香港云咸街九号怡（是此怡字不是此裕字，从前误写，今更正）昌洋画店梁崑甫收。

此间戒严时候，来函用语勿太露骨，以避检查，又及。

克强有消息否？念之慨然。

滔天先生尊鑒 前疊次上言弟分蒙垂諒承
見諒欵為政治家者固如此不足異耶一笑々
頭山翁想已見及有一線之希望於此間前
在弦上不得不發而圍體之事終離亂乃仍方見太
晨神斷無結信之重就令此刻聽其自然俟
其結果之至佳良亦可預言々々 弟擬乘
舉事後再侯融和紛若無大力以提挈其間
鹿島北返滬此間諸事有謝居華維持現狀
蠶痛苦不堪此堅忍奮鬥而行玉兄之四滬則
有兩原因 一滬上為滬漢海械關其進行程度究
竟至於何程其歎難之點究係長江一帶或須至
粵此中關係玉為複雜死親涉其境恐未大為明
防礙也 二滬玉日來致力便利所託諸事倘有
須商至京之必要則一電遙促必星夜前來也
克先致電田先生為何並言欵一視誌為達
之信 意先生前日嫡弟信 必彼此四分以
至大意不切叩之 弟葆 某 十二曰

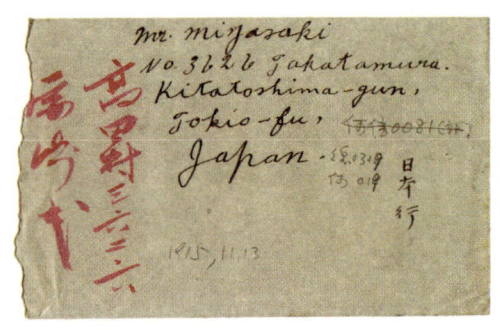

释读

滔天先生尊览：

　　前叠次上言，万分苦衷，诸希见谅。欲为政治家者，固如此其困难耶？一笑一笑。头山翁想已见及，有一线之希望否？此间箭在弦上，不得不发。而团体之纷杂，非得孔方兄大展神通，断无结合之望。就令此刻听其自然，俟举事后再俟融和，然若无大力者以提挈其间，其结果之无甚佳良，亦可预言耳。弟刻拟乘鹿岛丸返沪，此间诸事，有谢君等维持现状，虽痛苦不堪，亦坚忍奋斗而行。至弟之回沪，则有两原因：一、沪上为总交涉机关，其进行程度究竟至于何程，且发难之点，究系长江一带或须在粤，此中关系，至为复杂，非亲涉其境，恐于大局有防〔妨〕碍也。二、由沪至日本，一切交通较为便利，所托诸事，倘有须弟至京之必要，则一电遥促，必星夜前来也。克兄致先生之信有何主张，亟欲一视，请为达其大意。切叩切叩。

　　先生前日嫌弟信少，相约一周必彼此一回，今得无嫌其太多耶？一笑一笑。

高山
十一月十三日

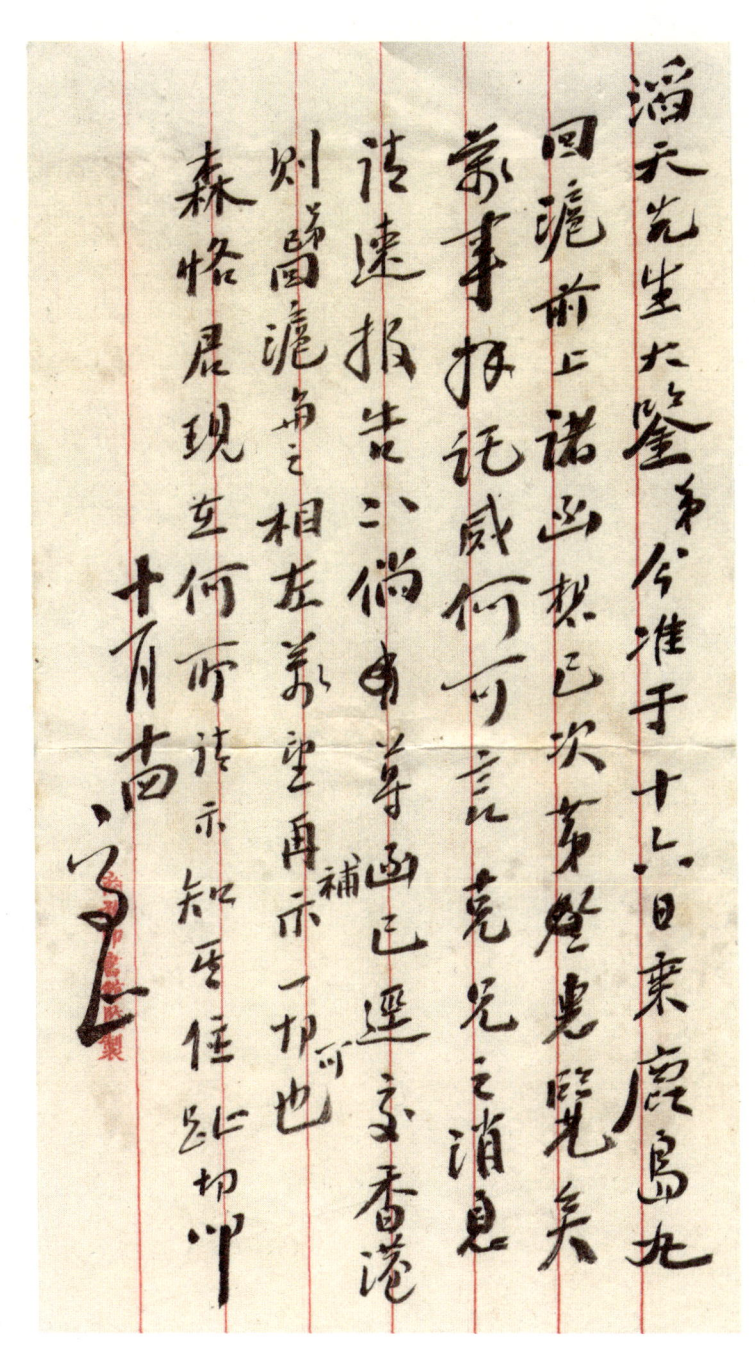

何天炯致宫崎滔天函（1915年11月14日）

宫崎滔天家藏民国人物书札手迹（第四卷）

释读

滔天先生大鉴：

　　弟今准于十六日乘鹿岛丸回沪，前上诸函，想已次第惠览矣。万事拜托，感何可言。克兄之消息，请速报告一二。倘尊函已径交香港，则弟已回沪，与之相左，万望再补示一切可也。

　　森格君现在何所，请示之其住趾〔址〕。切叩

高山
十一月十四

滔天先生大鑒 弟昨日回滬矣 其理由俱詳
左港所奉諸函特函知先生延況切
似玉為此余可以靜意觀察可及
別兩廣方面情形實較長江一帶為佳而
廣西則尤覺可特廣東之就所蛮出盡
勞西至鄂下實易動搖特而欠者學
少之運動費耳故弟之舉重於
先生者即為此也總之此番帝政發現
以來各方宣謠言極多然弟不多可信藏電
若軍警西界人皆吾黨接洽地不敗不少
我室特無覺團僻之堅決與強進之精神
方能吸收一切也今因僻已班重結合
所特並獨進之精神
情貞如何哉小弟畢拜託圖事克強
玉此子何欣嘗惜生命以質如已那一以不
節言諸帝諒之耶任

鈞安
諸君宜之
十一月廿一夜
弟 玉英太郎

何天炯致宮崎滔天函（1915年11月21日）

宫崎滔天家藏民国人物书札手迹（第四卷）

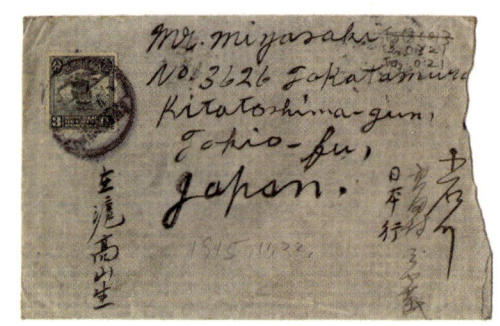

释读

滔天先生大鉴：

  弟于昨日回沪矣，其理由俱详在港所奉诸函，特不知先生近况何似？至为盼念耳。以鄙意观察所及，则两广方面情形实较长江一带为佳，而广西则尤觉可恃。广东之龙济光虽甚蛮劣，而其部下实至易动摇，特所欠者些少之运动费耳。故弟之希望于先生者，即为此也。总之，此番帝政发现以来，各方面谣言极多，然不多可信。若军警两界人与吾党接洽者亦颇不少，然全恃吾党团体之坚决与猛进之精神，方能吸收一切耳。今大团体已难望结合，所恃者各人猛进之精神也，以为何如？克强消息如何哉？望示一二。万事拜托拜托。国事至此，弟何敢爱惜生命以负知己耶？口不节言，诸希谅之。即请

钧安

  诸君宜之[日文，意为问候]。

高山英太郎
十一月二十一夜

滔天先生尊覽 惠書敬悉 一切令南方風雲已告變矣 以天時人事推之 袁政府當無所逃罪於天下 可慮者一般擁兵大員不知共和為何物 雖一旦反戈向袁 其結果於民國前途 不能放若何之異彩 蓋敝國情形如奇花初胎 豈能經兩分撥 若此良機一改 策則大勢所趨之曙可推測矣 先生等抱東亞宏願者之憶憂已鄙人近年抱消極遁世之心 先生當深以為戒 今時機迫切 如此自不全若心肝也 施閉門批善不為人道 援手平惜治薄 雖鮮若可成就 是不能無重視 先生等之贊助也 今派林君國光前來代陳鄙意 諸凡壁畫全仗臂力 頭山翁囑為代 為介紹晉謁深望使知鄙人微志 遠跟之寸衷乘同碧海荒之四陷厥初志耳 諸希心諒不宣即
賀
年禧不一
愚弟 何天炯鞠躬
一月二日

何天炯致宮崎滔天函（1916年1月2日）

释读

滔天先生尊览：

惠书敬悉一切。今南方风云已告变矣。以天时、人事推之，袁政府当无所逃罪于天下。可虑者，一般拥兵大员不知共和为何物，虽一旦反戈向袁，其结果于民国前途不能放若何之异彩。盖敝国情形，如奇花初胎，岂能几经风雨？今后若无良确之政策，则大势所趋，已略可推测，是亦先生等抱东亚宏愿者之隐忧也。鄙人近年抱消极遗世之心，先生尝深以为戒。今时机迫切如此，自非全无心肝，岂能闭门独善，不为人道一援手乎？惜德薄能鲜，无所成就，是不能无望于先生等之赞助也。今特派林君国光前来代陈鄙意，诸凡擘画，全仗鼎力。头山翁处亦请代为介绍晋谒深谈，使知鄙人人微志远，耿耿寸衷，未尝因碧海茫茫而陨厥初志耳。诸希心谅，不宣。即贺年禧 不一

愚弟 何天炯鞠躬

一月二日

滔天先生大鑒敬啓者月之三號曾特派林君回國
光渡海晋謁台階奉商一切想已面聆　大教矣
目下凡雲之急迫殊覺華軍難彈述至先生關
心大局點至侯郤人諜之且覺詞費峰雲南已樹
獨立之旗幟貴處之活動極之較為便利故遣
林氏之來可以表勇華之微誠盡此職責其實
咸卬為否諸先生之至庸介意也其和之死諾全
闆像兩廣之窗肯據陸康建確執可靠所以表
若陸氏一旦討袁則龍濟光必附和否則迎奉香港
面不發表北懇以廣西之貴之兩首當北軍之衝也
皆言中之事兩廣一定則長江之為雲亦隨而動搖
以是上海之軋活動亦開始美此舉可以必致力办
此何於之妨也以情理言神樣方面此剩若無特
別之建樹殊無以荊命无祖之偉面也伊之左右某
氏新由東京來云神樣对於宋氏已宣言將正式
結婚其結凹凯不即西知也此諸
閻潭清吉 　　　　　　　　　　　高山英太郎
　　　　　　　　　　　　　　　　　　　　　五月六日

宫崎滔天家藏民国人物书札手迹（第四卷）

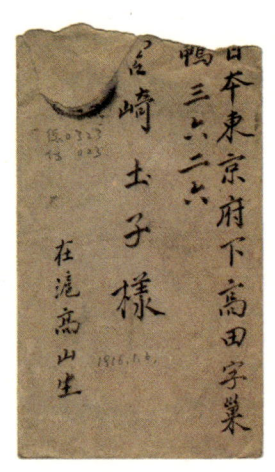

释读

滔天先生大鉴：

敬启者：月之三号，曾特派林君国光渡海晋谒台阶，奉商一切，刻想已面聆大教矣。目下风云之急迫，殊觉笔难殚述，在先生关心大局，亦无俟鄙人喋喋，且觉词费。唯云南已树独立之旗，则贵处之活动，想亦较为便利，故遣林氏之来，所以表弟等之微诚，尽此职责，其实成功与否，请先生亦无庸介意也。共和之死活，全关系于两广之向背。据人言，陆荣廷确然可靠，所以表面不发表者，恐以广西之贫乏而首当北军之冲也。若陆氏一旦讨袁，则龙济光亦必附和，否则逃奔香港，皆意中之事。两广一定，长江之局面亦随而动摇，以是上海之新活动可开始矣。此弟等所以必死致力于此问题之故也。以情理言，神様方面，此刻若无特别之建树，殊无以维持革命元祖之体面也。最近伊之左右某氏新由东京来云，神様对于宋氏已宣言将正式结婚，其结果如何，不得而知也。此请

阖潭清吉

高山英太郎

正月六日

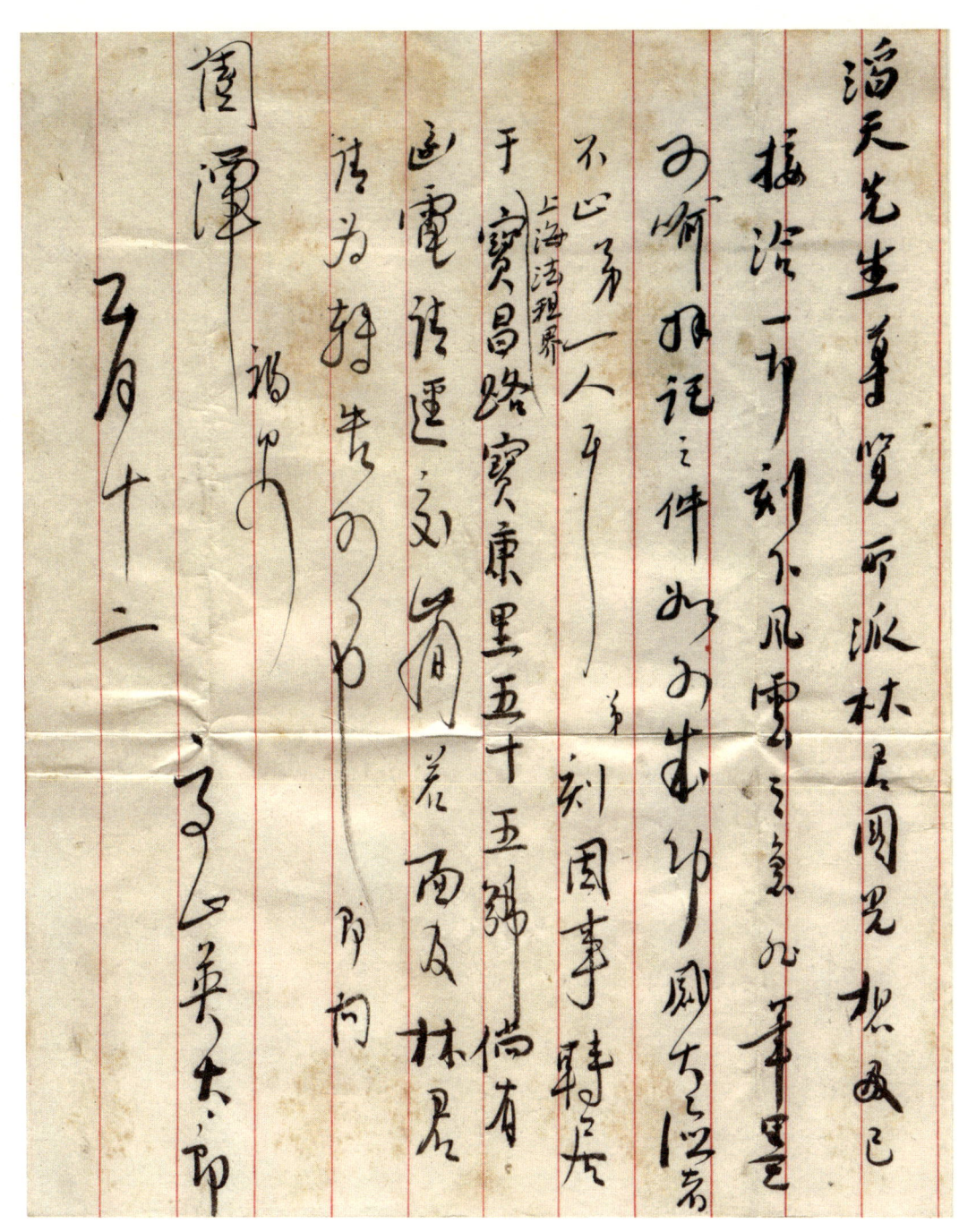

何天炯致宮崎滔天函（1916年1月12日）

 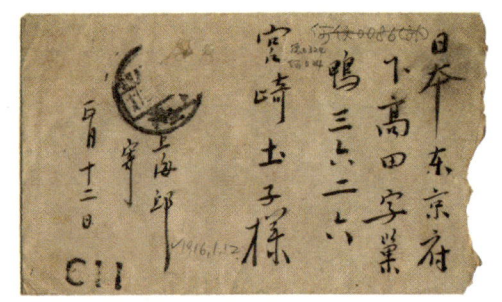

释读

滔天先生尊览：

　　所派林君国光想已接洽一切，刻下风云之急，非笔墨可喻。拜托之件，如可成功，感大德者不止弟一人耳。弟刻因事转居于上海法租界宝昌路宝康里五十五号，倘有函电，请径交此间。若面及林君，请为转告可也。即问

阖潭福安

高山英太郎

正月十二

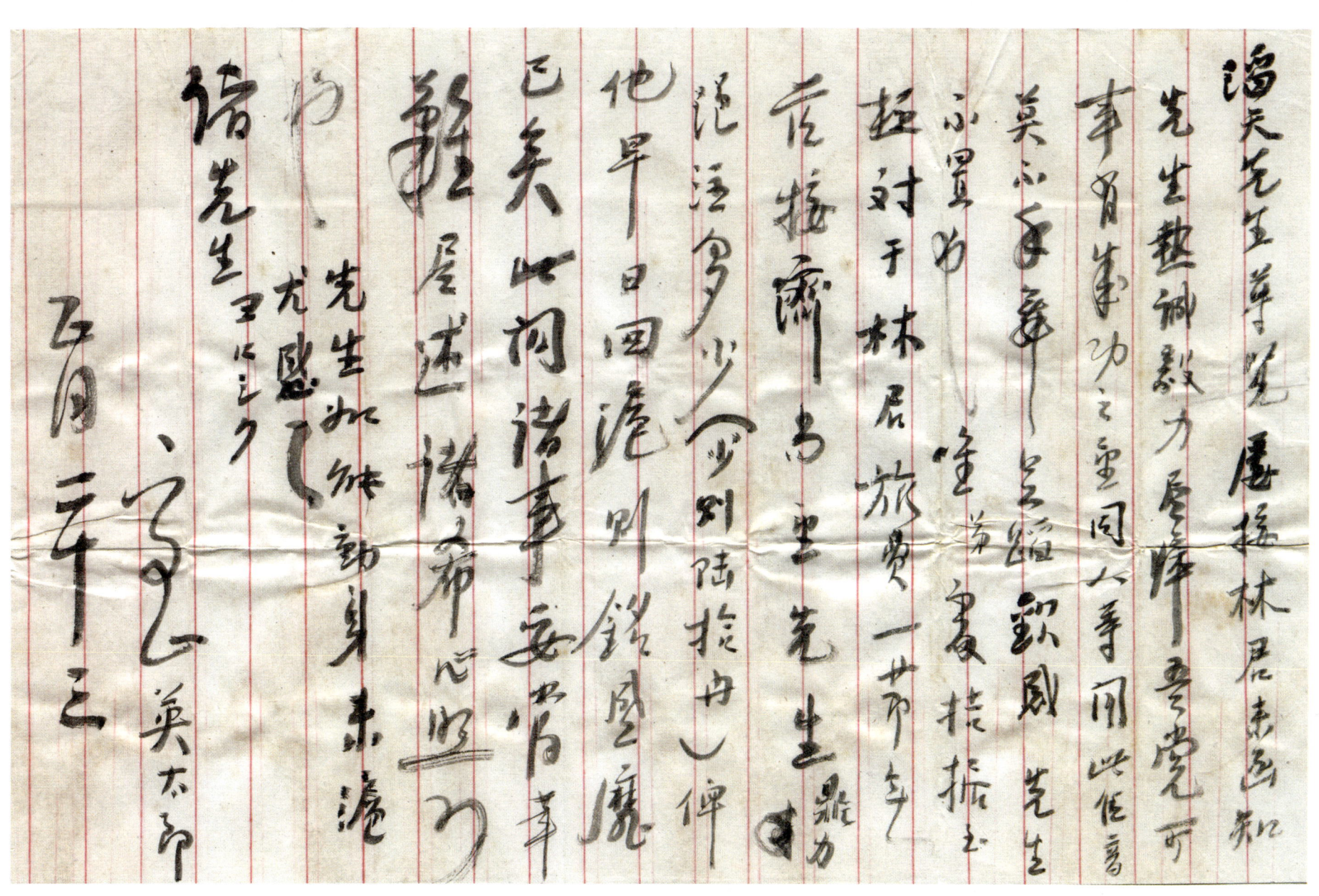

何天炯致宫崎滔天函（1916年1月23日）

宫崎滔天家藏民国人物书札手迹（第四卷）

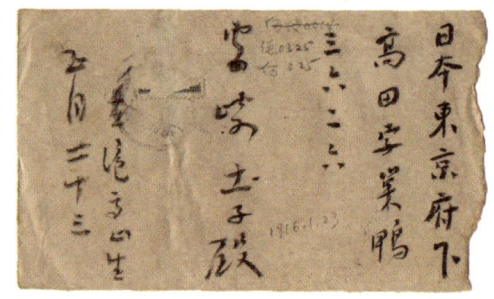

释读

滔天先生尊览：

屡接林君来函，知先生热诚毅力，尽瘁吾党，所事有成功之望。同人等闻此佳音，莫不手舞足蹈，钦感先生不置也。唯弟处拮据至极，对于林君旅费一节无从接济，尚望先生鼎力挹注多少（少则陆拾円），俾他早日回沪，则铭感靡已矣。此间诸事妥当，笔难尽述，诸希心照可也。

先生如能动身来沪，尤感尤感。

向诸先生问好。

高山英太郎

正月二十三

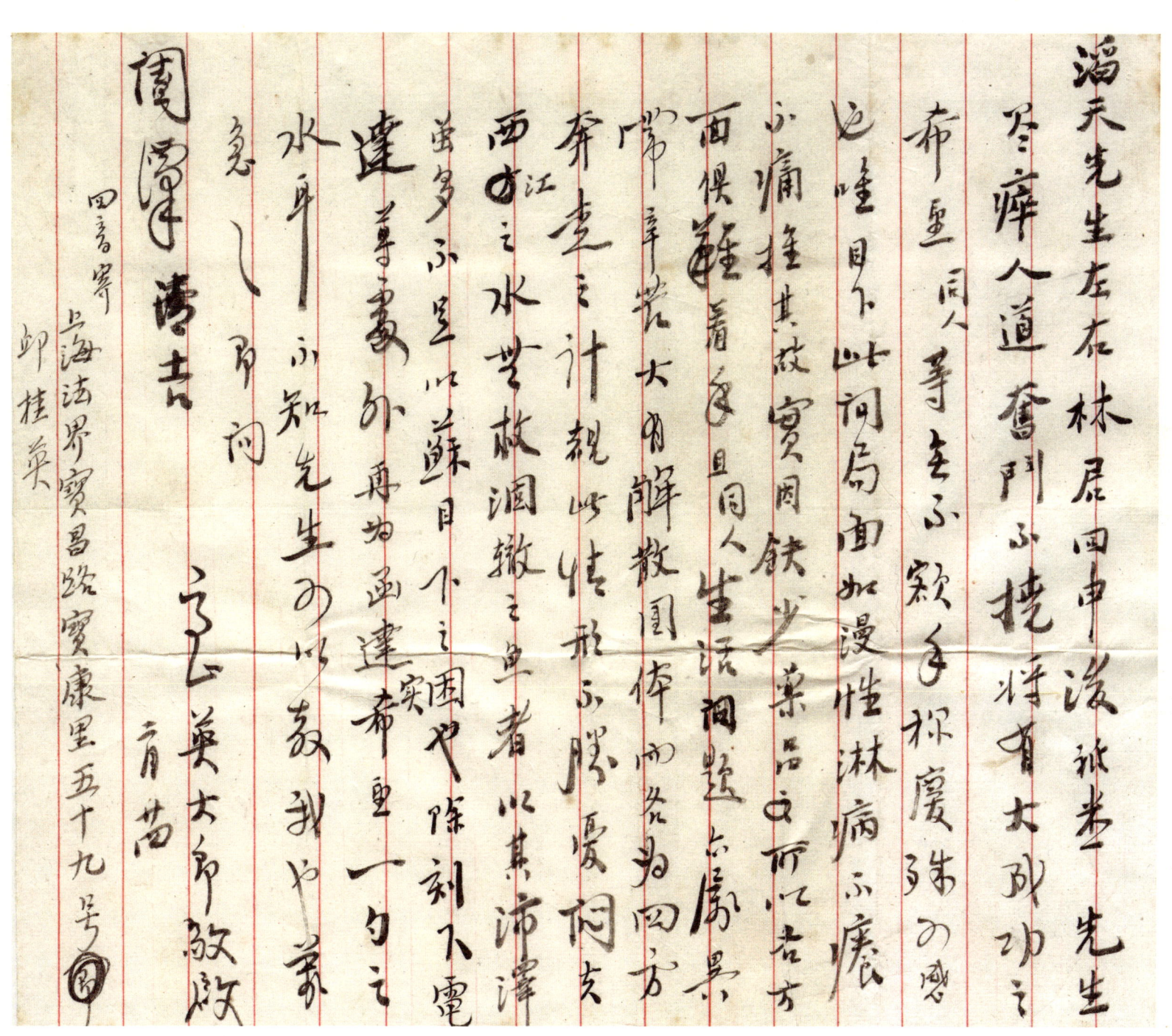

何天炯致宫崎滔天函（1916年2月24日）

宫崎滔天家藏民国人物书札手迹（第四卷）

释读

滔天先生左右：

　　林君回申后，祇悉先生尽瘁人道，奋斗不挠，将有大成功之希望，同人等无不额手称庆，殊可感也。唯目下此间局面如漫〔慢〕性淋病，不痒不痛，推其故，实因缺少药品，所以各方面俱难着手。且同人生活问题，亦属异常辛苦，大有解散团体而各为四方奔走之计。睹此情形，不胜忧闷。夫西江之水无救涸辙之鱼者，以其沛泽虽多，不足以苏目下之困也。除刻下电达尊处外，再为函达，实希望一勺之水耳。不知先生可以教我也？万急万急。　即问

阖潭清吉

高山英太郎敬启
二月二十四

回音寄：上海法界宝昌路宝康里五十九号　邱桂英

滔老先生尊覽 最近一週間前上燕函一封諒達左右矣 談正所呈各節不知有二希望不一瓦事 全仗先生誰力此間不曉乃運動以期兩方面供有冉滿之結果也 但以敝國今日危亡之時局 而意云好業戴者寒玉寒荒晨星然運命無可挽回之一証也 郁人苦衷著以為抱此觀之念

其實鄙人恐說此事不過為下滔之筆墨趨利不顧廉恥者之多 則鄙人寧可不中之來往也 上海駐在之海軍有五兄弟也可得其樹討賊之旗一遇前陳其業派巳交涉純熟 唯以中山誓約同盟及須掛青天白日旗（中華革命党旗也）兩問題致談判破裂 將讀五兄冉交回陳氏而立上海之民党則無人有五弟母之能力誠乃痛也 日來未見

先生一函不知如故想儀事冗願達故百忙聊賴兄 先生達人也廈門人也一時失意何必作之拾此乎 令鄙人有諸於先生永永二優答枯詑 問題一、如之対筆向題二、有現歎而不買軍械乎二、貴邦人士対于孫氏向逆一、黃興氏何日東京返（聞其僑欺五十万余或已）

四月廿五 何天炯

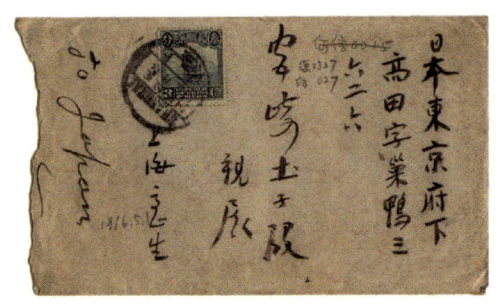

释读

滔老先生尊览：

　　最近一周间，前上芜函一封，谅达左右矣。该函所呈各节，不知有一二希望否？凡事全仗先生鼎力，此间亦晓极力运动，以期两方面俱有圆满之结果也。但以敝国今日危亡之时局，而急公好义者竟至寥若晨星，殆即运命无可挽回之一证也。外间不悉鄙人苦衷者，以为抱悲观之念。其实鄙人否认此事，不过天下滔滔，争权趋利、不顾廉耻者之多，则鄙人宁可不与之来往也。上海驻在之海军，有五万円即可得其树讨贼之旗。一周前陈其美派已与之交涉纯熟，唯以中山誓约及须挂青天白日旗（中华革命党旗也）两问题，致谈判破裂，将该五万円交回陈氏，而在上海之民党则无人有五万円之能力，诚可痛也。日来未见先生一函，不知何故？想系事与愿违，故百无聊赖。然先生达人也，奋斗人也，一时失意，何必介介于此乎？今鄙人有请于先生，祈为一一复答，拜托拜托！问题如下：

　　一、外交对华问题；一、有现款能否买军械问题；一、贵邦人士对于孙氏问题；一、孙氏东京之举动（闻其借款五十万成功）；一、黄兴氏何日回东京。

高山英太郎
四月二十五

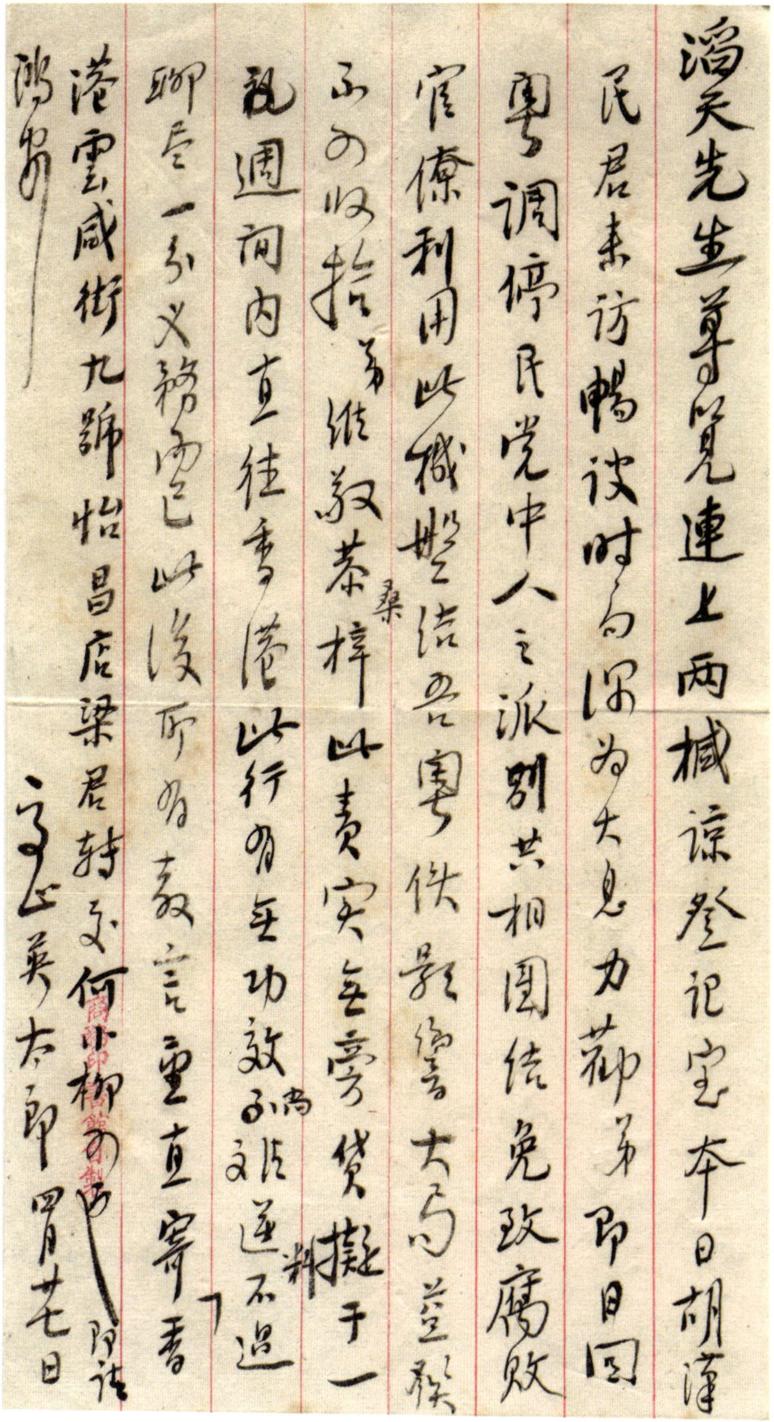

滔天先生草覽 連上兩械諒登記室本日胡漢
民君來訪暢談時局深為嘆息力勸弟即日回
粵調停民黨中人之派別共相團結免政府敗
官僚利用此機撥弄結果供影響大局至鉅駸
弟即收拾行裝擬搭此責實無暇貸擬于一
觀週間內直往香港此行如無功效不過運不
聊盡一分義務雲邑此後所有教言望直寄香
港雲咸街九號怡昌店梁君轉交何祐諸附註
瀧雪

弟天炯 頓首 四月廿七日

 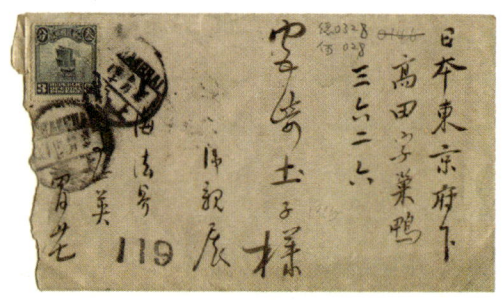

释读

滔天先生尊览：

　　连上两缄，谅登记室。本日胡汉民君来访，畅谈时局，深为太息，力劝弟即日回粤，调停民党中人之派别，共相团结，免致腐败官僚利用此机盘结吾粤，使影响大局，益发不可收拾。弟维敬恭桑梓，此责实无旁贷，拟于一周间内直往香港。此行有无功效，尚难逆料，不过聊尽一分义务而已。此后所有教言，望直寄"香港云咸街九号怡昌店梁君转交何小柳"可也。即请

鸿安

高山英太郎
四月二十七日

滔天先生年鑒弟于本日束裝念北回港用讀畫友廬西信迎粵西省妙局乱离人楚些非兑光荒民憔肉額秋不即月恐前逢不堪挺粑也矣梓敬恭之經不能漢姓先生如有良言佳策尚寅時告一旦來蟄踞滬止頗為困累耳弊時老清和將登用永服居行與賑費之用翊中山畫大歎告成惜弟瓦傲性成為保全人格計不能再為彼援治平兩番亡命一葉身輕不惹天下先先生固知我希亡一歐調已未經毫未得一面回皇東來特取頗為花袓竟然泉名竟何日回來見面請轉致歸豈不知能辜付弟少爭活動之費不貲去港六毛共友人可靠彼籌尚雲墨來有簇歡之希雲然弟不知此回年仆居第一次究尚不同前此度育人及地方上財政俱未其破壞今則奧事到畫廉爛財政變本加設耳田托薄泉見似去東春細久及誰代援手乞弟等拜訪妥言率此余俟後详即候

閻澤清吉
弟 何天炯 頓首
五月四日

香港通信处寄
香港中環廣泰祥轉何曉暉收

宫崎滔天家藏民国人物书札手迹（第四卷）

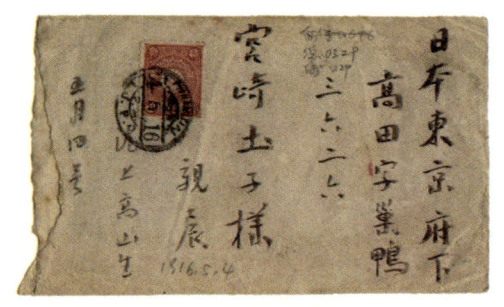

释读

滔天先生尊鉴：

　　弟于本日乘镰仓丸回港，因该处友人屡函促迫。粤省时局乱若焚丝，非先从民党内调和一切，恐前途不堪设想也。弟本无心人世，徒以桑梓敬恭之谊，不能漠然。先生如有良言佳策，尚冀时惠一二。日来蛰居沪上，颇为困穷。所幸时当清和，将冬用衣服尽行典质，为旅费之用。闻中山处大款告成，惜弟兀傲性成，为保全人格计，亦不能再与彼接洽耳。两番亡命，一叶身轻，不怨天，不尤人，先生固知我者也。一欧闻已来沪，竟未得一面，用是东京情形颇为茫然。克强兄究何日回东，见面时请转致鄙意。不知能否代弟少筹活动之费否？缘经济一层，在港亦无甚友人可靠。盖彼等尚望弟来有筹款之希望，不知此回革命与第一次全然不同，前度商人及地方上财政俱未甚破坏，今则粤事到处糜烂，财政真不堪设想耳。

　　溥泉兄仍在京否？如见及，请代致意。前事拜托。匆匆草此。余俟后详，即候

阖潭清吉

弟 何天炯
五月四号

香港通信处如下：香港中环广泰祥转何晓晖收。

滔天先生事覽滬江握別未盡所懷想

已平安抵京矣滬事現歸鈕永建足下持

唯苦於經濟不克進行殊可痛心久原欵

事此後想仍希忿童話先生与克強兄

商紉進行此欵如告成功則嘉必多一刻不傷

心盼言耳先生左滬時鈕君甚恨未曾把臂

噯轉問候克名霎吾未另函相別日久無善

可告且此亥荒之亦山第二筆墨罄廿五何天炯相
卻意乞方乃大安

宫崎滔天家藏民国人物书札手迹（第四卷）

 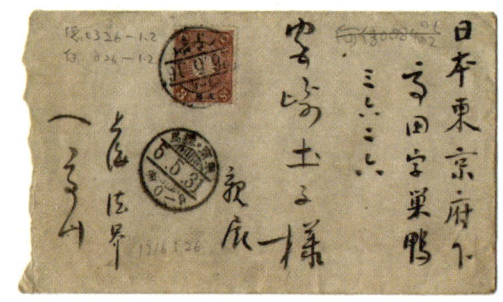

释读

滔天先生尊览：

　　沪江握别，未尽所怀，想已平安抵京矣。沪事现归纽〔钮〕永建君主持，唯苦于经济，不克进行，殊可痛也。久原款事，此后想仍有希望，请先生与克强兄商酌进行。此款如告成功，则袁必多一制命伤，可断言耳。先生在沪时，纽〔钮〕君甚恨未曾把臂，嘱转问候。克兄处弟亦未另函，相别日久，无善可告，且世变茫茫，亦非此笺之笔墨能尽所怀也。请转致鄙意一切。即问

大安

何天炯拜
五月二十五

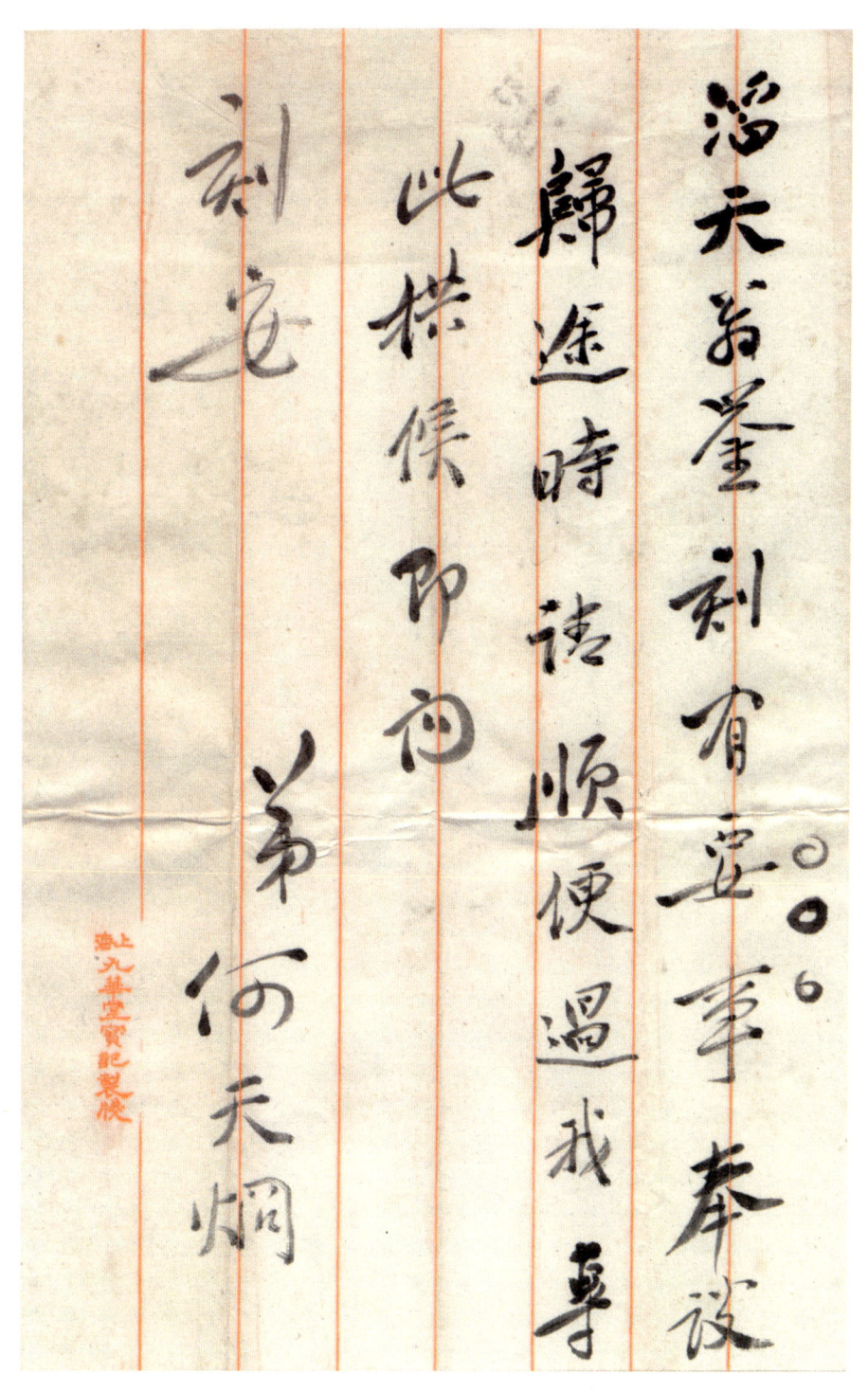

何天炯致宫崎滔天函（1916年5月）

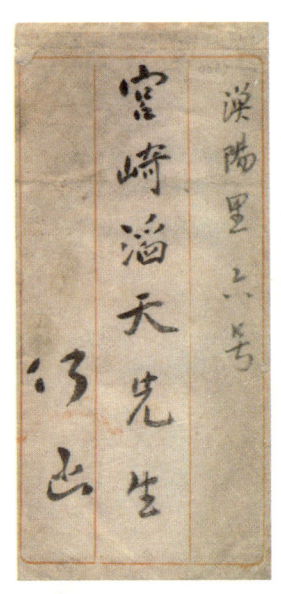

释读

滔天翁鉴：

　　刻有要事奉谈，归途时请顺便过我。专此拱候，即问

刻安

　　　　　弟　何天炯

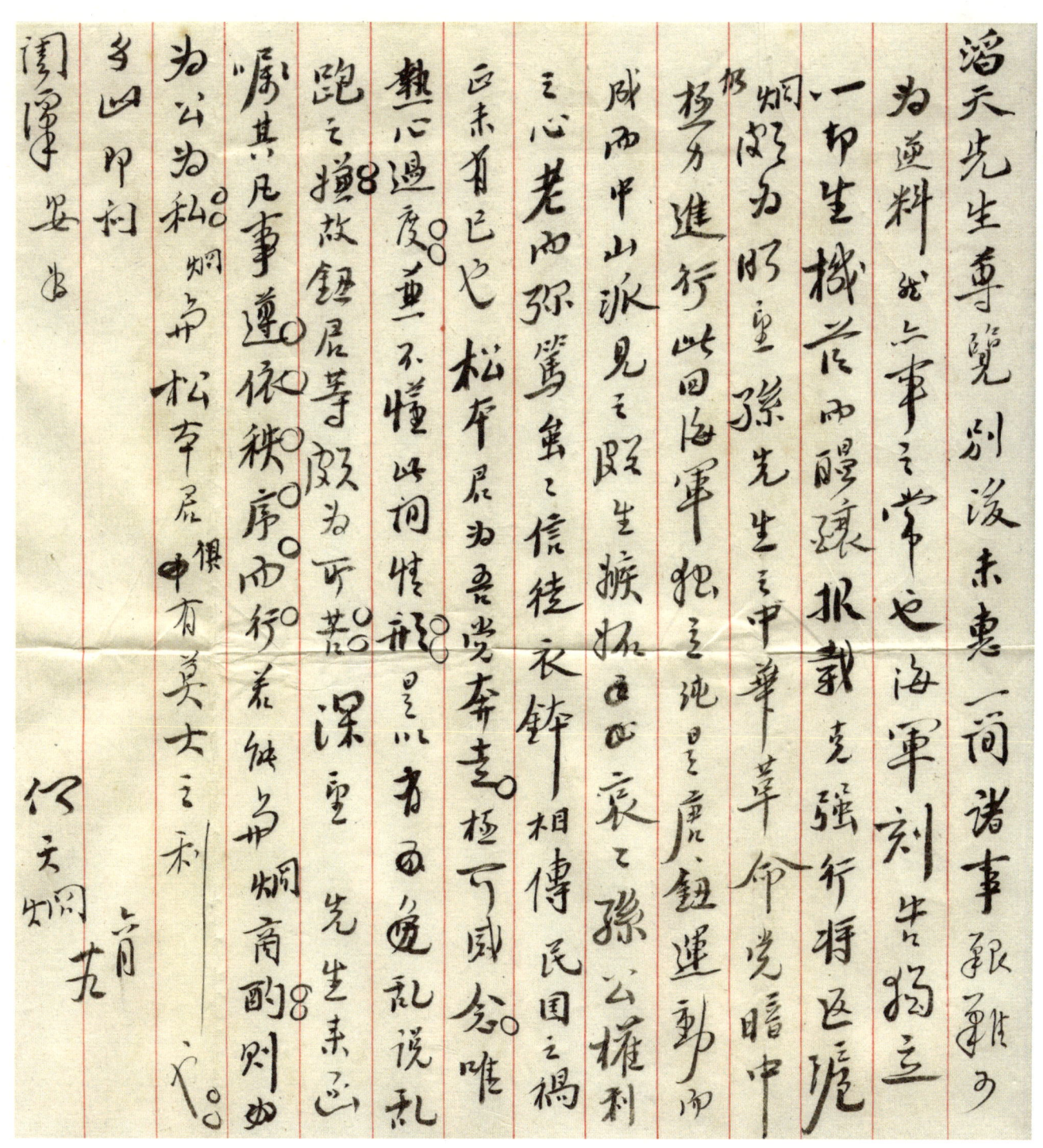

何天炯致宫崎滔天函（1916年6月29日）

宫崎滔天家藏民国人物书札手迹（第四卷）

 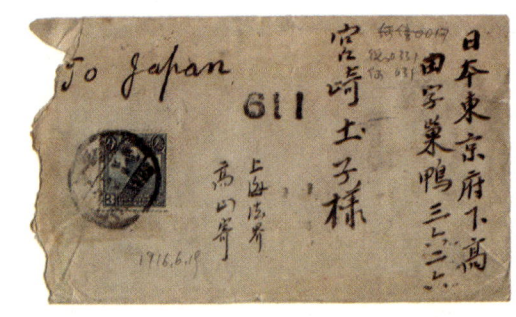

释读

滔天先生尊览：

别后未惠一简，诸事艰难，可为逆料，然亦事之常也。海军刻告独立，一切生机从而酝酿。报载克强行将返沪，炯颇为盼望。孙先生之中华革命党，暗中仍极力进行。此回海军独立，纯是唐、钮运动而成，中山派见之颇生嫉妒。哀哀孙公，权利之心老而弥笃。蚩蚩信徒，衣钵相传。民国之祸，正未有已也。松本君为吾党奔走，极可感念，唯热心过度，并不懂此间情形，是以有乱说乱跑之嫌，故钮君等颇为所苦。深望先生来函，嘱其凡事遵依秩序而行，若能与炯商酌，则为公为私，炯与松本君俱有莫大之利也。

专此即问

阖潭安吉

何天炯

六月二十九

滔天先生大鉴 昨奉上蕪函 想必次遞收到矣 惟言
有未盡迎来中日国際间之溝通 熱並不止有重大问
題發生及宣傳お実業方面共器点不少也 蜀人素
以公道为懐 倘以此时为お已國政治为何等政府
日本实業家専注意お商業上之経营而無何等
之問係共蜀人 至論何时俱歡迎 何如前挥先生出生有漫
遊支那之志 以为故人 重见先生之喜 目前二一年
之習経居内延之不易 鄂央再 即黃共両先生漫遊之目的二一年
先は二萧内之遲 鄂贵共両先生漫遊之目的二一年
達美日滯在本京俟注意お孫 黃六君之拳动
山田君日来对本威情顧在商量其本位不錯也
孫先生近来ぞ謹慎 外界非難之声尚少 惟其
行事總於積極為 如不就海虎之莊摸捉到
欺回弟之人有依頼之信用也 然不易美黃先生对于政界
暗中放分 熱心坎出致之重 黄先生之资格地
位將来本有 人物情景 人出作虚言卷同志中
世为騪侍 且已自身之气鬱日見萎農 呈上一点不良之
結果也 支那萬日見 陸並尚必日進文明法
先生向ぞ覩な色 松本佳杭州去了 尚未回来 勝田
館之膳費全欠乏 三百舟左右 劇當 無法 今設頓此人之
同弟死活共之 何々
此信看後請火燒之
天烱九月十日早

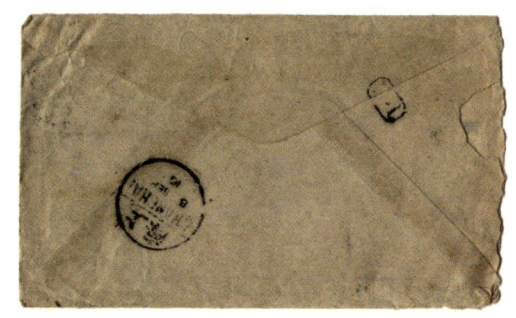
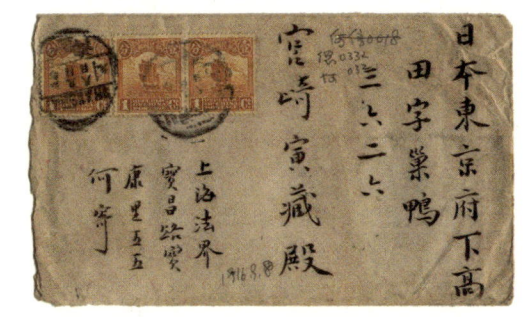

释读

滔天先生大鉴：

　　昨奉上芜函，想可次递〔第〕收到矣，惜言有未尽。迩来中日国际间交涉频繁，虽不至有重大问题发生，然影响于实业方面者恐亦不少也。鄙人素以公道为怀，值此时局，于己国政治尚不欲关系之，若日本实业家专注意于商业之经营而无何等政府之关系者，鄙人无论何时俱欢迎之。前接先生函，悉有漫游支那之志，以为故人重见，即在目前，欣欢何极。继而思之，恐经济问题亦不易解决耳。鄙意若铁矿问题而能先得二万円之运动费者，则先生漫游之目的亦一并达矣。日资本家徒注意于孙、黄二氏，亦浅见之辈也。山田君日来对弟感情颇好，在商言商，是其本位不错也。孙先生近来态度甚为谨慎，外界非难之声尚少。惜其行事，忽然积极，忽然消极，如生龙活虎，无从摸捉，则欲四万万人有依赖之信用也，恐不易矣。黄先生对于政界，暗中十分热心，然此刻决无出头之望。以黄先生之资格地位，将来本为有望之人物。惜其人好作虚言，老同志中甚为解体，且其自身之气欲，日见发展，是亦无良好之结果也。支那虽日见堕落，然世界必日进文明，请先生勿悲观可也。松本君往杭州去了，尚未回来，胜田馆之膳金已欠至三百円左右，刻尚无法可设，想此人亦同弟死活者也。呵呵。

　　此信看后请火烧之。

天炯

九月十号早

滔天先生尊鉴：连上两函谅收到否

松本君现在何处 先生能知否 详启彼往杭州彼已言密等则不便秘密往杭州彼已言俟奉一欧之命完其何事但恨其宜时常通函惜玉今半月之久尚不知其行先之去何处也日人云彼实回东京如即前函言铁矿事同是失恐不易成功弟可急歇行之者以最小之机械（此土法子销好的）躬亲其役夜此生涯真妙事也诸先生为我调查其价值与事如果成功则串先生一生同隐此间此之宁跻跋园殊为有趣何之以郡人等野马之性此居文明国受拘则之约束不远之大陆上自生自灭无遮无碍之岛可已弟日言信弟现由香港来此彼守侨向先生之福祉 先生民国漫游之理想能实现耶役十月末左右弟将有回家省亲起日来极歉一睡渴贺之余时形忧寒寒悒悒无色钱可若失此自由无堪之冤也呵 便问

阁潭清吉

弟 天烔
九月十一

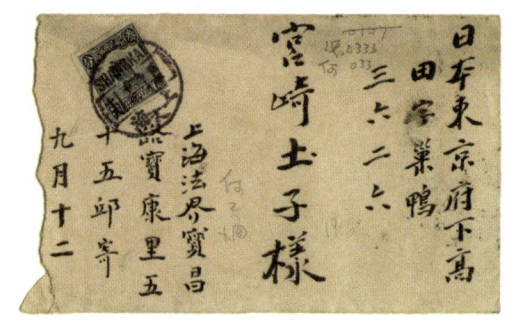

释读

滔天先生尊览：

　　连上两函，有收到否？松本君现在何处，先生能知其详否？彼临行时自言系奉一欧之命，秘密往杭州。彼已言秘密，弟则不便究其何事，但嘱其宜时常通函。惜至今半月之久，尚不知其行先 [日文，意为目的地] 之在何处也。有人云，彼实已回东京。然耶否耶？前函言铁矿事，问题甚大，恐不易成功。弟所急欲行之者，以最小之机械（比土法子稍好的），躬亲其役，度此生涯，真妙事也。请先生为我调查其价值焉。此事如果成功，则与先生一生同隐此间，比之寄迹豉园【编者注：宫崎滔天东京住宅名】，殊为有趣。何也？以鄙人等野马之性，居文明国，受规则之约束，实不如在茫茫大陆上，自生自灭、无遮无碍之得所也第一云。舍弟现由香港来此，彼寄语问先生之福祉。十月末左右，弟将有回家省亲之役。先生民国漫游之理想，能实现否？日来极欲一晤，渴想之余，时形梦寐寐。惜俱为金钱所苦，失此自由，然皆非己之罪也。呵呵。便问

阖潭清吉

弟天炯

九月十一

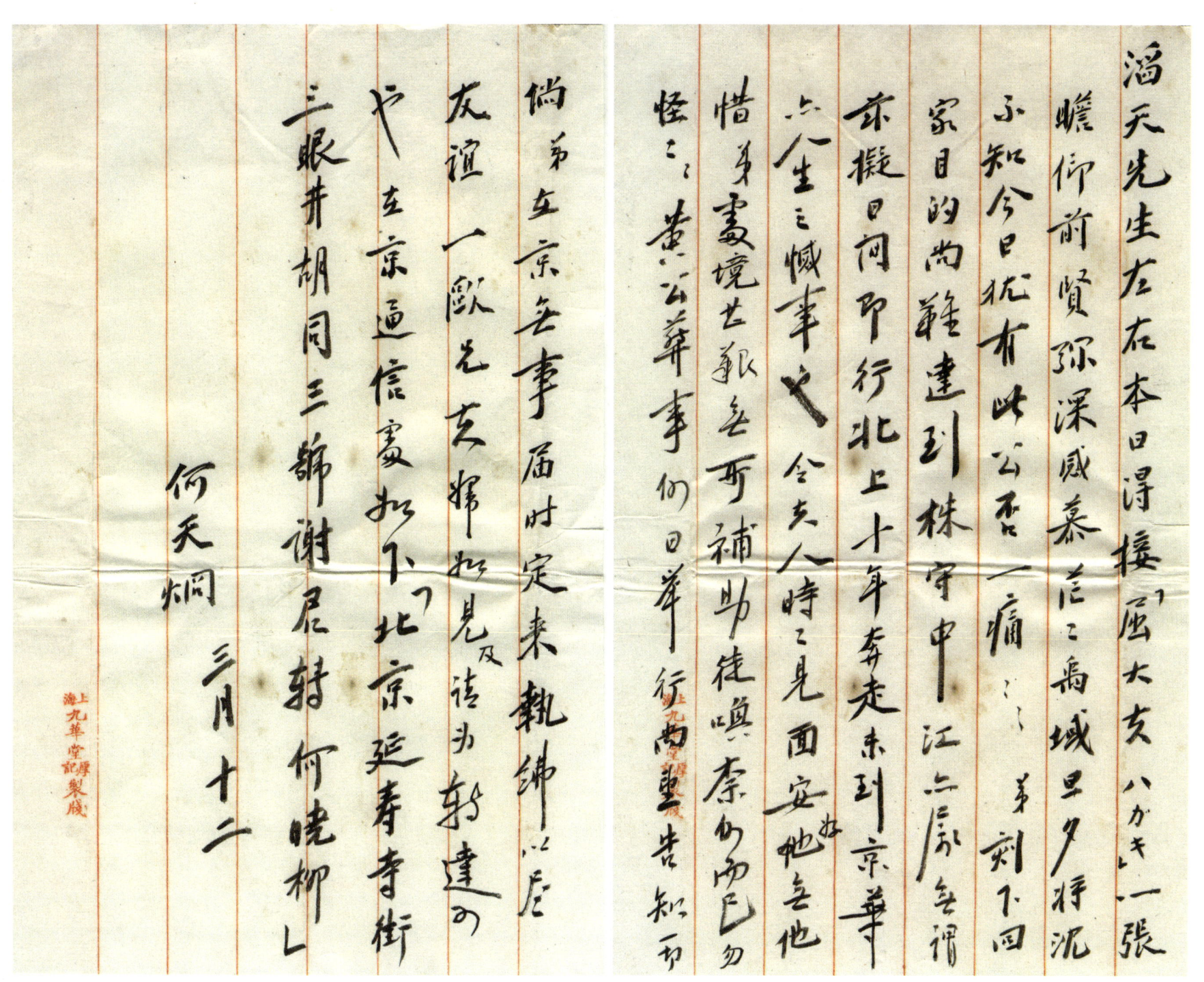

何天炯致宫崎滔天函（1917年3月12日）

宫崎滔天家藏民国人物书札手迹（第四卷）

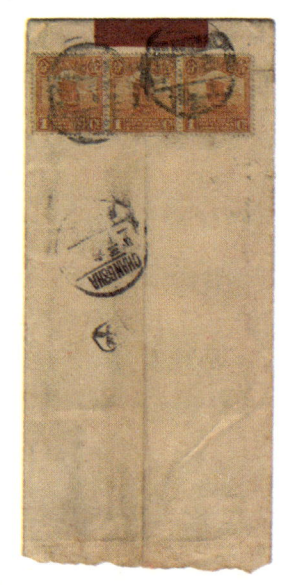
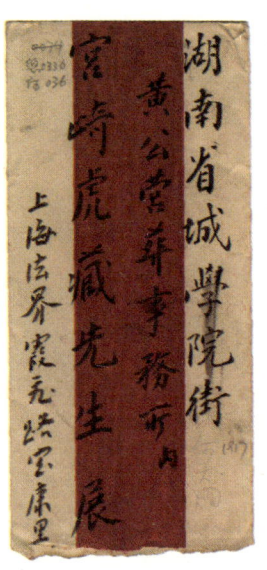

释读

滔天先生左右：

　　本日得接屈大夫明信片一张，瞻仰前贤，弥深感慕。茫茫禹域，旦夕将沉，不知今日犹有此公否？一痛一痛。弟刻下回家目的尚难达到，株守申江，亦属无谓，兹拟日间即行北上。十年奔走，未到京华，亦人生之憾事也。令夫人时时见面，安好无他，惜弟处境甚艰，无所补助，徒唤奈何而已，勿怪勿怪。黄公葬事何日举行，尚望告知一切。倘弟在京无事，届时定来执绋，以尽友谊。一欧兄夫妇如见及，请为转达可也。

　　在京通信处如下：北京延寿寺街三眼井胡同三号谢君转何晓柳。

何天炯

三月十二

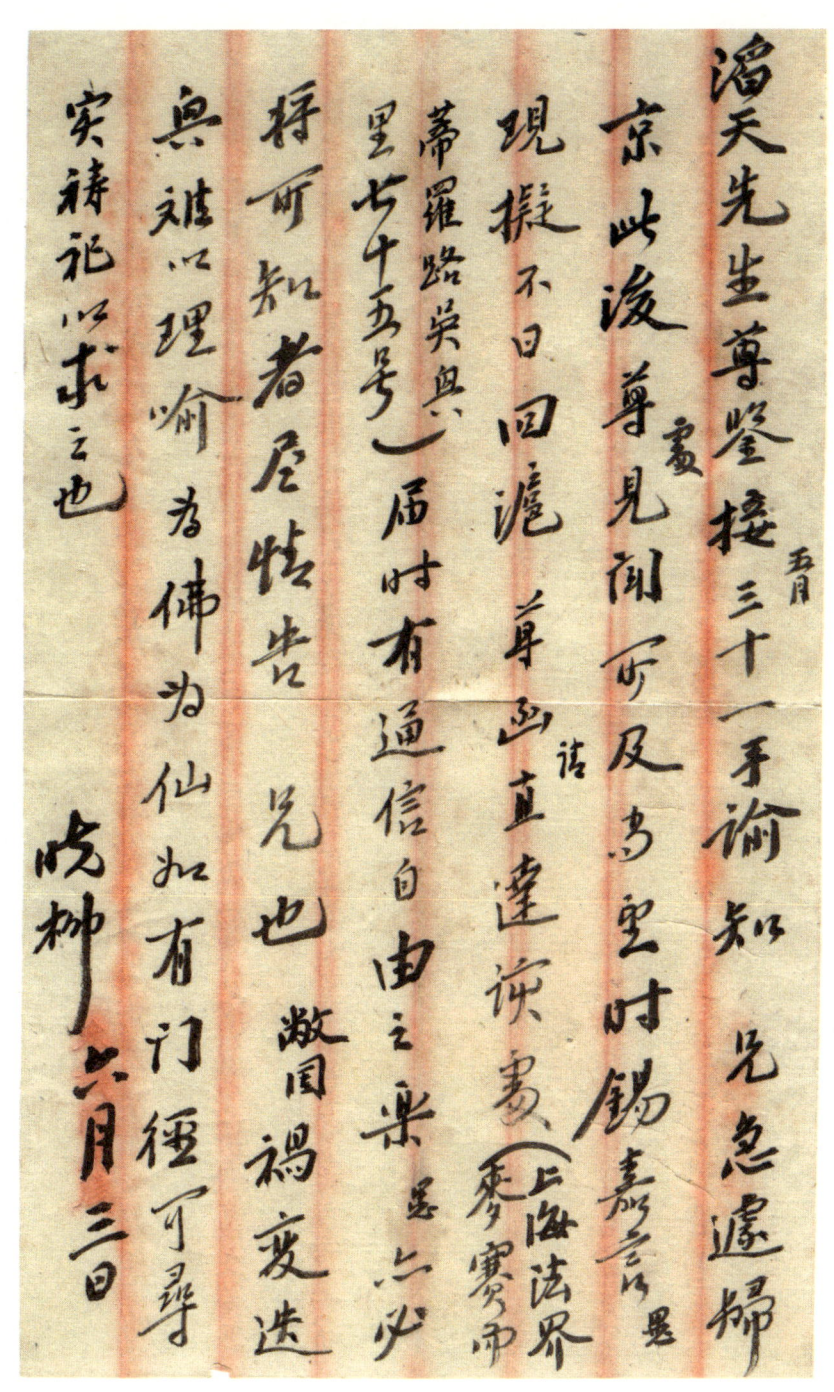

何天炯致宮崎滔天函（1917年6月3日）

宫崎滔天家藏民国人物书札手迹（第四卷）

 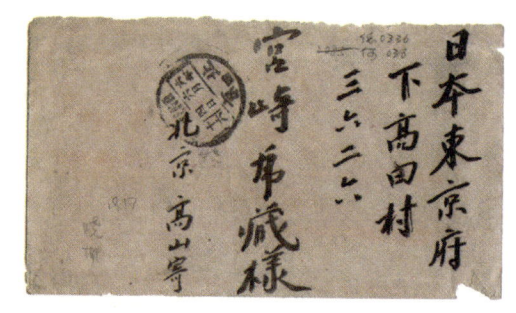

释读

滔天先生尊鉴：

接五月三十一手谕，知兄急遽归京，此后尊处见闻所及，尚望时锡嘉言。愚现拟不日回沪，尊函请直达该处（上海法界麦赛而蒂罗路吴兴里七十五号），届时有通信自由之乐，愚亦必将所知者尽情告兄也。敝国祸变迭兴，难以理喻，为佛为仙，如有门径可寻，实祷祀以求之也。

晓柳

六月三日

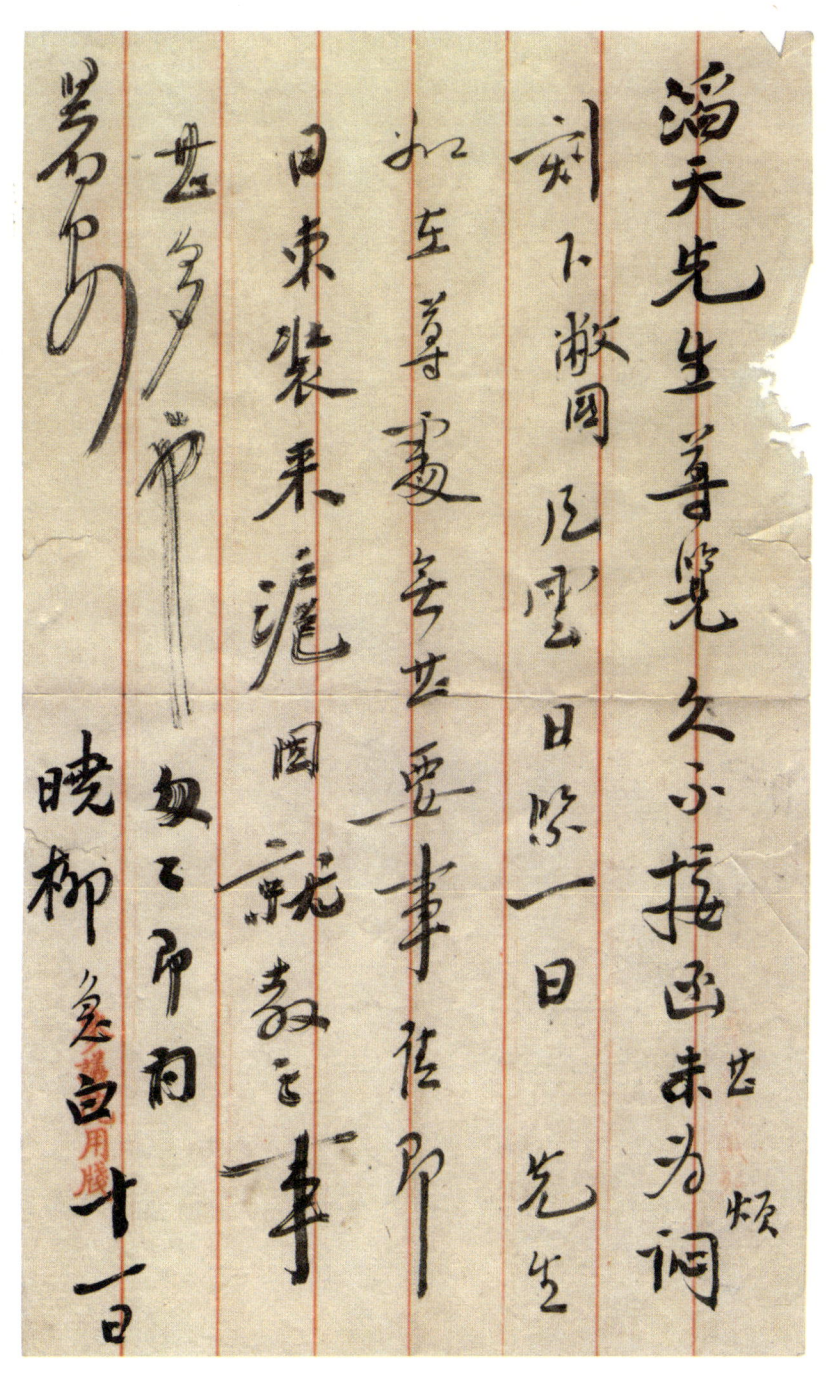

何天炯致宫崎滔天函（1917年7月11日）

 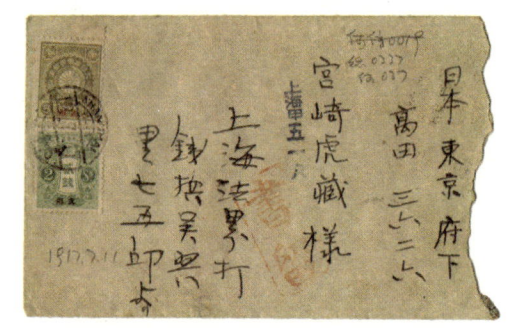

释读

滔天先生尊览：

久不接函，甚为烦闷。刻下敝国风云日紧一日，先生如在尊处无甚要事，请即日束装来沪，因就教之事甚多也。匆匆即问
暑安

晓柳 急白

十一日

敬启久未奉上函失礼之甚也
前在草亥人處旧米前
田兄承示道及鐵山借
欵事十有九可重成
幼玉之間之不勝感謝
三玉唯尧多剂下屋用お
經房致一事名成実
厂擔衷自愧故对于
鐵山借欵一項他處六有
商量唯能不成功則殊
不敢必。不過多尋幾條
生財之路以希无第一
呵已。赤特懇先生再
確詢前田兄该欵竟有
各希望若有希望别芷
願早一日到手。實做國叅
分事業偶谈欵茆設法。
尤出願先生即日運知國
中矣歇至希望切昉ゐ
開上海特他往西为別
逢之奮閔也。日本郵便
捡查丑嚴凡事心略一可

滔天生先生
前田先生二宜く
曉柳 十三夜

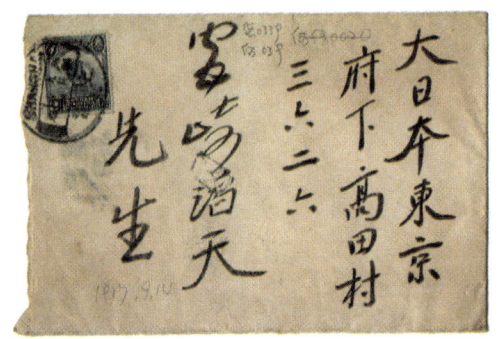

释读

敬启：

久未上函，失礼之极也。前在尊夫人处得悉前田兄来示，道及铁山借款事，十有八九可望成功云云，闻之不胜感谢之至。唯弟刻下屡困于经济，致一事无成，实属抚衷自愧。急迫之余，故对于该山借款一项，他处亦有商量，唯能否成功，则殊不敢必，不过多寻几条生财之路，以希冀万一而已。兹特恳先生再确询前田兄，该款究竟有无希望？若有希望，则甚愿早一日到手，实可多做几分事业。倘该款万难设法，亦甚愿先生即日通知。盖弟意若款无希望，则好离开上海，将他往而为别途之奋斗也。日来邮便检查甚严，凡事心照可也。

滔天先生

前田兄问候。

晓柳

十三夜

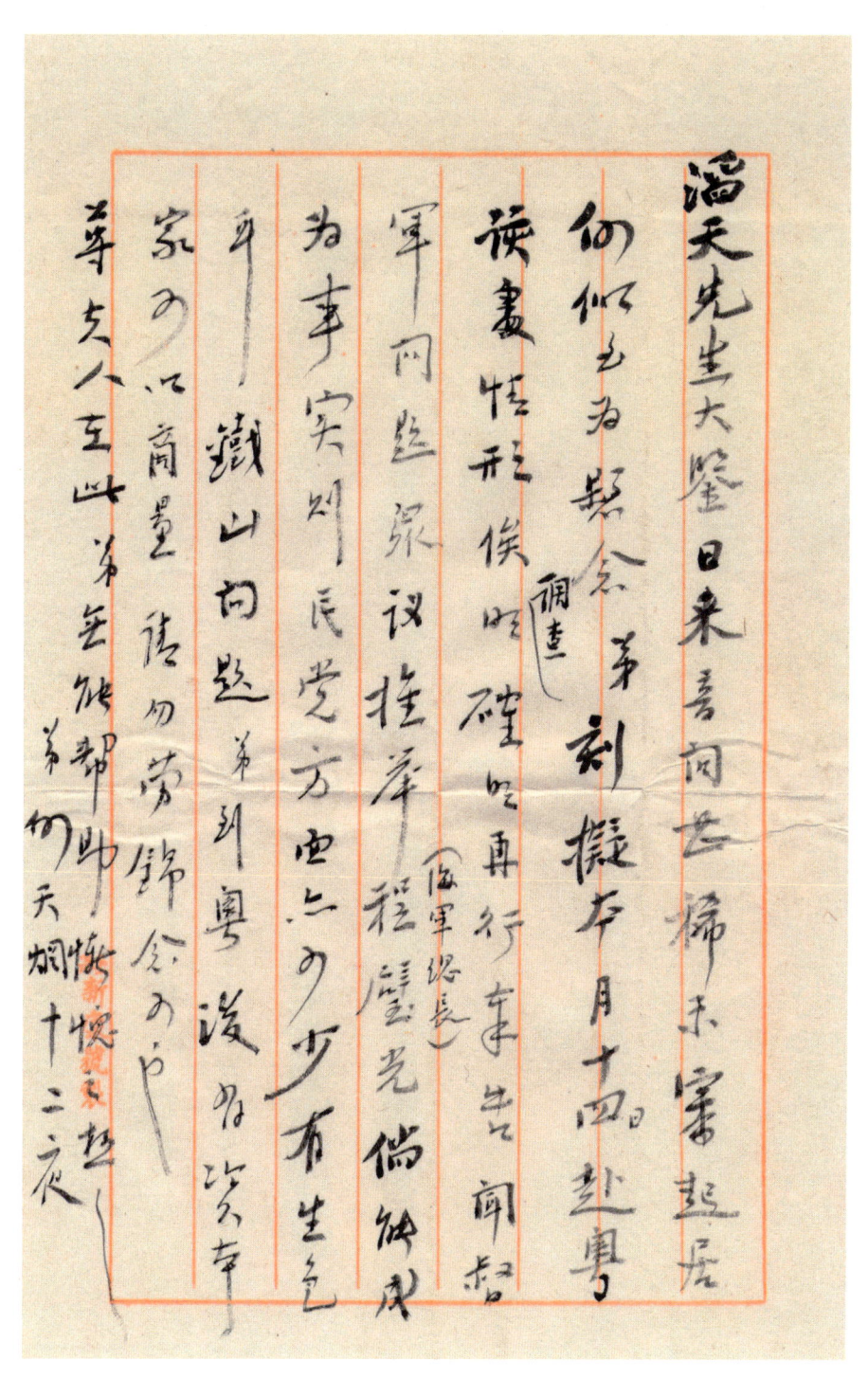

何天炯致宫崎滔天函（1917年11月12日）

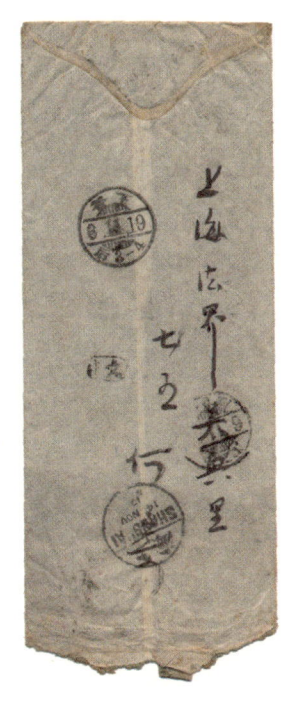 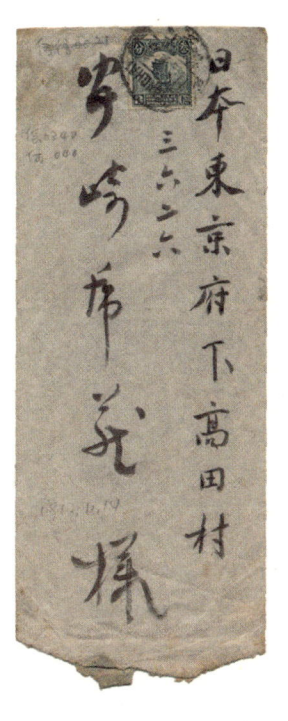

释读

滔天先生大鉴：

  日来音问甚稀，未审起居何似，至为悬念。弟刻拟本月十四日赴粤，该处情形俟调查明确时，再行奉告。闻督军问题众议推举程璧光（海军总长），倘能成为事实，则民党方面亦可少有生色耳。铁山问题，弟到粤后有资本家可以商量，请勿劳锦念可也。

  尊夫人在此，弟无能帮助，惭愧之极之极。

弟 何天炯
十二夜

滔天先生尊覽 到粤後曾上蕪械一封有收到否弟下走那全后自湖北抵之重慶收復護船勢又渡一發矣粤中軍政府由此刻惟有取穩健態度以觀時機之友乎中山公屢欲遣弟東來未為運動弟以為此刻萬不及其時故偬促於此时陳炯明現已督軍五元許編練軍隊二十營（約五千人左右）的能取（鎗械俱由粤政府補給）後進主義不抱黨局者之大忌以純民黨方面

未始無活動之餘地到下此軍擬内渡建出葉惜鎗械不十分充足不知先生有何良策以救帥之窘為日來獨行蹈之寂寞蒼不能佳先生然不能來耶每当長夜前樑感念敌人不知身世之左何可英訓責改府方針仍以此北方中心瞻望亚太后憂長中来不可断逸願先生有以教中 專此即祝
鴻安
　　　弟天烔 拜 十二月八日

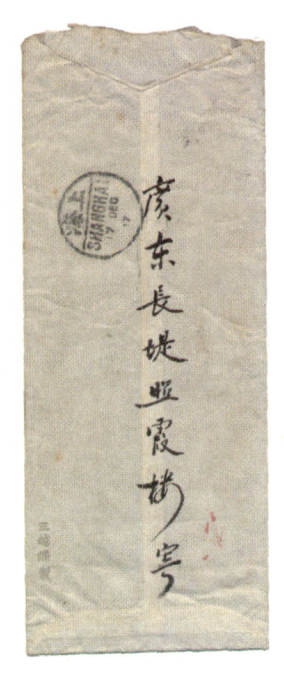 

释读

滔天先生尊览：

　　弟到粤后，曾上芜缄一封，有收到否？刻下支那全局，自湖北独立、重庆收复后，形势又复一变矣。粤中军政府，此刻唯有取稳健态度，以观时机之变耳。中山公屡欲遣弟东来为经济之运动，弟以为此刻当非其时，故局促于此也。陈君炯明现得督军之允许编练军队（饷械俱由粤政府补给）二十营（约五千人左右），若能取渐进主义，不招当局者之大忌，则纯民党方面未始无活动之余地。刻下此军拟向福建出发，惜饷械不十分充足，不知先生有何良策以救助之否？弟日来独行踽踽，颇为寂寞，若弟不能往，先生能不能来耶？每当良夜开樽，感念故人，不知身世之在何所矣。闻贵政府方针，仍以北方为中心。瞻顾东亚大局，忧从中来，不可断绝，愿先生有以教也。专此即请

鸿安

何天炯
十二月八日

滔天先生大鑒：弟到粤後曾李兩城一封不知有

收到否，弟下粤省大局混沌中為含危險性質

結果如何英神仙不能逆覩也

由陸民派之野蠻無識加一著由孫公做壞其後

種々辦法背道而馳加作繭自縛供一切民黨

毫無信動之餘地斷不能不勞孫公之用人不當

耳又悲可嘆民黨其庶此已矣弟刻下一戰主張

望主攻閩軍之繼否

弟未知此手和戰以償則浙江方面

六有歸入民黨之好機加是則軍政府或不至於

頼下塌や先生左京有何運動言信嗎絕源

為惆悵上海佛景様麥六未明悟有消息間

孫公裏每月仍有百弗之救房惜裳宅祖金下

昇加能縮小範圍列能為安

無流中之法已等意如何们即互困裏此間或

煩擬於一禮後偕山田君到敵鄉調查礦務

倘有良好之結果列湾僑們謹力運動耳

汕頭與寧案同孫祥弟何曉柳收函や

此後如有函件請寄

弟柳十二月二十

释读

滔天先生大鉴：

弟到粤后曾奉芜缄一封，不知有收到否？刻下粤省大局，混沌中尚含危险性质，结果如何，虽神仙不能逆睹也。其原因虽由陆氏派之野蛮无识，而第一着由孙公做坏。其后种种办法，背道而驰，如作茧自缚，使一切民党毫无活动之余地，则不能不咎孙公之用人不当耳。可悲可惭，民党其从此已矣乎。刻下一线之希望，在攻闽军之能否得手。如能如愿以偿，则浙江方面亦有归入民党之好机，如是则军政府或不至无颜下场也。

先生在京有何运动？音信隔绝，弥为惆怅。上海尊夫人处亦未得有消息，闻孙公处每月仍有百元之救济，惜贵宅租金太昂，如能缩小范围，则能苟安一时，以待机会，亦无法中之法也，尊意如何耶？弟困处此间，颇为烦闷，拟于一礼拜后偕山田君到敝乡调查矿务。倘有良好之结果，则经济问题亦稍可活动耳。

此后如有函件请交：汕头兴宁县石马墟同发祥号何晓柳收可也。

晓柳
十二月二十

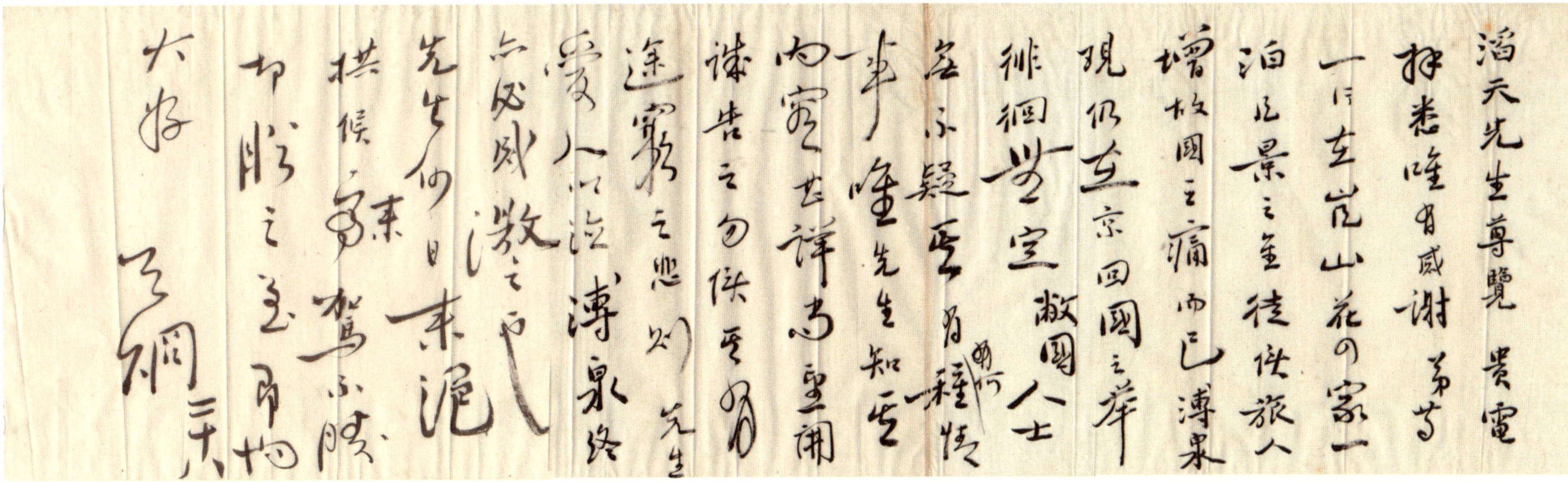

滔天先生尊覽 貴電
拝誦唯有感謝而已
一行在荒山花の家
泊此景之佳俟旅人
增故園之痛而已薄泉
現仍至京回國之舉
徘徊尚空救國人士
名不疑亞為種情
半峰先生知其
内容甚詳為望開
謀告之勿供其
遂寰之悲切先生
愛人以德博泉終
無從效激之耳末泥
先生何日東泥
拱候耑賀不勝
切勝之至耑此
大好

弟 煚 頓

何天烱致宮崎滔天函（1918年6月28日）

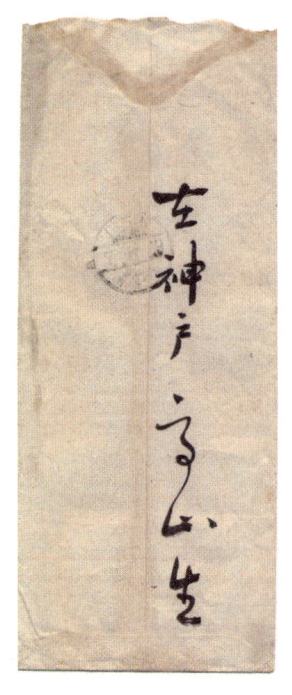
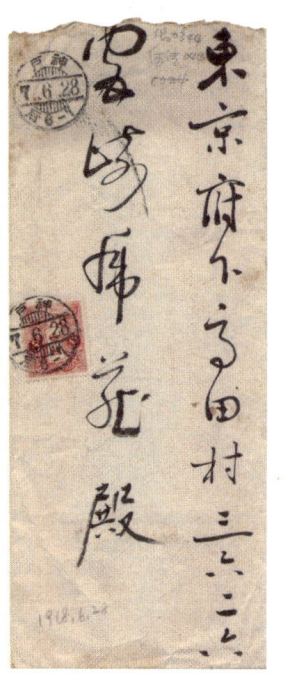

释读

滔天先生尊览：

　　贵电拜悉，唯有感谢。弟等一行在岚山花之家一泊，风景之佳，徒使旅人增故国之痛而已。溥泉现仍在京，回国之举徘徊无定。敝国人士无不疑其有何种情事，唯先生知其内容甚详，尚望开诚告之，勿使其有途穷之悲，则先生爱人以德，溥泉终亦必感激之也。先生何日来沪，拱候来驾，不胜切盼之至。即问

大好

天炯

二十八

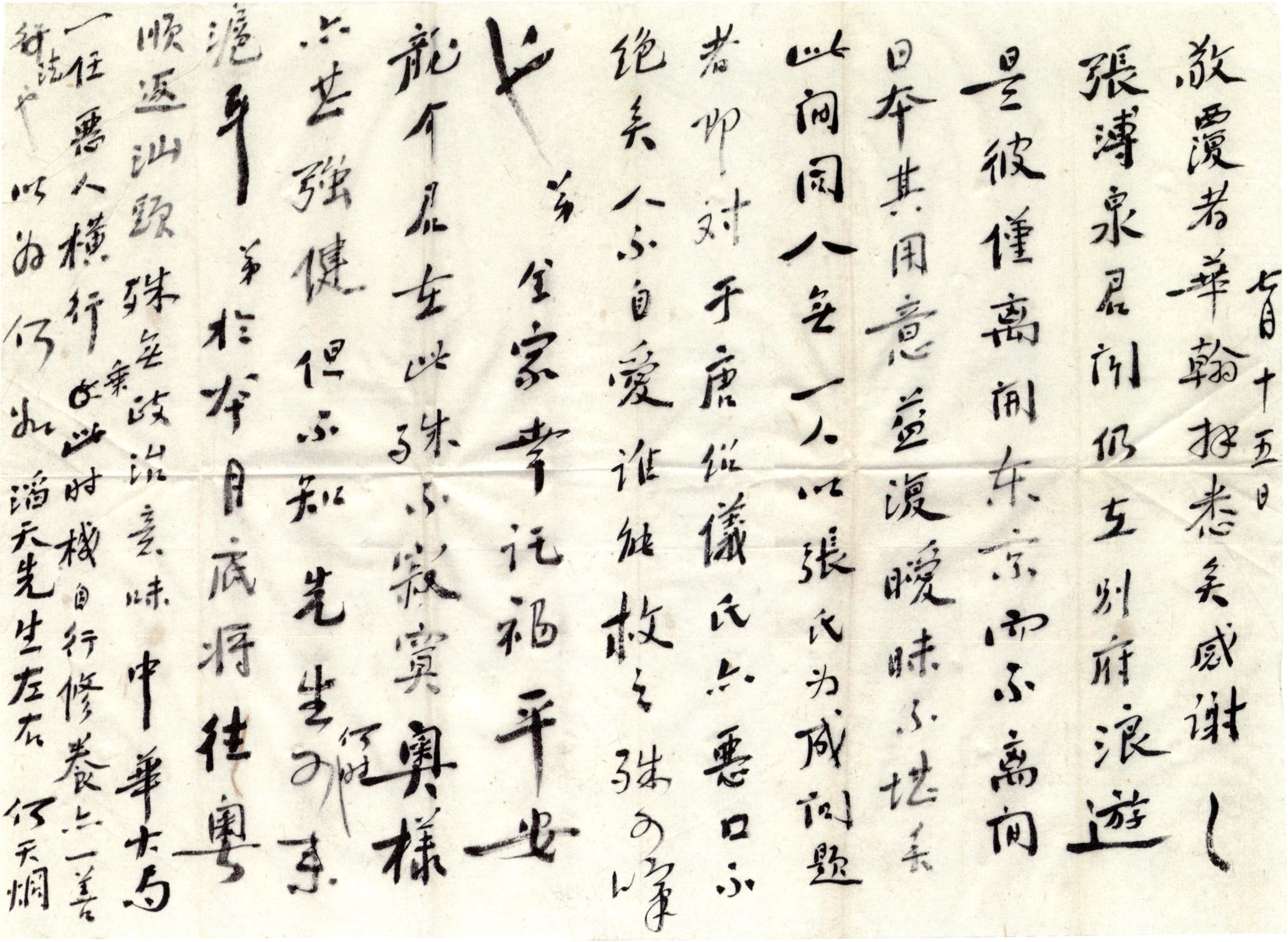

敬覆者 华翰捧悉 先感谢 旨十五日
张溥泉君前仍去别府浪游
是彼僅离开东京实不离开
日本 其用意盖渡暧昧不坦表
此间同人无一人以张氏为问题
者 即对于唐继儀氏 亦恶口不
绝 美人不自爱 谁能救之张の峰
乞 全家幸托福平安
龙个君去此甚不寂寞
甚强健 但不知先生 何时
第于本月底将往粵
顺返汕头 殊无乘政治意味 中华大马
一任恶人横行 此时 枕自行修养上一善
好法也 以如何 滔天先生左右 何天焖

何天炯致宮崎滔天函（1918年7月15日）

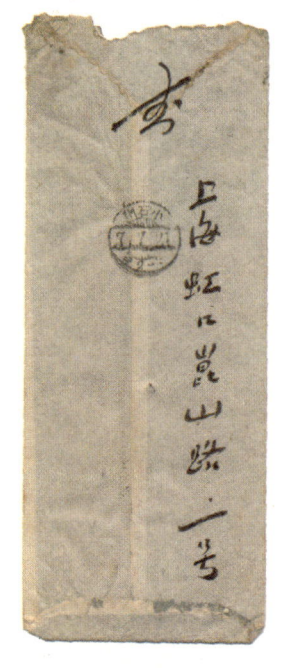
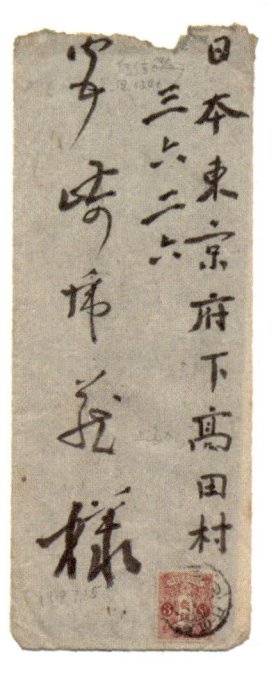

释读

敬复者：

  华翰拜悉矣，感谢感谢。张溥泉君闻仍在别府浪游，是彼仅离开东京而不离开日本，其用意益复暧昧不堪矣。此间同人无一人以张氏为成问题者，即对于唐绍仪氏，亦恶口不绝矣。人不自爱，谁能救之？殊可叹也。弟全家幸托福平安，龙介君在此殊不寂寞，夫人亦甚强健，但不知先生何时可来沪耳？弟于本月底将往粤，顺返汕头，殊无政治意味。中华大局一任恶人横行，乘此时机自行修养，亦一善法也。以为何如？

滔天先生左右

何天炯
七月十五日

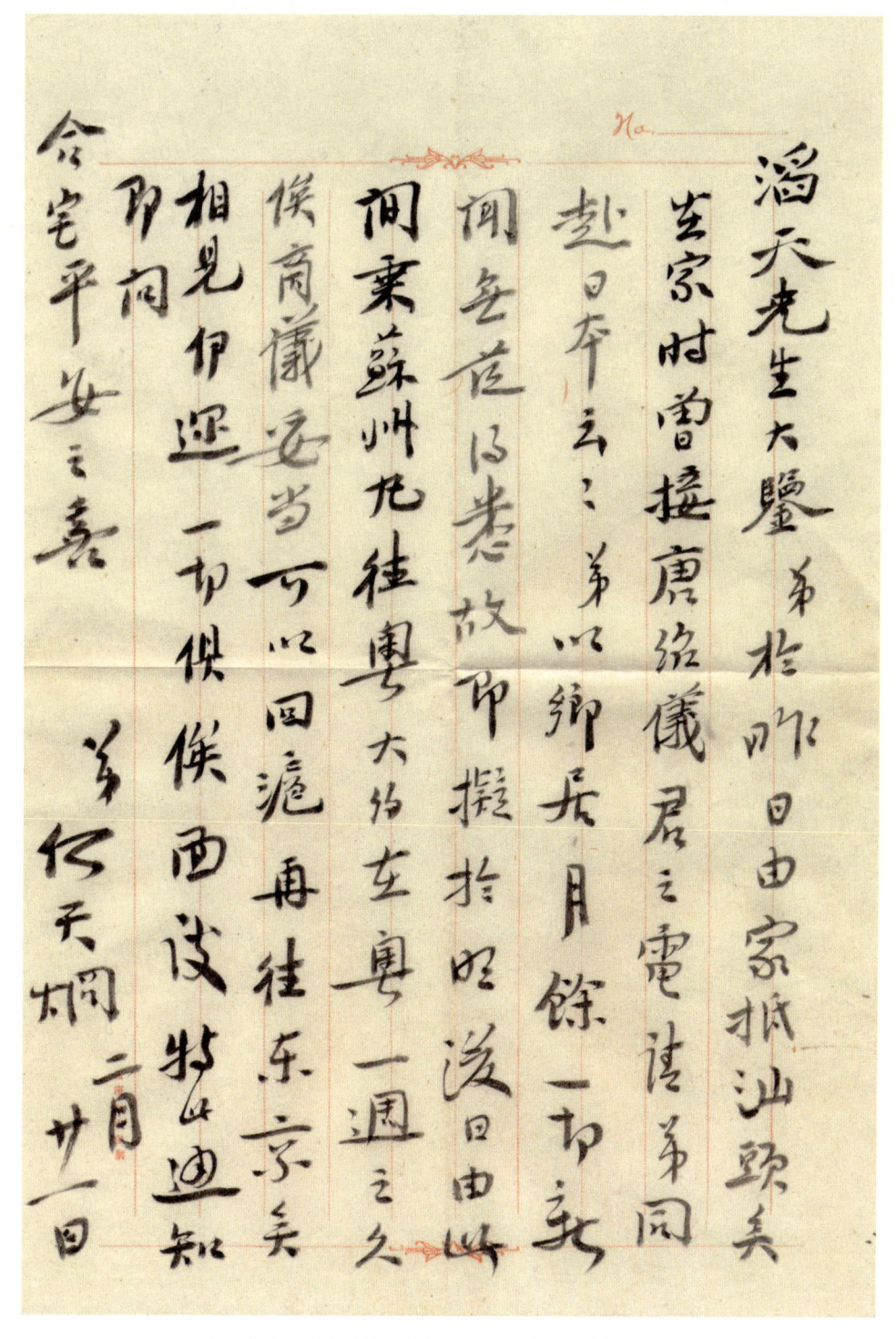

何天烱致宮崎滔天函（1919年2月21日）

 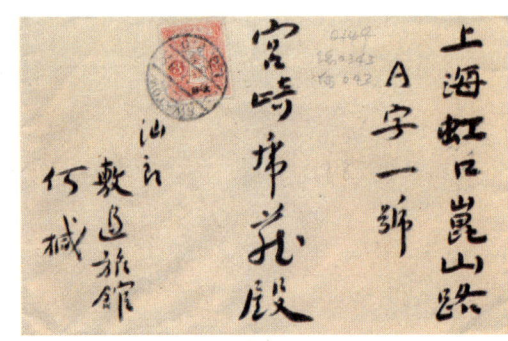

释读

滔天先生大鉴：

  弟于昨日由家抵汕头矣。在家时曾接唐绍仪君之电，请弟同赴日本云云。弟以乡居月余，一切新闻无从得悉，即拟于明后日由此间乘苏州丸往粤。大约在粤一周之久，俟商议妥当，可以回沪，再往东京矣。相见伊迩，一切俱俟面谈。特此通知。即问

合宅平安之喜

弟 何天炯
二月二十一日

滔天先生尊覽 弟由汕頭奉上一函 想早登記室矣 抵滬後即聞 先生有東游之說 久之而音信寂然 託孔方兄所困耳 弟蟄居上海 先生之所以不寄 豈吾儕仰不足以有所擬卽貿樺 東來飽覽中日兩國山水徒以中日風潮有加無已供有心人深為憂慮 是以弟不能不暫擱足 所以免旁人之誤解也 茲有告者 家嚴現年六十晉一 微邦者是有祝典 而親戚友朋以詩文等件為贈者 應有祝典而親戚友朋以詩文等件為賀

刻在滬友人阮公推胡漢民兄撰祝壽文一篇（另呈電）大手筆固亟不凡但庸劣如弟實愧不敢當 唯弟之命以素迕於令叔于家兩無禪益徒供 堂上老人抑鬱不安 故弟愧恨之餘欲于今秋天朗氣清之日四复集友犬開壽筵以歡娛之 弟與先生情同骨肉不敢有欺 故恃賜鴻文為弟掌先榮耶 家嚴六威謝靡已や玉醉名慶祝之友人列以弟之 日本友人為限 此舉既蒙山田諸君歡迎贊助願

先生鑒此微誠不我遐棄乎 大文撰就送信 寄滬上微馬卽速加譯繡於紅綾傳之奕禩欤 永為紀念乎 家嚴性情剛決不肯苟合 卽已命 山中不能展其才志皆弟之処也 令老矣弟又不能 克紹箕裘徒望家援擾一等莫展為 又何颜向先生嗼々乎卽之候

天炯頓首

四月廿七日

萱野兄現在京平如有見面請代詢候
全家幸福

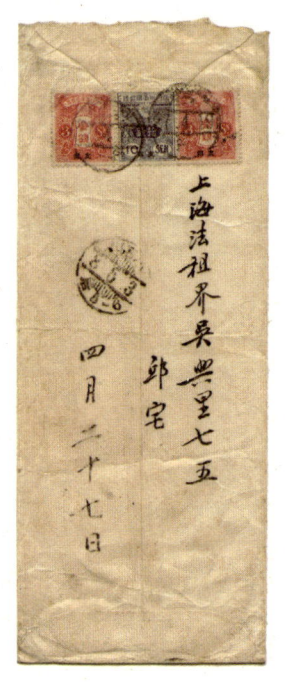 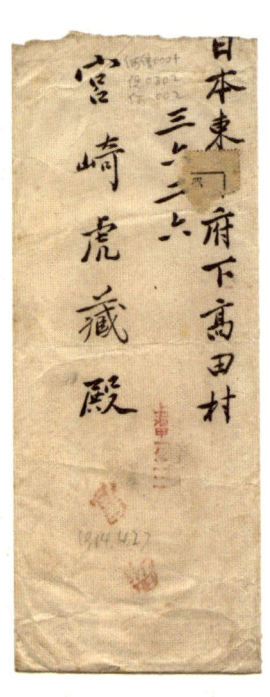

释读

滔天先生尊览：

弟由汕头奉上一函，想早登记室矣。抵沪后即闻先生有来游之说，乃久之而音信寂然，岂殆为孔方兄所困乎？虽然，此先生之所以为先生，益令吾侪钦仰不置矣。弟居沪无事，本拟即买棹东来，饱看山水，徒以中日风潮有加无已，使有心人深为忧虑，是以弟亦不能不暂搁足，所以免旁人之误解也。

兹有请者，家严现年六十晋一，敝邦习惯，为人子者应有祝典，而亲戚友朋亦常以诗文等件为贺。刻在沪友人既公推胡汉民兄撰就寿文一篇（文另呈电），大手笔固应不凡，但庸劣如弟，实愧不敢当耳。唯弟亡命以来，迄于今兹，于国于家两无裨益，徒使堂上老人抑郁不安。故弟愧恨之余，欲于今秋天朗气清之日，多集亲友，大开寿筵，以欢娱之耳。弟与先生情同骨肉，不敢有欺，故欲特请俯赐鸿文，为弟辈光荣，即家严亦感谢靡已也。至联名庆祝之友人，则以弟至交之日本友人为限。此举既蒙山田诸君欢迎赞助，愿先生鉴此微诚，亦不我遐弃耳。大文撰就后，请径寄沪上敝寓，即速加汉译，缮于红绫，传之奕祀，永为纪念耳。家严性情刚决，不屑苟合，以弟亡命，故伏处山中，不能展其才志，皆弟之咎也。今老矣，弟又不能克绍箕裘，徒看国家扰攘，一筹莫展，弟又何颜向先生喋喋也？即乞恕之。即候

全家幸福

天炯顿首
四月二十七日

萱野兄现在京乎？如有见面，请代问候。

滔天先生尊鉴 本日接到手示 欣悉一切、奉上些小之资 仍足掛些 唯望时惠好音、弟得悉先生近状 则快愉之极也、中日两国之民本有亲善之要素 徒为少数据权力迷误其方向 日本以国家主义为前提 权以侵略为天职 北京则以权利为生命 权玉教不足时则英卖北国家而不惜 一买一卖而亚苦况多事为人民空拟 仍發愤起而纠正 其迷夢为人道前进放一绝大光明や。先生以为何如 家君寿诞 先生赐一寿文 并包相知友人并三大名刘敬家光宠多矣 其他礼仪则怨不敢拜领や 切叩 孫公现芝平安唯南北和议现又停顿 其前途危礼何 殊难逆料 中日瓦潮影響于两国之民自由握携之實业 共颇考童大 真不堪憂虑之至や 先生 有高見 請随时指示 澈宅亦颇平安や合宅平安 所叩
何天炯 五月十五

何天炯致宫崎滔天函（1919年5月15日）

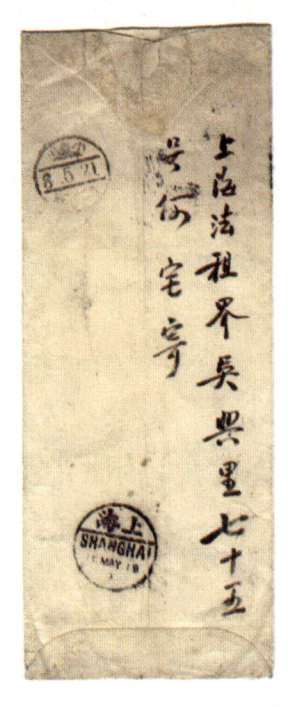 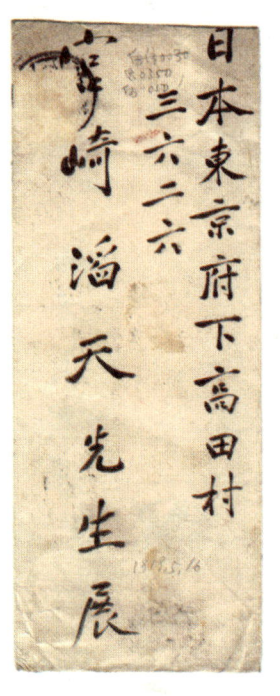

释读

滔天先生尊鉴：

本日接到手示，欣悉一切。奉上些小之资，何足挂齿。唯望时惠好音，使弟得悉先生近状，则快愉之极也。中日两国国民，本有亲善之要素，徒为少数握权力者迷误其方向。日本以国家主义为前提，故以侵略为天职。北京则以权利为生命，故至万不得已时，则虽卖弃其国家而不惜。一买一卖，而东亚从此多事。为人民者宜如何发愤，起而纠正其迷梦，为人道前途放一绝大光明也！先生以为何如？

家君寿诞，请先生赐一寿文，并借重相知友人之大名，则敝家光宠多矣。其他礼仪，则恕不敢拜领也。切叩切叩。孙公现甚平安，唯南北和议，现又停顿，其前途安危如何，殊难逆料耳。中日风潮，影响于两国国民自由提携之实业者，颇为重大，真不堪忧虑之至也。先生如有高见，请随时指示为嘱。尊夫人病气全快否？甚念。即叩

合宅平安

敝宅亦颇平安也。

何天炯

五月十五

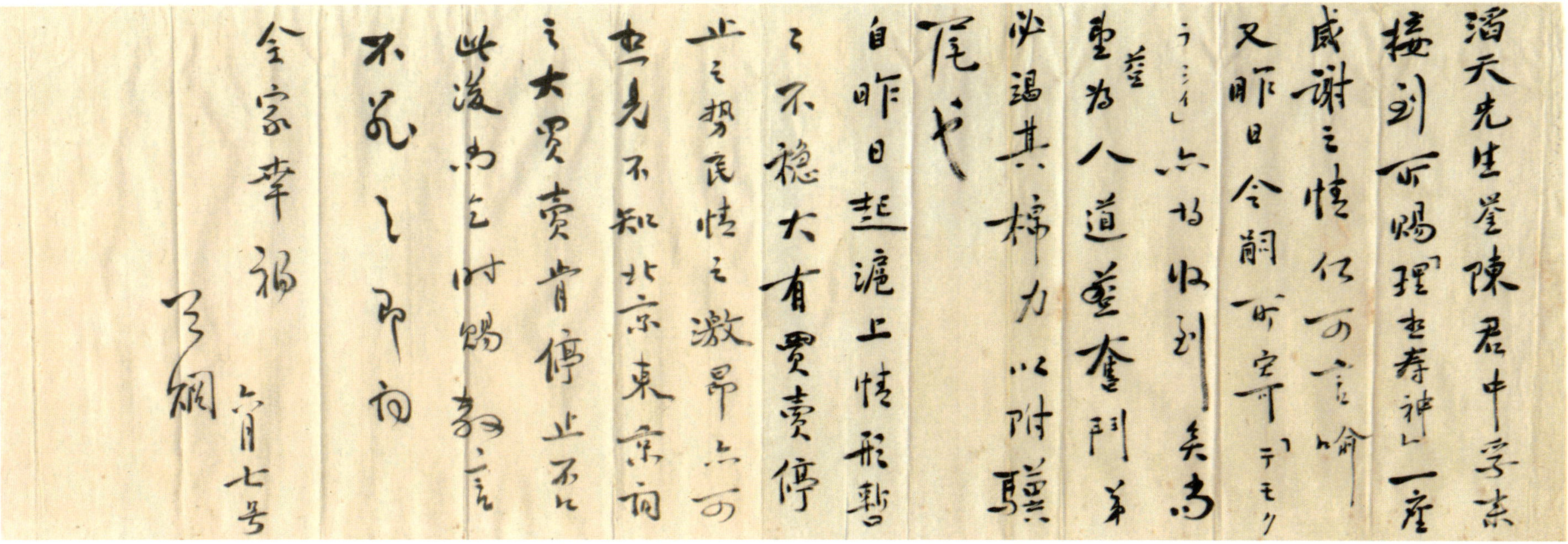

滔天先生鑒陳君中孚玆
接到所賜理世壽神山一座
感謝之情何可言喻
又昨日令嗣所寄デモクラシー六册均收到矣玆
爲人道董奎門第
必遇其棘手力以附驥
尾也
自昨日起滬上情形甚
不穩大有買賣停
此之勢民情之激昂亦
世所不知北京東京兩
之大買賣肯停止不尼
此後此之時賜教言
不勝之所向
全家幸福
　　　　弓綱 六月七号

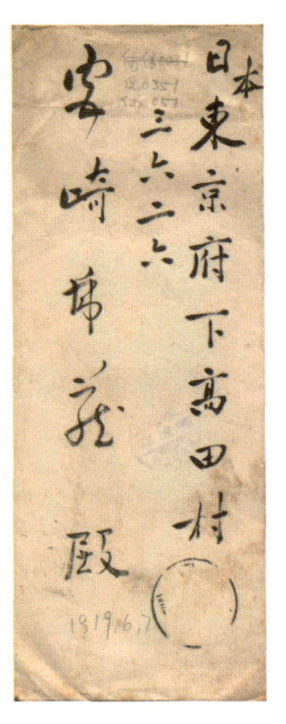

释读

滔天先生鉴：

  陈君中孚来，接到所赐"理想寿神"一座，感谢之情，何可言喻。又昨日令嗣所寄《デモクラシイ》[日文，意为民主主义]亦均收到矣。尚望益为人道奋斗，弟必竭其棉〔绵〕力以附骥尾也。

  自昨日起，沪上情形渐渐不稳，大有买卖停止之势，民情之激昂，亦可想见。不知北京、东京间之大买卖肯停止否？此后尚乞时赐教言。不罪不罪。即问

全家幸福

天炯

六月七号

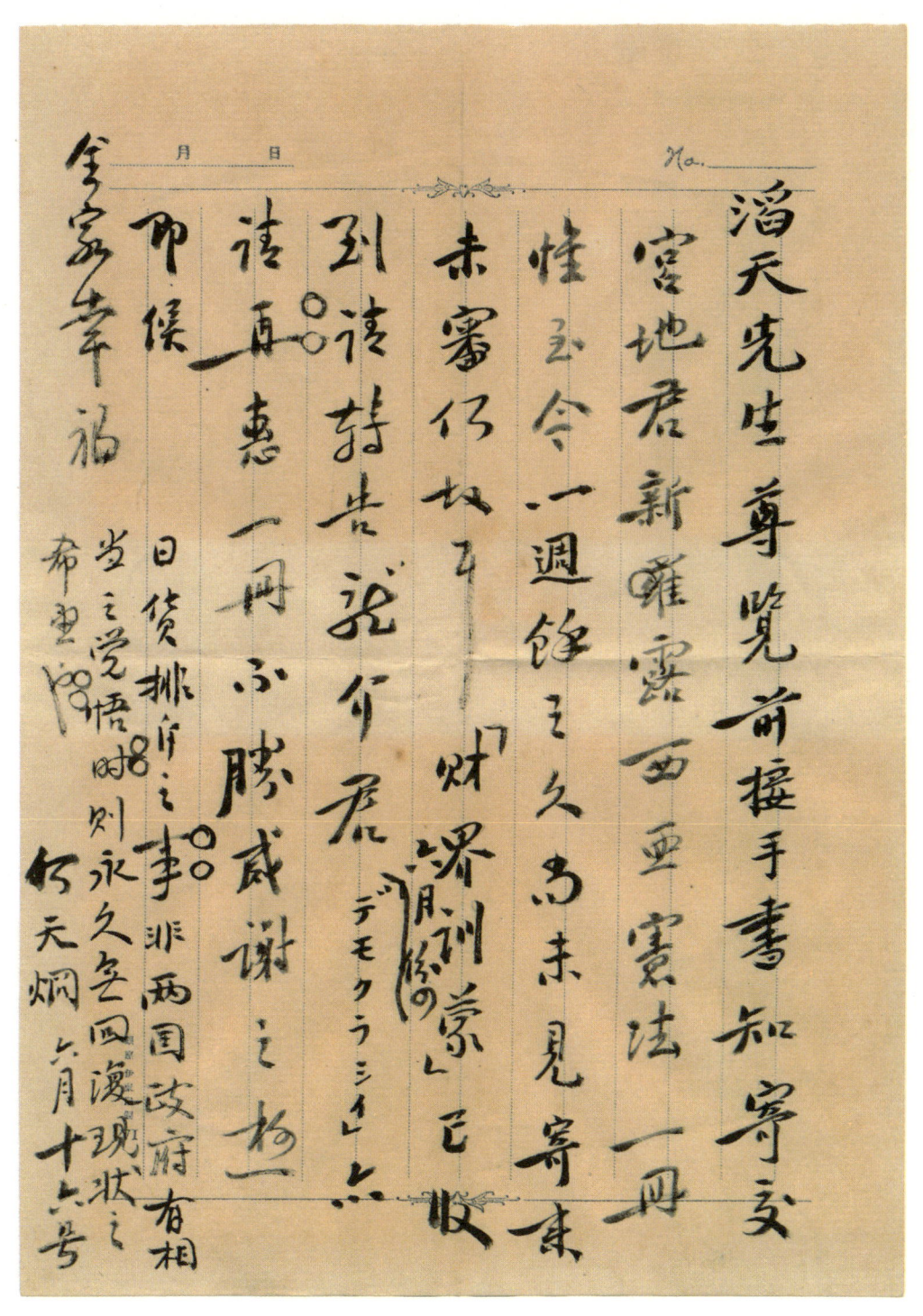

何天炯致宫崎滔天函（1919年6月16日）

宫崎滔天家藏民国人物书札手迹（第四卷）

 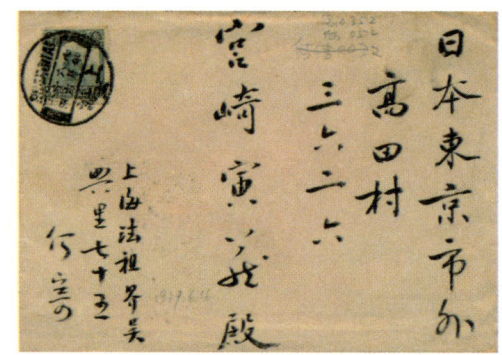

释读

滔天先生尊览：

前接手书，知寄交宫地君《新露西亚宪法》一册，惟至今一周余之久，尚未见寄来，未审何故耳。《财界训蒙》已收到，请转告龙介君。六月份之《デモクラシイ》[日文，意为民主主义]亦请再惠一册，不胜感谢之极。即候

全家幸福

日货排斥之事，非两国政府有相当之觉悟时，则永久无回复现状之希望也。

何天炯

六月十六号

滔天先生尊鉴：「露国实法及理工手神」均早接耳，多谢之至。渡上梅雨缠绵，一似天公悯人类之恶劳，特下血泪以警之者，因此小儿曾卧病旬余，今则渐次复原，诸行锦念万也。弟近来时之赠读此日之新闻纸，其身隔重洋，而先生之精神言论则殊为接近，点善中之一业也。

敬国时局，弟今能说起，以弟个人意见。隆吕着眼于实业、某方面如经济万以狗立之时，则音事于社会之改良。荒目前之革命词终，三国问题则暂且放下，而两个人之人格则非极力保全不可。盖敬国一般之病症，全无真实学谊而好为权利之争，其结果则志行薄弱官万也，民万也，北方也，南方也。即无人格之饥也。

即真二国之死症也。权以蜀见观之，敬国之实业内之不去办，若亥所语又也，因其结果则一般人心曰趋于功利而道德观念四在而薄。苟实立国者一大祠堯之强大也德，极竟俱有裁判之一日也。奈何，，先生以吾言为然也。家严之寿文大挈已挥就否。则困而殿也，不敢请矣。

诸希宣之

弟 何天炯 七月十六

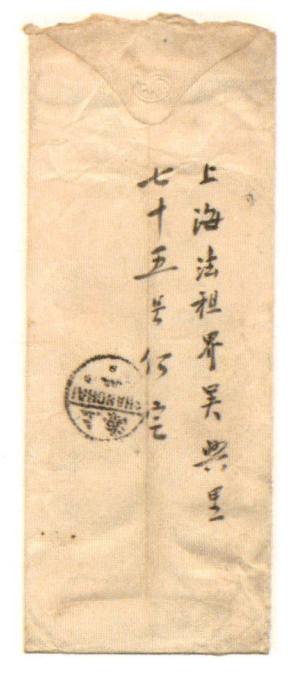 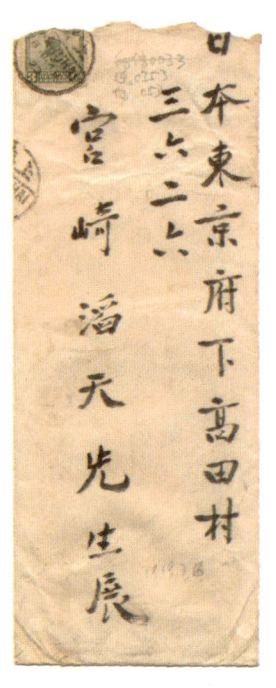

释读

滔天先生尊览：

《露国宪法》及"理想寿神"均早接到，多谢之至之至。沪上梅雨缠绵，一似天公悯人类之恶劣，特下血泪以警之者。因此之故，弟曾卧病数旬，今则渐渐复原，请纾锦念可也。弟近来时时购读《上海日日新闻》，故虽身隔重洋，而先生之精神言论，则殊为接近，亦苦中之一乐也。

敝国时局无从说起，以弟个人意见，唯有着眼于实业方面，俟经济可以独立时，则从事于社会之改良。若目前之革命问题、亡国问题，则暂且放下。而个人之人格，则非极力保全不可。盖敝国一般之病症，在无真实学问，而好为权利之争，其结果则志行薄弱。官可也，民可也，北可也，南可也，即无人格之谓也，即真亡国之死症也。故以鄙见观之，敝国之病，实在内不在外也。若夫所谓文明之国，其结果则一般人心日趋于功利，而道德观念亦从而薄弱，实立国者一大问题也。强大如德、如露【编者注：指俄国】，俱有受裁判之一日，奈何奈何。想先生必以吾言为然也。

家严之寿文，大笔已挥就否？弟则固所愿也，不敢请耳。

诸君问候。

何天炯

七月十六

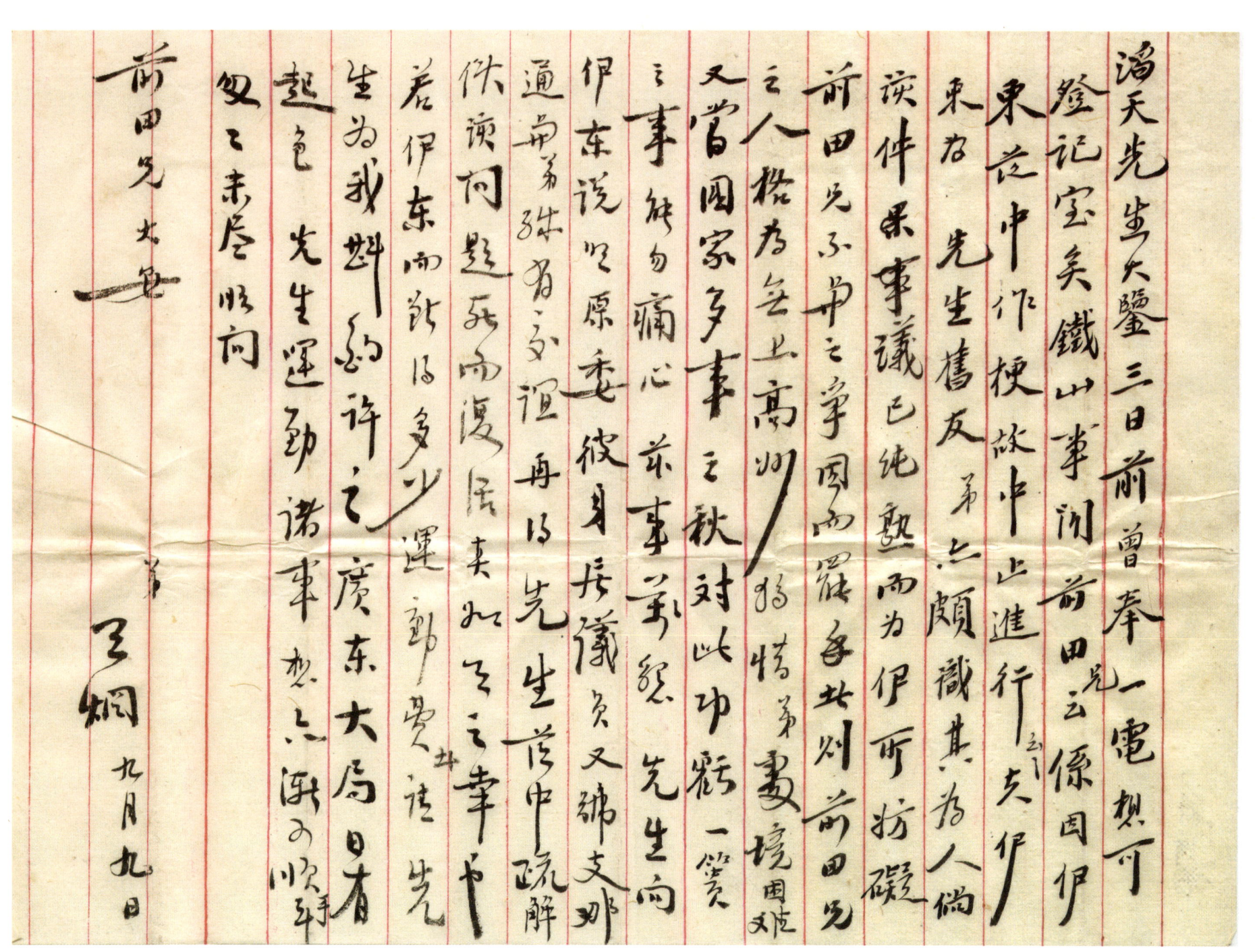

何天炯致宫崎滔天函（1919年9月9日）

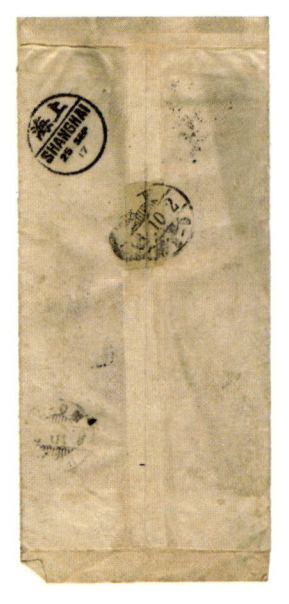 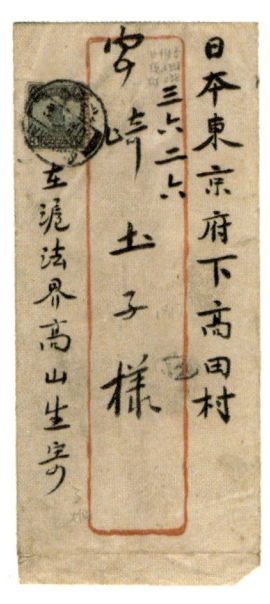

释读

滔天先生大鉴：

三日前曾奉一电，想可登记室矣。铁山事闻前田兄云，系因伊东从中作梗，欲中止进行云云。夫伊东为先生旧友，弟亦颇识其为人。倘该件议已纯熟，而为伊所妨碍，前田兄不与之争，因而罢手者，则前田兄之人格为无上高妙。独惜弟处境困难，又当国家多事之秋，对此功亏一篑之事，能勿痛心？兹事万恳先生向伊东说明原委，彼身居议员，又号支那通，与弟殊有交谊，再得先生从中疏解，使该问题死而复活，真如天之幸也。若伊东而欲得多少运动费者，请先生为我斟酌许之。广东大局日有起色，先生运动诸事，想亦渐可顺手。匆匆未尽。顺问

前田兄大安

弟　天炯

九月九日

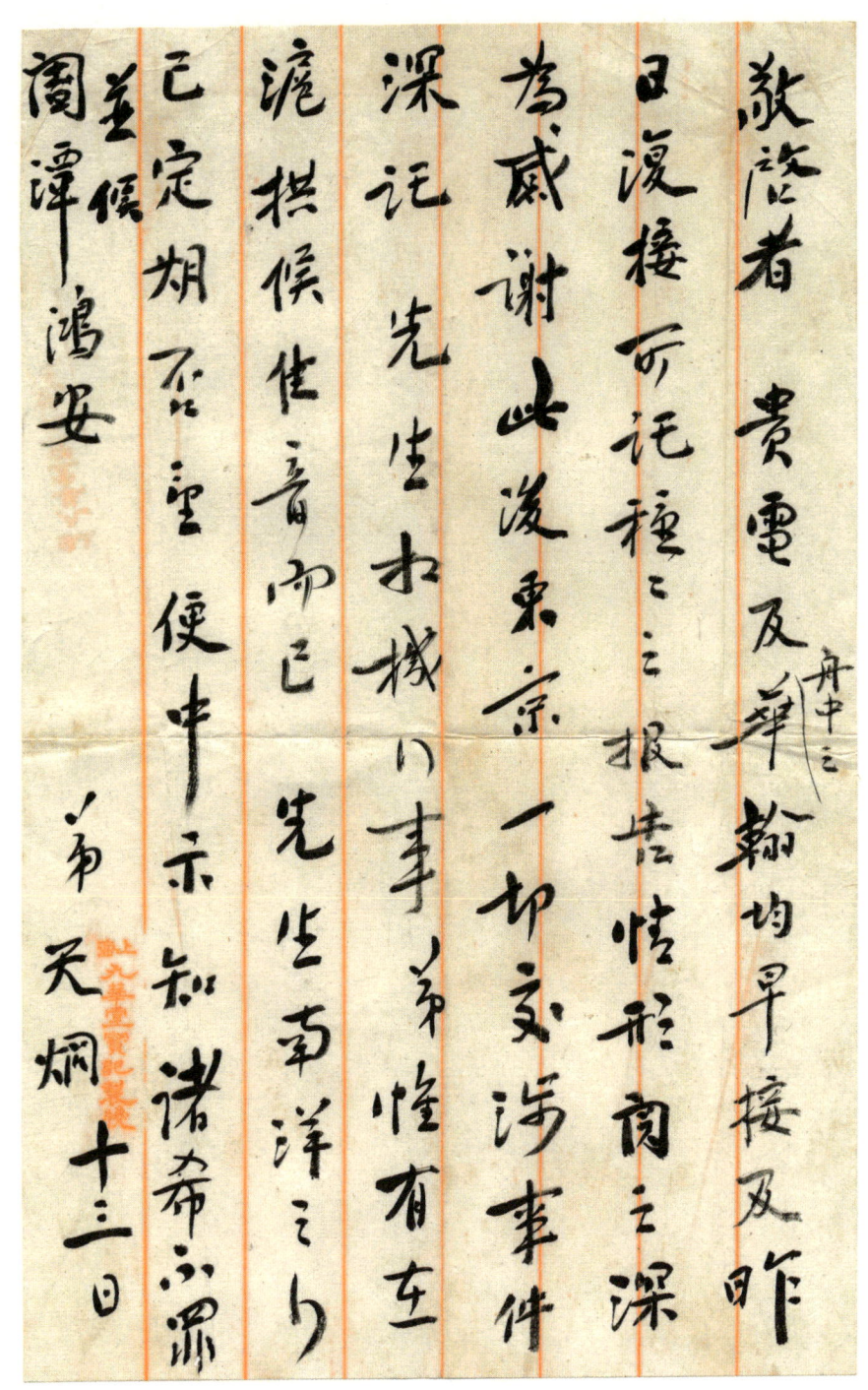

何天炯致宫崎滔天函（1919年10月13日）

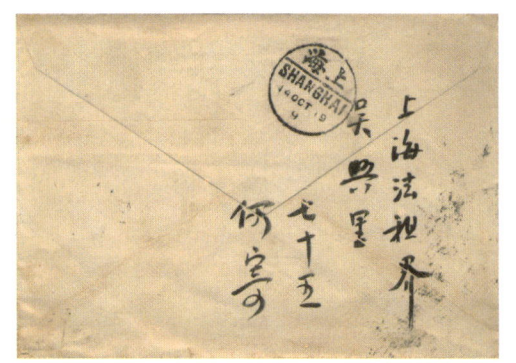 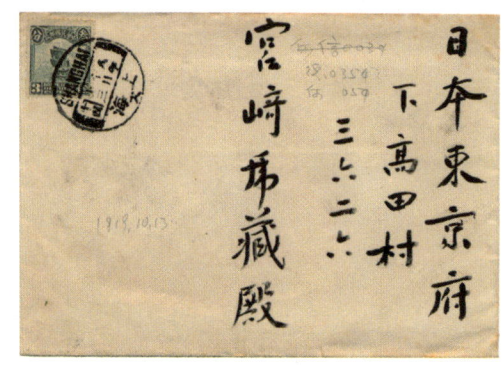

释读

敬启者：

  贵电及舟中之华翰均早接及。昨日复接所托种种之报告情形，阅之深为感谢。此后东京一切交涉事件，深托先生相机行事，弟惟有在沪拱候佳音而已。先生南洋之行已定期否？望便中示知。诸希不罪，并候

阖潭鸿安

弟 天焖
十三日

滔天先生左右 昨日接到九日惠函 詳
晰懇切。甚感吾兄之不辭勞悴也。山田
之件須至東京解決之。弟与參預共商
（但該山彼原為內幕之一人甚恐失亂放謠言以阻他日之進
行請注意）芳川諸君所云之派技師一事。本
息後為盡善。(和議大約昨年正月頃可告一
段落。排日事件因兩國
可照行。唯弟意以南北協和。及排日尾潮稍
息後為盡善。(和議大約昨年正月頃可告一
段落。排日事件因兩國緩和。可斷言。)

總之兄事既相見心誠則須备盡共能力
之所到者。而為之若匡之時間尙起不足
計也為此九假功虧一簣。此共時弟結
為我轉告芳月諸君。々々廿五私子信ジ
テ下サバ。何處モヤリマスカラ何諸事
諸安心有や。
目下金價下落。金已十兩之收諸
海銀五兩左右。實不足以展弟之懷抱。

若再節之又節。則弟寶一事可辦や。
家嚴祝壽云々。弟不過借此名義罷了。
若真為祝壽起見。三千冊可美弟事
不肖何致向諸君蜆蚊起啟口哉諸
塚原諸君了解吾意方可。

急欲回御諫歉能不日日出去会謁也諸
代白滙来甚靈。希延時日。
不實消息。
皆樣宜々
一碓實消息。

何天烱十八日

 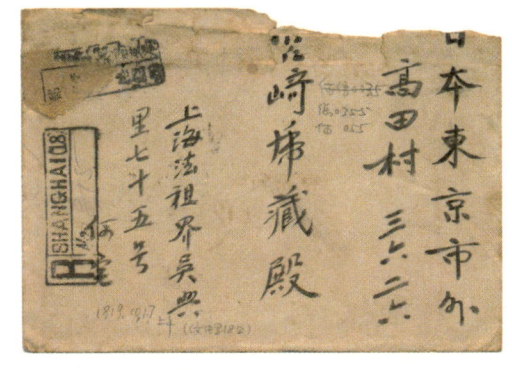

释读

滔天先生左右：

昨日接到九日惠函，详明恺切，甚感吾兄之不辞劳悴也。山田之件，须在东京解决之，弟无须参预其间（但该山彼原为内幕之一人，甚恐其乱放谣言，以阻他日之进行，请注意）。芳川诸君所云加派技师一事，本可照行，唯弟意以南北协和及排日风潮稍息后为尽善（和议大约明年正、二月顷可告一段落，排日事件，亦因而缓和，可断言也）。总之，凡事既相见以诚，则须各尽其能力之所到者而为之，若区区之时间问题，不足计也。为山九仞，功亏一篑，此其时矣。请为我转告芳川诸君，只要信任小弟，则何事皆可为，诸事请安心可也。

目下金价下落无已，十万日金，不过收上海银五万左右，实不足以展弟之怀抱，若再节之又节，则弟实无一事可办也。家严祝寿云云，弟不过借此名义而已，若真为祝寿起见，二三千円可矣。弟虽不肖，何致向诸君腆颜启口哉？请塚原诸君了解吾意可也。兹弟急欲回乡，该款能否即日汇来，甚望得一确实消息。希延时日，甚无谓也。请代问候各位。

何天炯
十八日

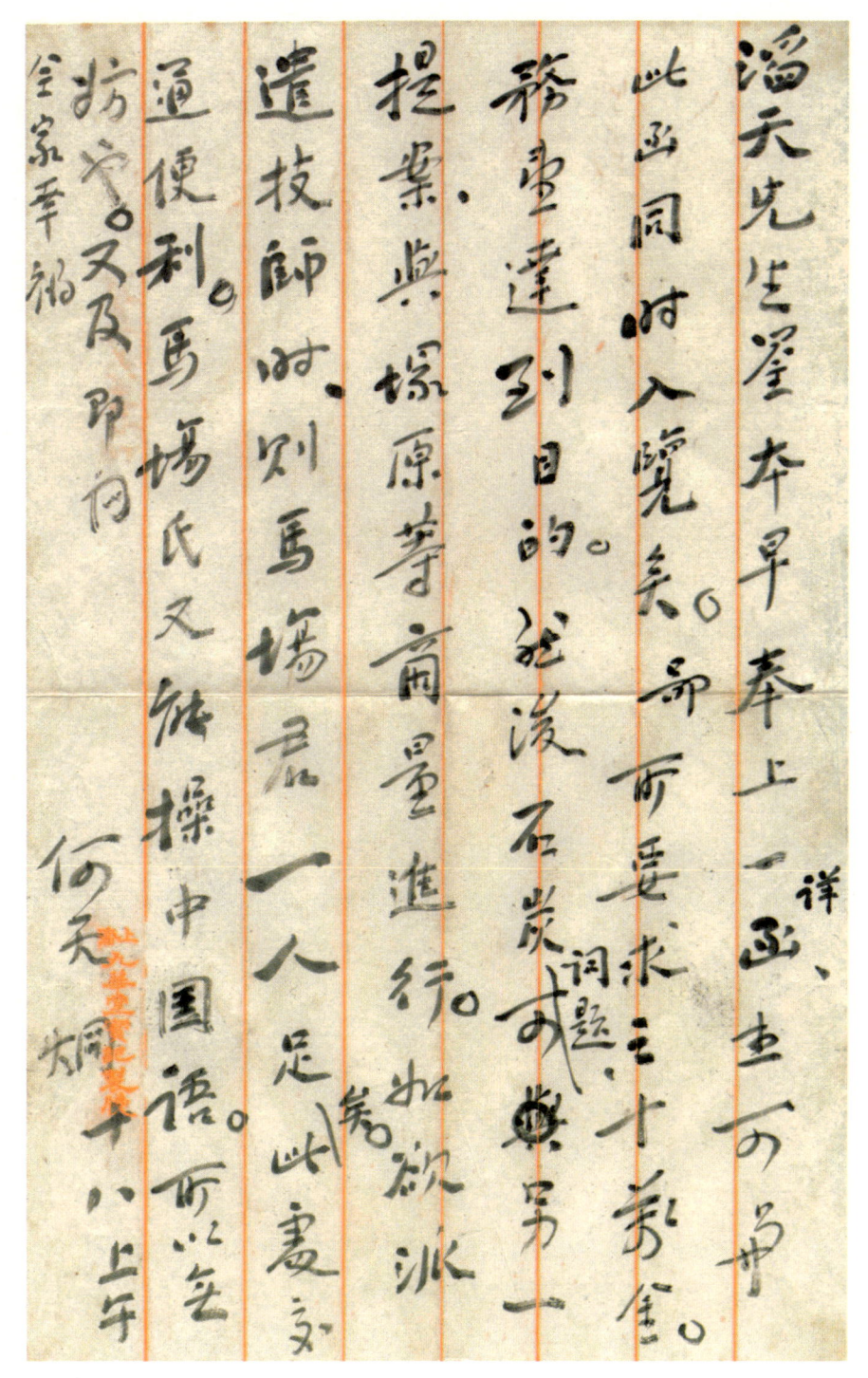

何天炯致宫崎滔天函（1919年10月18日）

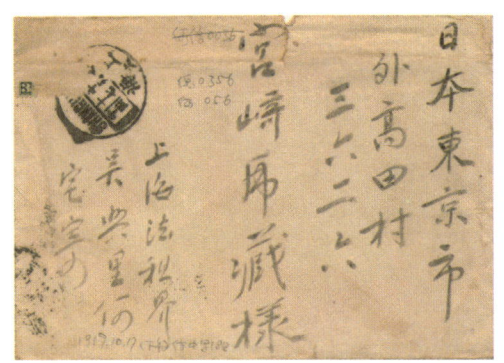 

释读

滔天先生鉴：

本早奉上一详函，想可与此函同时入览矣。鄙所要求之十万金，务望达到目的。然后石炭问题可另一提案，与塚原等商量进行。如欲派遣技师时，则马场君一人足矣。此处交通便利，马场氏又能操中国语，所以无妨也。又及。即问

全家幸福

何天炯

十八 上午

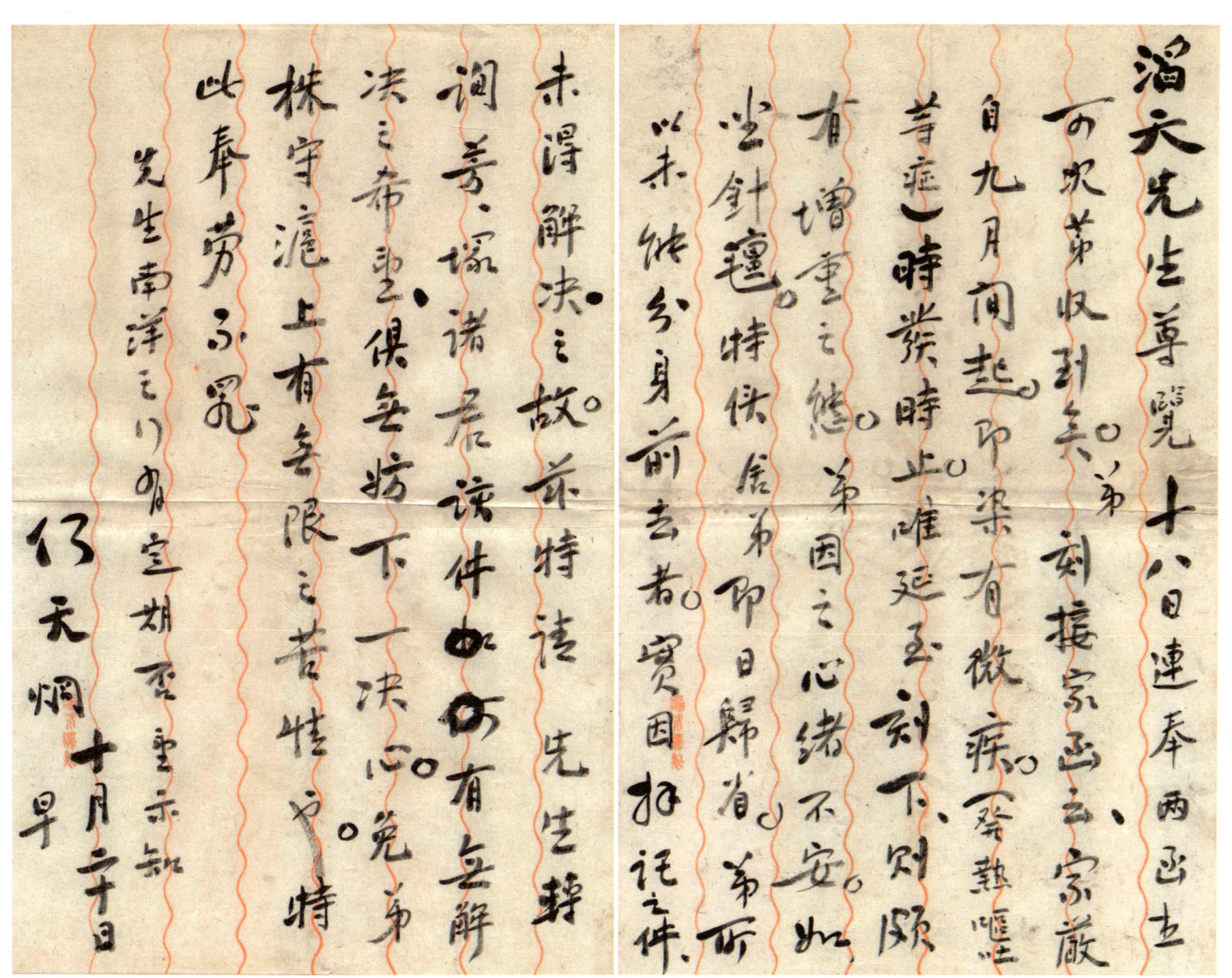

何天炯致宫崎滔天函（1919年10月20日）

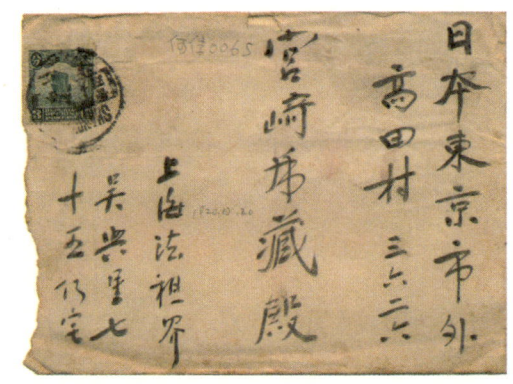

释读

滔天先生尊览：

　　十八日连奉两函，想可次第收到矣。弟刻接家函云，家严自九月间起，即染有微疾（发热、呕吐等症），时发时止，唯延至刻下，则颇有增重之态。弟因之心绪不安，如坐针毡，特使舍弟即日归省。弟所以未能分身前去者，实因拜托之件，未得解决之故。兹特请先生转询芳、塚诸君，该件有无解决之希望，俱无妨下一决心，免弟株守沪上，有无限之苦情也。特此奉劳，不罪。

　　先生南洋之行有定期否？望示知。

何天炯

十月二十日　早

(1) 滔天先生鉴：本日接到十三日手示，欣悉一切。可否与山田最後解决之辦法之。若玉不得已言之时，弟自当取絶对之决心，唯須取如下三手续，方为合情合理，诸諒察焉。

日旺盛之地，岂再加以旦人探取镜山之谣言，列借爱国之名，以迫挟金钱之徒，将遍地皆是矣。区区十萬金钱，尾以填厭凤之谿壑乎。总之，今日之事，乃信用问题，并兼持向之芳塚诸君者。

(二) 若芳川君与山田氏之恶感果何在乎，是否皆不泽钱问题乎。其程度又至於何等度，诸諒察焉。倘非也，然则弟向山田氏当如何立言，亦第当持向之芳塚诸君者。

(三) 若(君去山田手中者)此三萬金乃芳川直接交於山田若弟事後乃始知之（明年五月唤叶）当时芳川不详告弟乎，何以则萬谓芳川信山田不信弟乎，即不信镜主而信絶介人之谓也。然到今日弟将何言乎，此又当词芳塚诸君者也。

总之，山田之件，心平稳了结者，上策。玉若不人之言，则列刘令日弟不得不

(4) 濶已时，乃取最後之手段，可也为也。芳塚诸先生画中之意旨，列十萬金之调题，再派遣技师岂僦欲以为條件，如弟不允，派遣技师别十萬金出之难支。出之意，英未详审其心情。可推测而知之，列若然则彼等明言已。而又不肯信弟之證也。弟真不達事情。而又不

前函云：僕太古耕定於後再派遣技师者，宾肉汕頭一带，玫为武人盤踞，而又为排

山田为人，弟亦不满意之。於较之塚原等尚者了解，敝国之情形。且伊兄为人觉两无殊，何不胜同情之。妻如今回塚原等欲再派技师一事，知山田必反对。記此後弟事，唯託先生雕力为维持或解释，相機而行。天烟

鸿安 専此并有空期覆

列先生诸代向

何天烟 十月二十一

 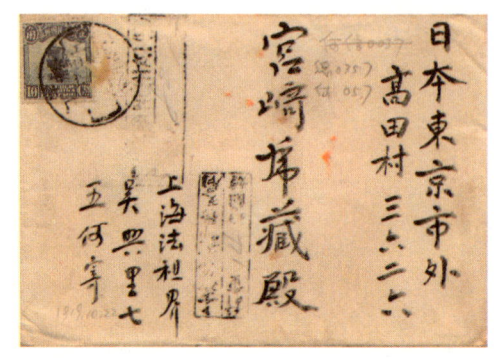

释读

滔天先生鉴：

本日接到十三日手示，欣悉一切。所示与山田最后解决之办法云云，若至万不得已之时，弟自当取绝对之决心，唯须取如下之手续，方为合情合理，请谅察焉。

（一）芳川君与山田氏之恶感果何在乎？若在金钱问题乎？其程度又至于何等乎？是弟皆不得而知也。然则弟向山田氏当如何立言耶？此则弟当转问之芳、塚诸君者。

（二）若芳川君与山田氏为三万金之问题乎（存在山田手中者）？此三万金乃芳川直接交于山田者，弟事后乃始知之（约昨年五月顷之事）。当时芳川不详告于弟，何也？则虽谓芳川信山田不信何氏也，即不信矿主而信绍介人之谓也。然则今日弟将何言乎？此当转问芳、塚诸君者也。

总之，山田之件，以平稳了结为上策，至万不得已时，乃取最后之手段可也，以为何如？

弟详审先生函中之意旨，则十万金之问题，芳、塚诸君似欲以再派遣技师为条件，如弟不允派遣技师，则十万金亦难支出之意。虽未明言，其心情可推测而知之。若然，则彼等真不达事情，而又不肯信弟之证也。弟前函云，俟大局稍定，然后再派遣技师者，实因汕头一带，现为武人所盘踞，而又为排日旺盛之地。若再加以日人探取矿山之谣言，则借爱国之名以迫挟金钱之徒，将遍地皆是矣。区区十万金钱，足以填无厌之欲壑乎？总之，今日之事，乃信用问题，他虽千言万语，无益也。然则弟何为屡屡向人自鸣其信用之足恃乎？请芳、塚诸君下一决心可也。舍弟今晚动身回乡，弟专为此件在沪拱候教言。想先生已了解弟之苦衷矣。芜湖煤矿之件如何，请便复。山田如回东京，其行动如何，亦请告我为祷。即候

鸿安

南洋之行有定期否？

列先生请代问候。

何天炯

十月二十一

山田为人，弟虽不满意之，然较之塚原等尚为了解敝国之情形。且伊兄为吾党而死，殊有不胜同情之处。如今回塚原等欲再派技师一事，知山田必反对之。此后万事唯托先生鼎力，或维持，或解释，相机而行耳。又及。

滔天先生佛鉴：一函又一函，诸情欣悉。哥哥云：此可邀调证矣。弟今种种考虑之结果，山田三件，总以早稳了结为是。倘玉崇不佳，彼此必有同弟共辞若情之时。唯目下彼尚未对弟有何陈述，弟只可俟不知此芳塚之内容如何。地位乃玉崇，不论山田、不论芳川，乃玉不论

塚原等，皆有直接向弟要求十弟之歉之权利也。盖此件彼等最初承认为不能（弟芳塚另初为一回作）以其内部之纷扰，而中止之。若中止之列无异解约之时，机到达之。玉派遣技师一人前函既陈艾理由矣，若彼等仍不了解之，此又无可如何者也。为今又出一救急之策，诸先生助我运筹，

马。盖向芳川亲涉十弟之歉宴一文不能少也，少则无事可为。不如不取之为愈也。唯弟意推测之山田以时甚恐惶也，即不知弟之心情如何，谓弟乘此机会向彼劝诱之，「何氏此到出为顿问居（山田）宜心力所能为共尽力助之」（经济问题一柱山平银一万元云云）弟居（当）芳川

纷扰之件，宜平和解决之，别何氏六弟别情也。盖何氏之地位乃不论芳川弟皆作做。一出资共差居弟云两供何氏有种之困难之状。别后事殊不料玉，此小策如何，请先生一诺请吾之策如何？看后火化

何天炯 十月十三

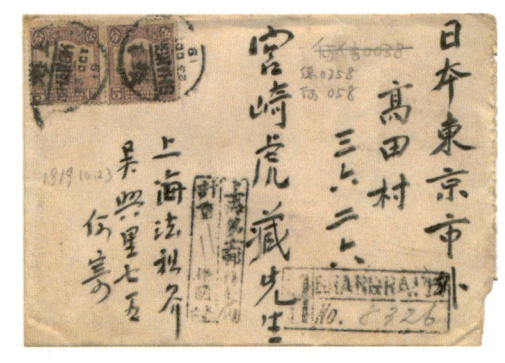

释读

滔天先生伟鉴：

一函又一函，诸情欣悉，想鄙意亦可邀洞鉴矣。弟今种种考虑之结果，山田之件，总以平稳了结为是。倘至万不得已时，想彼亦必有向弟告诉苦情之时，唯目下彼尚未对弟有何陈述，则弟亦只可佯为不知山、芳、塚之内容也。以为何如？

弟之地位，乃不论山田，不论芳川，乃至不论塚原等等，皆有直接向之要求十万款之权利也。盖此件皆为彼等最初承认者，而不能以其内部之纷扰（山、芳、塚当初为一团体）而中止之。若中止之，则无异解约之时机到达也。至派遣技师一事，弟前函详陈其理由矣，若彼等仍不了解之，此又无可如何者也。弟今又想出一救急之策，请先生助我运筹焉，盖向芳川交涉十万之款，实一文不能少也。少则无事可为，不如不取之为愈也。

唯弟意推测之，山田此时甚恐惶也，即不知弟之心情如何之谓也。请先生乘此机会向彼劝诱云："何氏此刻甚为烦闷，君（山田）宜以力所能为者尽力助之（经济问题）（能得中银一万亦可），至君（山田）与芳川纷扰之件，宜平和解决之，则何氏亦无别情。盖何氏之地位，乃不论芳川，不论君等，皆看做一出资者。若因君等与芳川之故，而使何氏有种种困难之状，则后事殊不好云云。"

此小策也，请先生为我弄之，然亦无罪恶之策也。呵呵，请谅焉。

看后火化。

何天炯

十月二十三

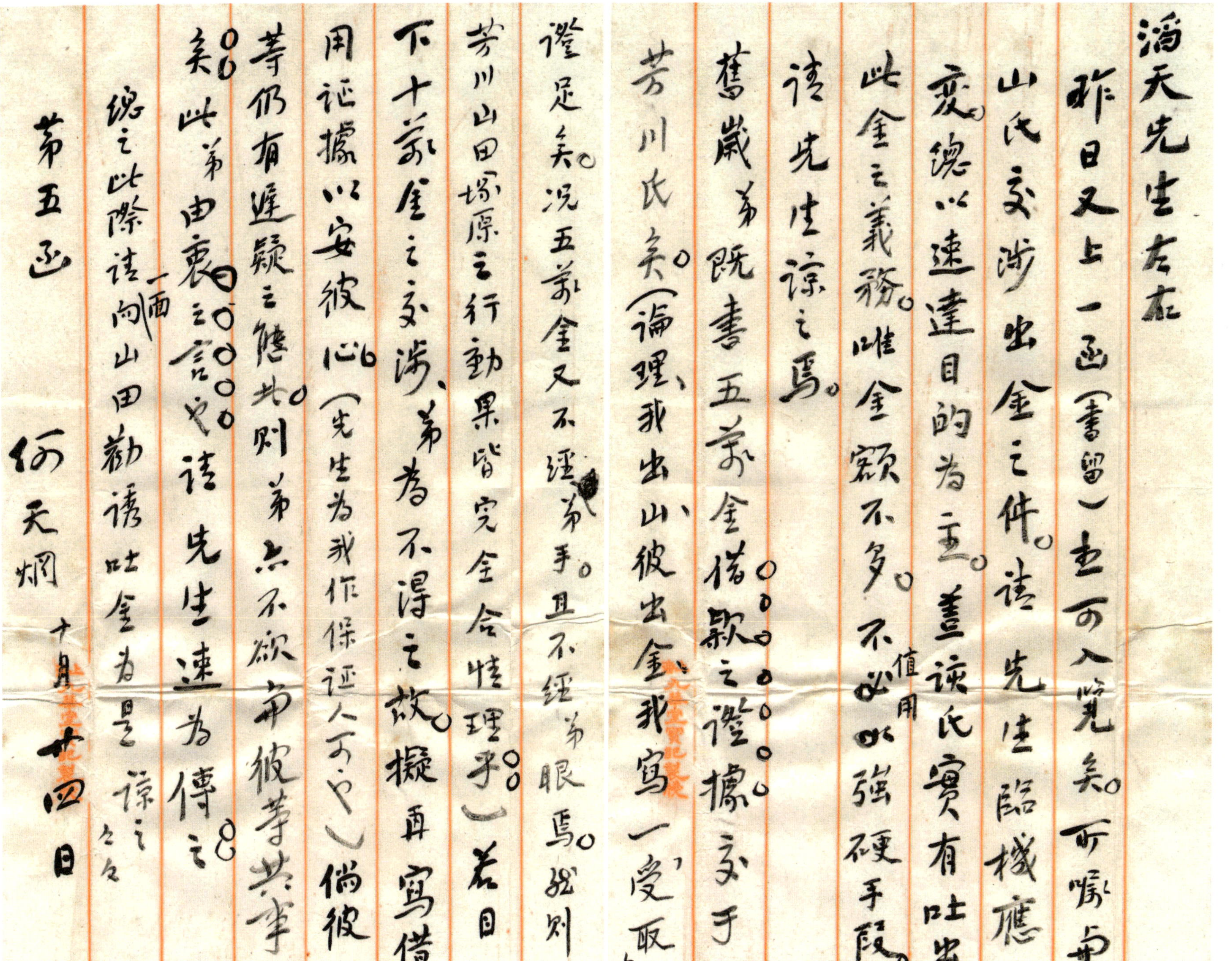

滔天先生左右

昨日又上一函（書留）諒可入覽矣。頃與山氏交涉出金之件。諸先生臨機應變。總以速達目的為主。盖讀氏實有吐出此金之義務。唯金額不多（不必以強硬手段。值用）

請先生諒之寫。

舊歲弟既書五萬金借款之證據交手芳川氏矣。（論理我出山彼出金我寫一受取）證據矣。況五萬金又不經弟眼寫與別芳川山田塚原之行動果皆合情理乎。若下十萬金之交涉。弟為不得之故擬再寫借用證據以安彼心（先生為我作保證人可乎倘彼等仍有遲疑之態共則弟不欲再彼等其事）一面由裏之言詰先生速為傳之知此弟之由或詰向山田勸誘吐金為是諒之

總之此際詰

第五函

何天烱 十月廿四日

 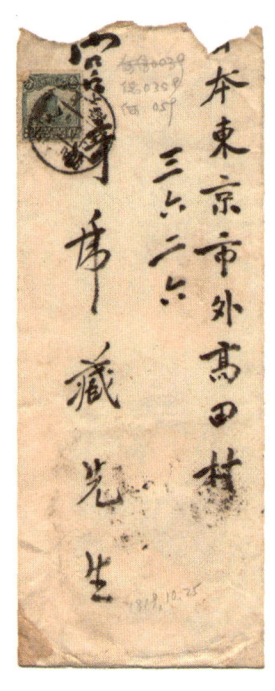

释读

滔天先生左右：

　　昨日又上一函（书留 [日文，意为挂号]），想可入览矣。所嘱与山氏交涉出金之件，请先生临机应变，总以速达目的为主。盖该氏实有吐出此金之义务，唯金额不多，不值用强硬手段，请先生谅之焉。

　　旧岁弟既书五万金借款之证据交于芳川氏矣（论理，我出山，彼出金，我写一"受取"证足矣，况五万金又不经弟手，且不经弟眼焉，然则芳川、山田、塚原之行动果皆完全合情理乎），若目下十万金之交涉，弟为不得之故，拟再写借用证据以安彼心（先生为我作保证人可也），倘彼等仍有迟疑之态者，则弟亦不欲与彼等共事矣。此弟由衷之言也，请先生速为传之。

　　总之，此际请一面向山田劝诱吐金为是，谅之谅之。

　　第五函

何天炯

十月二十四日

滔天先生尊鑒 屢頒法神定 諒察昨日接田家電粘恭家嚴病氣危殆促弟速返（令弟及長男等已于一週前起程矣）此際雲山萬里生死莫卜真遊子傷心泣血之事也、芳塚諾居之件此刻在無舟覘之希聖華小之費用左弟不及以有爲且日後之要求（經濟）轉益棘手故弟意不如不登之爲愈也母若告以前人之情況恐轉爲彼輩所要挾。

（塚氏尤專弄小策之人）以爲且持之以久必能俯就其範圍此雖弟猜疑之心然先生尚未之及詳時。實宜取若當防衛之手段也。弟令歸心似箭種三考慮之結果以維持善狀計則實不如不向山田護勸其出金。或者彼鑒于情形反種之厭虛等不能不屈於弟意也。唯東京剝下發海愛幻已玉若何程度乎又無從知之州尺事哈之仰伏先生之太力 諒之

何天烱 十月三十日

宫崎滔天家藏民国人物书札手迹（第四卷）

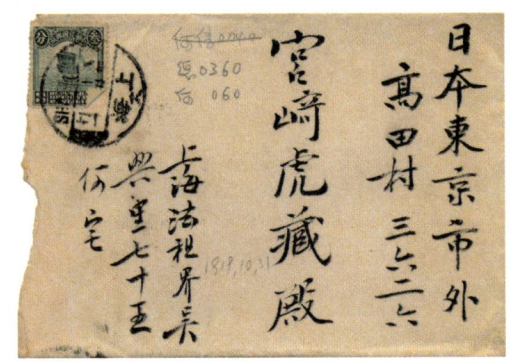

释读

滔天先生尊鉴：

屡渎清神，定邀谅察。昨日接家电，始悉家严病气危殆，促弟速返（舍弟及长男等已于一周前起程矣）。此际云山万里，生死莫明，真游子伤心泣血之事也。

芳、塚诸君之件，此刻想无圆满之希望。盖些小之费用，在弟不足以有为，且日后之要求（经济）转益棘手，故鄙意不如不要之为愈也。若告以鄙人目下之情况，恐转为彼辈所要挟（塚氏尤专弄小策之人），以为持之以久，必能俯就其范围。此虽弟猜疑之心，然先生与之交涉时，实宜取相当防卫之手段也。弟今归心似箭，种种考虑之结果，以维持善状计，则实不如向山田诱劝其出金，或者彼鉴于情形及种种顾虑等，不能不屈从弟意也。唯东京刻下交涉变幻，已至若何程度，弟又无从知之，则凡事唯有仰仗先生之大力耳。谅之谅之。

何天炯

十月三十日

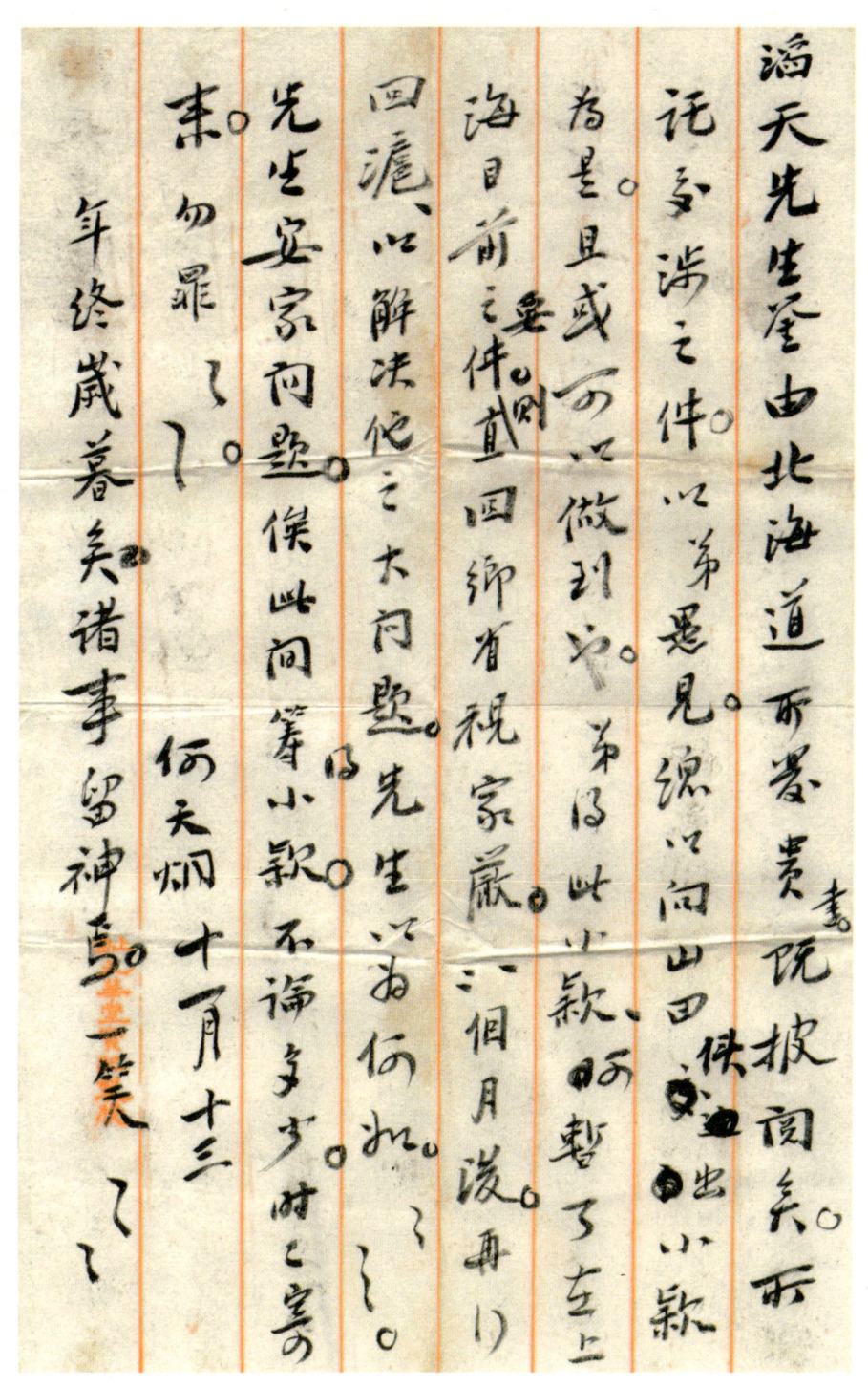

何天炯致宮崎滔天函（1919年11月13日）

 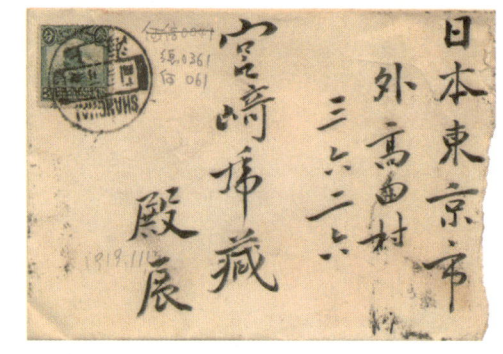

释读

滔天先生鉴：

　　由北海道所发贵书既披阅矣。所托交涉之件，以弟愚见，总以向山田使出小款为是，且或可以做到也。弟得此小款，可暂了在上海目前之要件，则直回乡省亲家严，一二个月后，再行回沪，以解决他之大问题，先生以为何如？何如？

　　先生安家问题，俟此间筹小款，不论多少，时时寄来。勿罪勿罪。

何天炯

十一月十三

年终岁暮矣，诸事留神焉。一笑一笑。

滔天先生左右昨日奉到由信州寄来手示深悉先生一片苦心兩賜体頗沾凡寒之疾臥床玉一週之久今幸告愈諸錦念之心山吉諸氏之件到下恕無希盡此六各可奈何之事。唯家嚴病氣現又告瘥弟不勝喜歡擬一週後即排萬難再回家大約昨年一月底而再瀧此刻東京消息時二告知好託了日来中日國交玉為危險華人排貨凡潮弥漫全国。而排貨之起因則玉辰九事件其時弟每先生曽詢王統一事，綜此人曽住某歲館今先生有渭玉京可作種之可謂趨謀兩国親善也則不知何往王氏為人大约近螺一派此衆人之言此衷不知今日之日本當局之意念及之㤞一笑了

先生⋯⋯皆樣空く
弟炯 十二月十五

通信處
上海法租界吳興里七十五
汕頭興寧縣石馬匯何曉柳
（此處電報可通）

宫崎滔天家藏民国人物书札手迹（第四卷）

 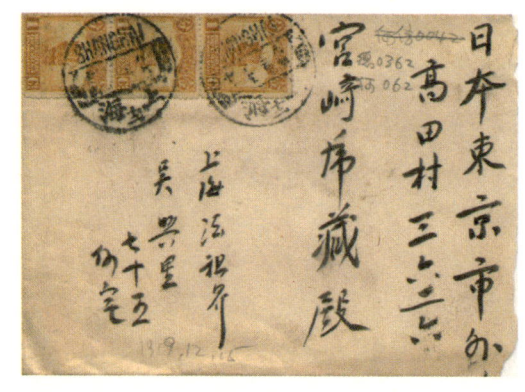

释读

滔天先生左右：

昨日奉到由信州寄来手示，深悉先生一片苦心。而贱体颇沾风寒之疾，卧床至一周之久，今幸告愈，请纾锦念可也。山、吉诸氏之件，刻下想无希望，此亦无可奈何之事。唯家严病气现又告痊，弟不胜喜欢，拟一周后即排万难而回家，大约明年一月底可再回沪。此刻东京消息，请时时告知，拜托拜托。日来中日国交，至为危险，华人排货风潮，弥漫全国。而排货之起点，则在辰丸事件，其时弟与先生在京所作种种，可谓想谋两国亲善者矣，不知今日之日本当局，亦尚念及之否？一笑一笑。

先生曾询王统一之行踪，此人曾住万岁馆，今则不知何往。王氏为人，大约近法螺一派。此众人之言，弟则不深知之，乞谅乞谅。问候大家。

天炯
十二月十五

通信处：

上海法租界吴兴里七十五

汕头兴宁县石马区何晓柳（此处电报可通）

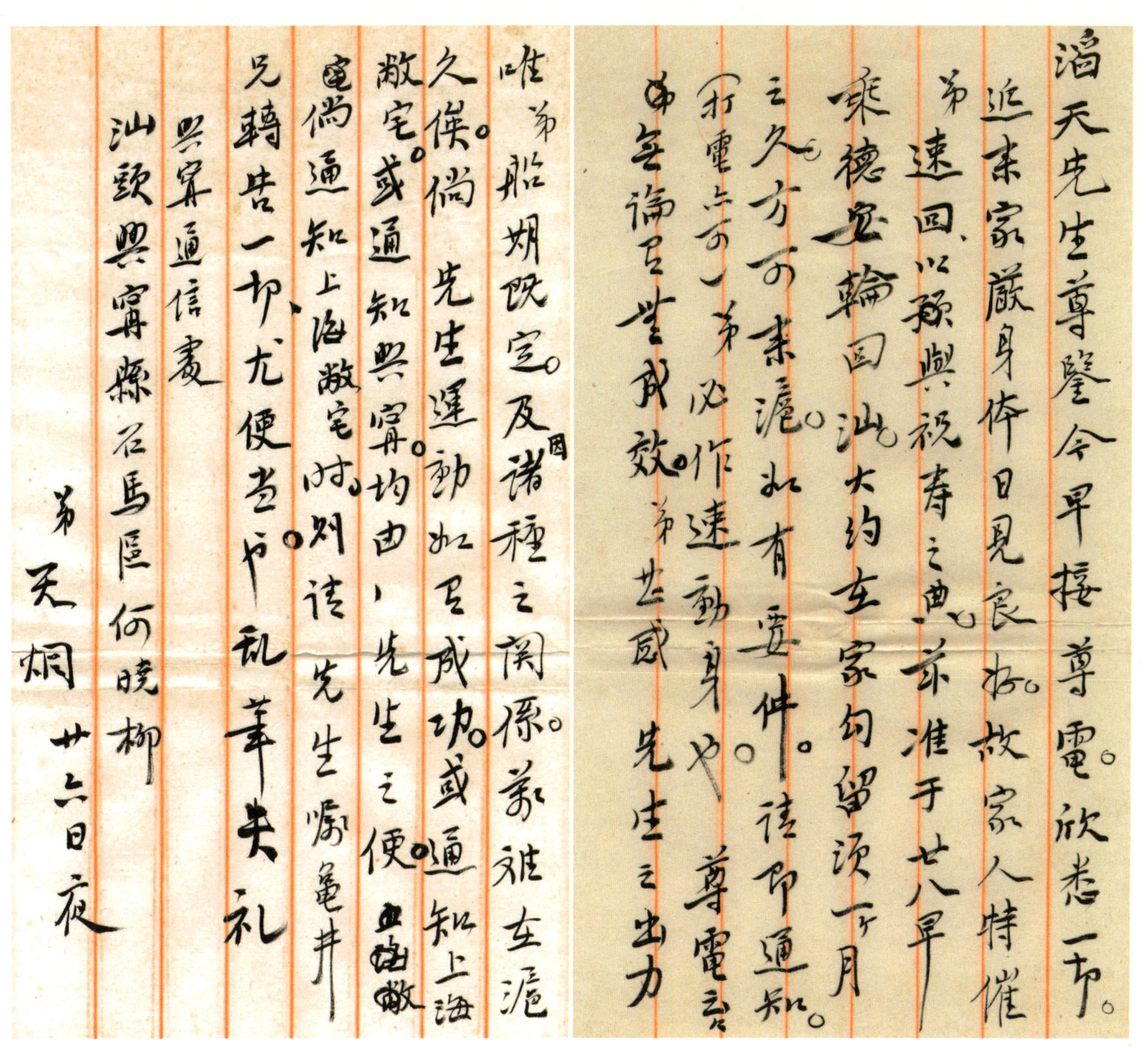

何天炯致宫崎滔天函（1919年12月26日）

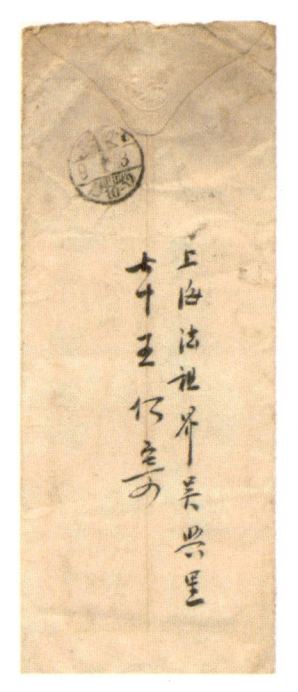 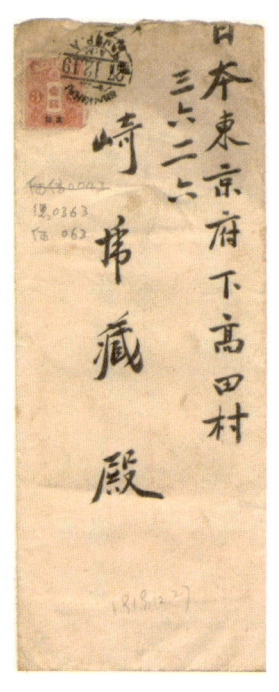

释读

滔天先生尊鉴：

今早接尊电，欣悉一切。近来家严身体日见良好，故家人特催弟速回，以与祝寿之典。兹准于廿八早乘德安轮回汕，大约在家勾留须一个月之久，方可来沪。如有要件，请即通知（打电亦可），弟必作速动身也。尊电云云，无论有无成效，弟甚感先生之出力。唯弟船期既定，及因诸种之关系，万难在沪久俟。倘先生运动如有成功，或通知上海敝宅，或通知兴宁，均由先生之便。倘通知上海敝宅时，则请先生嘱龟井兄转告一切，尤便当也。乱笔失礼。

兴宁通信处：汕头兴宁县石马区何晓柳

弟 天炯

二十六夜

滔天先生尊鉴：弟到沪以来叠接尊电两封诸情欧悉当即逐一回电以谢尊意想亦次递入览矣弟为家严诞日崔诺顿眉事故应酬颇忙今又为筹历新年所拘未拟於阳历二月二十三日准由家起程来汕俟有便轮即行回沪可有左东京由先生亲游事情排面聆雅教不○不知先生能否撰忙来沪生受游事情排面聆雅教不○引颐东望珠不胜养云春树之思临楮即请
鸿安
尊候嫂夫人各样宜々

何天炯 二月十二夜

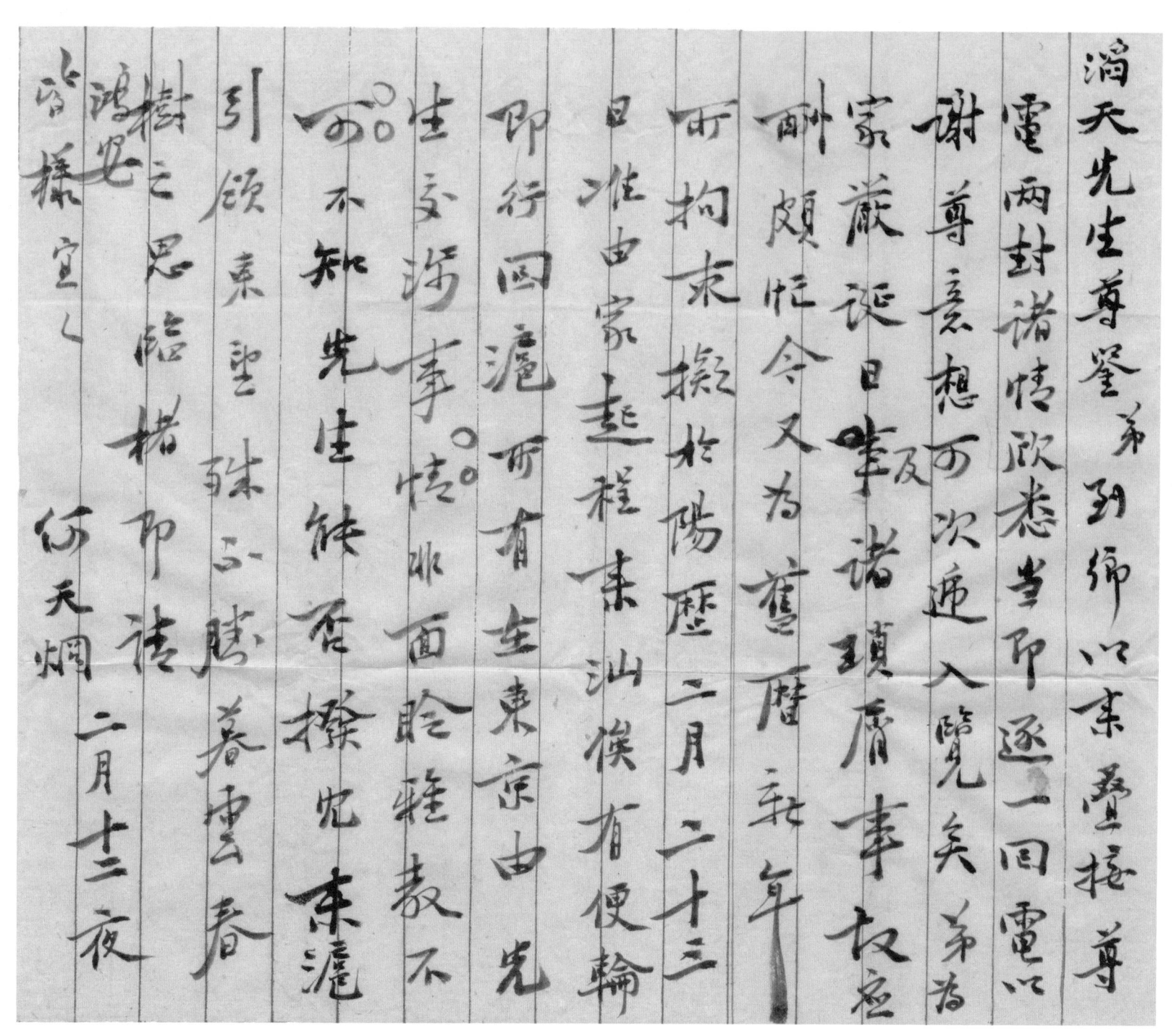

何天炯致宫崎滔天函（1920年2月12日）

释读

滔天先生尊鉴：

  弟到乡以来，叠接尊电两封，诸情欣悉，当即逐一回电，以谢尊意，想可次递〔第〕入览矣。弟为家严诞日及诸琐屑事，故应酬颇忙，今又为旧历新年所拘束，拟于阳历二月二十三日准由家起程来汕，俟有便轮，即行回沪。所有在东京由先生交涉事情，非面聆雅教不可，不知先生能否拨冗来沪？引领东望，殊不胜暮云春树之思。临楮即请

鸿安

问候诸位。

何天炯
二月十二夜

滔天先生尊覽 弟自回鄉後 日以種樹為業 勞之五十餘 日音問雲疏 未審先生之起居仍似舊左滬敝宅 未函云尊夫人已返珂里 此刻此必尊處已雲取全消 忍別後幾經一載 世界風雲依然幻不測 吾志士立功之會 共狂飲酒之秋 況節屆清和 江南芸滿遍地 鶯花仍不命駕來游 一消磨壯志乎 定當掃榻以待 車馬瑣費 無諸多勞慮及也 匆匆候覆 即向全家幸福 龍介君平安上課否又及

弟 天炯 三月廿一

何天炯致宮崎滔天函（1920年3月21日）

宫崎滔天家藏民国人物书札手迹（第四卷）

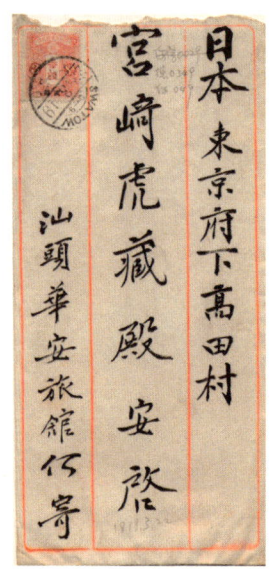

释读

滔天先生尊览：

  弟自回乡后，日以种树为业，劳劳五十余日，音问虚疏，未审先生之起居何似也？前在沪敝宅来函云，尊夫人已返珂里，然则虹口尊寓已完全取消否？别后几经一载，世界风云依然变幻不测，虽志士立功之会，亦狂生饮酒之秋，况节届清和，江南春满，遍地莺花，何不命驾来游，一消磨壮志乎？定当扫榻以待，车马琐费亦请无劳虑及也。匆匆候复。即问

全家幸福

  龙介君平安上课否？又及

弟 天炯
三月二十一

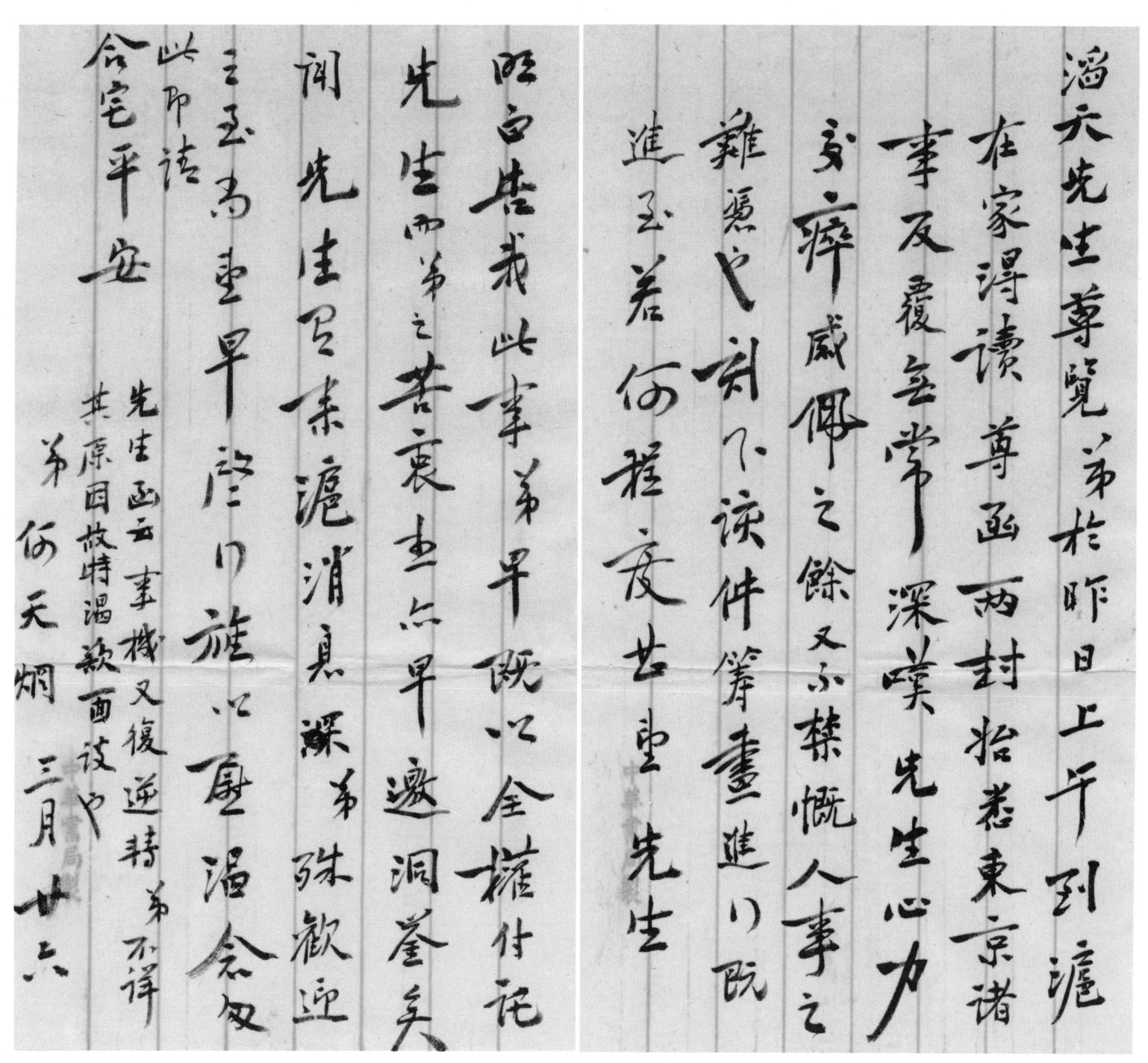

何天炯致宮崎滔天函（1920年3月26日）

宫崎滔天家藏民国人物书札手迹（第四卷）

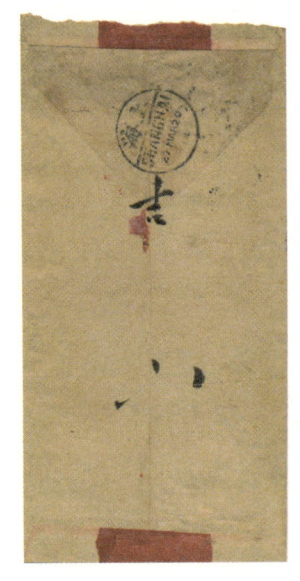
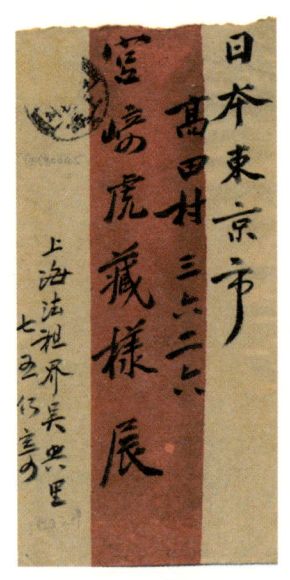

释读

滔天先生尊览：

　　弟于昨日上午到沪，在家得读尊函两封，始悉东京诸事反复无常，深叹先生心力交瘁，感佩之余，又不禁慨人事之难凭也。刻下该件筹划进行，既进至若何程度，甚望先生明白告我。此事弟早既以全权付托先生，而弟之苦衷，想亦早邀洞鉴矣。闻先生有来沪消息，弟殊欢迎之至。尚望早启行旌，以慰渴念。匆此即请

合宅平安

先生函云事机又复逆转，弟不详其原因，故特渴欲面谈也。

弟　何天炯
三月二十六

滔天先生鉴：弟到沪後即上函、电各一专，可入青览矣。三日前在日友麦（山田宅吾尝住之）得见山田致伊一函，俯啮转达部八读函云：僕（曾）與菊池塚原塚之子等之鐵山權利、既飲泣交渡于芳川氏云。弟默念先生丙谋三件或已有良妙之结果，故甚望即日来沪，以谋完善之进行也。如勝（？）再燕胡之件，弟亦希望甚急。弟無欲语

马場唯一之技师未沪，着手调查。然後再尋贺本家方為完全辦法，唯弟马場之行傣弟一人所招待，此刻不必向芳川塚原等说明（以剂药而芳塚等设燕胡之事、松彼等六舍意于此故弟欲一人行動之）唯弟刻下尚甚抗振马場之川资，六舍可出诘先生此刻彼说明借重之理由。俟一個月後弟必筹集寄来（馬場為人学问颇進足工人悟必熟）

微阎滇、桂、粵之反雲日急矣。先生能束一觀此局之殊西白之玉唯此等援乱與贺本家出為不利，诘先生注意勿與彼等琛谈可也。

弟何天烱 三月三十

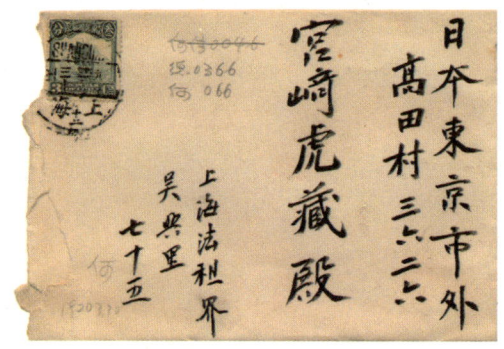

释读

滔天先生鉴：

弟到沪后即上函、电各一，想可入青览矣。二、三日前在日友处（山田宅居住之人）得见山田致伊一函，并嘱转通知鄙人。该函云：仆（山田）与菊池、塚原、犬塚之子等之铁山权利，既饮泣交渡于芳川氏云云。弟默念先生所谋之件，或已有良好之结果，故甚望即日来沪，以谋完善之进行也。切盼切盼。

再芜胡〔湖〕之件，弟亦希望甚急。弟意欲请马场唯明技师来沪，着手调查，然后再寻资本家，方为完全办法。马场之行动，系弟一人所招待，此刻不必向芳川、塚原等说明（此刻虽与芳、塚等谈芜胡〔湖〕之事，想彼等亦无意于此，故弟欲一人行动也）。唯弟刻下尚甚拮据，马场之川资，亦无所出，请先生此刻向彼说明借重之理由，俟一个月后，弟必筹集寄来（马场为人，炭矿学问颇进，风土人情亦熟）。敝国滇、桂、粤之风云日急矣，先生能来一观世局，亦殊面白[日文，意为有趣]之至。唯此等扰乱，与资本家甚为不利，请先生注意，勿与彼等深谈可也。

弟　何天炯

三月三十

滔天先生尊鉴：昨日接到手示深悉东京近状并感谢先生及萱野兄之勤劳。兹将来函件内容复述先生反萱野兄三人勤劳深盼先生一届驾来沪一游（萱读山如可成功别尤急盼先生之来此共商天下事也）唯恐一时无解决之望故深盼先生一届驾来沪唯先生目下处境之困难可亲而知弟又来解精效棉薄。此到弟而何为急募分劳如何～～目下滇桂之瓦雪急急矣（孙、唐继尧、李烈钧、陈炯明、王文华、贵州人既驻一旅精兵于湖南广西之界将一举直捣柳州此陆廷虎腹心大患矣俱联为一气势力亦颇不少）

福建方面陈炯明弟方声涛正在交战中。（同方氏既完全败却云）陈氏之言曰方氏受苓莫之密命特来福建监视我等之行动。若不先行勤减则方为後顾之忧我兵何能直入广东耶此之不得已之苦衷也（今日之形势陈氏不畏李厚基为後顾之患而畏（福建北方督军）同为护法军方氏为後患其变幻之不可测度矣此诚可忧。可叹之时局也）陆莫在粤人心既去但强盗团体颇为坚固且其所处地势指挥点颇敏捷。

反观孙广东之气颇不小。且其兵力颇足包围广东惜其运用殊欠联络总之今日之事尚未知鹿死谁手若长此沉闷混沌欺诈分赃伪和诚不如大破坏大杀戮为少快人心也。天下之风云急矣此六先生不可不来沪之一理由也～～
萱野兄处请致意
诸君处宜～～

　　　　　弟 何天炯　四月七号

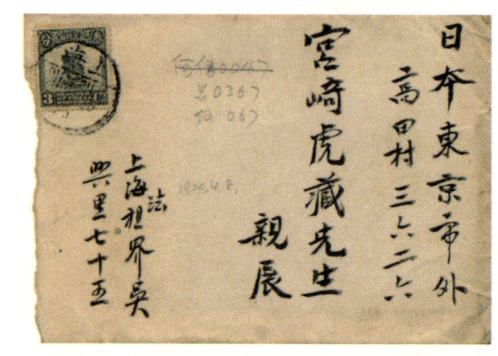

释读

滔天先生尊鉴：

　　昨日接到手示，深悉东京近状，并感谢先生及萱野兄之勤劳。弟意该山事件，内容复杂，恐一时无解决之望，故深盼先生屈驾来沪一游（若该山如可成功，则尤急盼先生之来，以共商天下事也）。唯先生目下处境之困难，可想而知。弟又未能稍效棉〔绵〕薄，此则弟所为焦急万分者，如何如何。目下滇桂之风云急矣，孙、唐继尧、李烈钧、陈炯明、王文华（贵州人）（既驻一旅精兵于湖南、广西之界，将一举直冲柳州，此陆荣廷心腹之大患也）俱联为一气，势力亦颇不小。

　　福建方面，则陈炯明与方声涛正在交战中（闻方氏既完全败却云）。陈氏之言曰：方氏受岑、莫之密命，特来福建监视我等之行动，若不先行剿灭，则方氏为后顾之忧，我兵何能直入广东耶？此亦不得已之苦衷也（今日之形势，陈氏不畏李厚基〔福建北方督军〕为后顾之患，而畏同为护法军方氏为后患，其变幻亦不可测度矣，此诚可忧可叹之时局也）。陆、莫在粤，人心既去，但强盗团体，颇为坚固，且其所处地势，指挥亦颇敏捷。反观孙、唐之气焰，亦颇不小，且其兵力亦颇足包围广东，惜运用殊欠联络。总之今日之事，尚未知鹿死谁手。若长此"沉闷"、"混沌"、"欺诈"、"分赃"、"伪和"，诚不如大破坏、大杀戮，为少快人心也。天下之风云急矣，此亦先生不可不来沪之一理由也。呵呵。

萱野兄处请代致意。

问候诸君。

弟 何天炯
四月七号

滔天先生左右，久未接示，未審來京事件已進至若何程度，弟時々考慮以為芳与山等之惡感日趨於不可解決之途，因芳氏不肯出此一小々原因而努力完者，研究其問題是也。弟兼察令山氏対於芳氏有何欵不勘定之答。然此以為山氏與芳氏之間恐不能草及部人以破当時之約束也何ヤ芳氏信用山氏致之信用部人，其厚薄之程度乃芳氏当日

之自信日愛其自作自受，又將誰怨乎。鄙人自此四年內抛却政治運動而從事于實業全副精神供注於此。余固芳氏之故，而桐淺江中又值滿天厄涛不能傍岸，揆之人情友誼不一援手則此後事業之進行其前途考良好之結果可數言矣。弟深自考慮此事除彼約之實業等第二方法其因欵手續，弟處苦為洁楚（昨年四月頃倒東京已書有五芳冉之借用證）勘室之結果仍多此數時必再書之
補
芳刻下頗

為懸懸，不知先生之京下知何，此外別有良法否諸唱一報。
弟今又為最後之讓步。則前日要求之十萬冉按三今日市價實値中銀（上海良）四萬五千冉左右。弟以此金固芳氏辦法則僅得三萬冉中銀六可得一半障礙，令向芳氏使之出日金五中民四萬約二千五百兩左右。如此尚不足中民三萬之數弟今又有一吉肉策附汕頭銀

行尚存有保證金一萬冉（對於政府而納之保証）此欵依於法律非侯談資業有具体的開採時則辦諸則政府不許澄用之。然弟之友人興該民行有生死之交誼，弟若諸求友人為弟之保証人別可將該欵借用之，或五少点亦可借八千冉左右。如此則弟手可得三萬冉之數。加而芳氏到下不過供出日金五萬冉。

弟由之數已近漸解決矣。此事芳諸先相機而行，若件此因難而不能將容納別破約之外，何天烱四月十七日

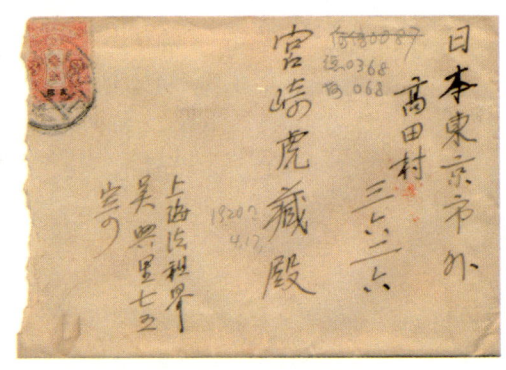

释读

滔天先生左右：

久未接示，未审东京事件，已进至若何程度？弟时时考虑，以为芳与山等之恶感，日趋于不可解决之途，因之芳氏不肯出款。此虽为一小小原因，唯目下所极力研究者，则芳氏对于鄙人实在有无诚意之问题是也。弟意纵令山氏对于芳氏有用款不勘定[日文，意为结算]之咎，然此为山氏与芳氏之问题，不应牵及鄙人，以破当时之约束也。何也？芳氏信用山氏，较之信用鄙人，其厚薄之程度，乃芳氏当日之自由，其自作自受，又将谁怨乎？鄙人此四年内，抛却政治运动而从事于实业，全副精神俱注于此。今因芳、山之故，而搁浅江中，又值满天风涛，不能傍岸。揆之人情友谊，不一援手，则此后事业之进行，其前途无良好之结果，可断言矣。弟深自考虑，此事除破约之外，实无第二方法。其用款手续，弟处甚为清楚（一昨年[日文，意为前年]四五月顷，弟在东京，已书有日金五万圆之借用证，若勘定之结果，仍多出此数时，必再补书之）。弟刻下颇为愤懑，不知先生之意下如何？再此外别有良法否？请即一报。

弟今又为最后之让步，则前日要求之日金十万圆，按之今日市价，实值中银（上海银）四万五千元左右。而弟以无可奈何中，择一办法，则仅得三万元中银亦可渐了一切障碍。今向芳氏使之出日金五万圆，则可得中银约二万二千五百元左右，然此尚不足中银三万之数。弟今又有一苦肉策，则汕头银行尚存有保证金一万元（对于政府而纳之保证），此款依于法律，非俟该实业有具体的开采之办法时，则政府不许滥用之。然弟之友人与该银行有生死之交谊，弟若请求友人为弟之保证人，则可将该款借用之，或至少亦可借用七八千元左右。如此则弟手可实得三万元之数，而芳氏刻下不过使出日金五万，而弟之困难渐解决矣。此事万请先生相机而行，若并此条件而不能容纳，则破约之外，无他法也。

何天炯

四月十七日

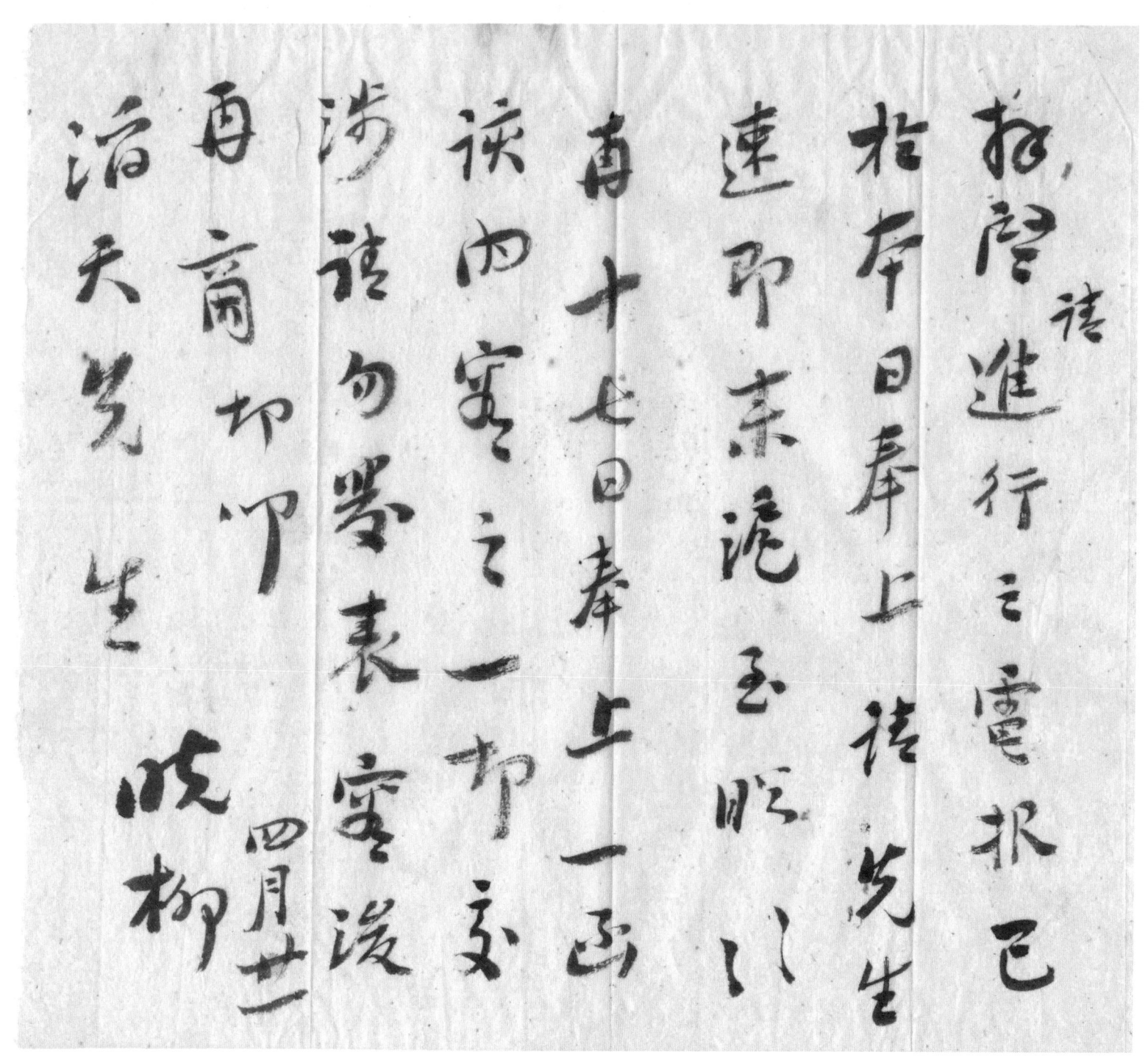

何天炯致宮崎滔天函（1920年4月21日）

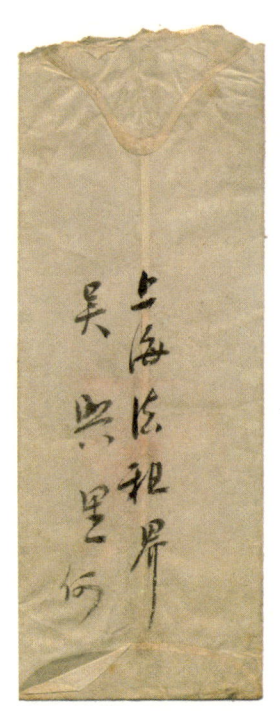 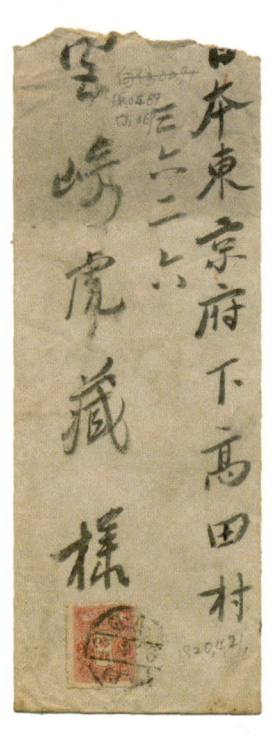

释读

拜启：

　　请进行之电报已于本日奉上，请先生速即来沪，至盼至盼。再十七日奉上一函，该内容之一切交涉，请勿发表，容后再商。即叩

滔天先生

晓柳

四月二十一

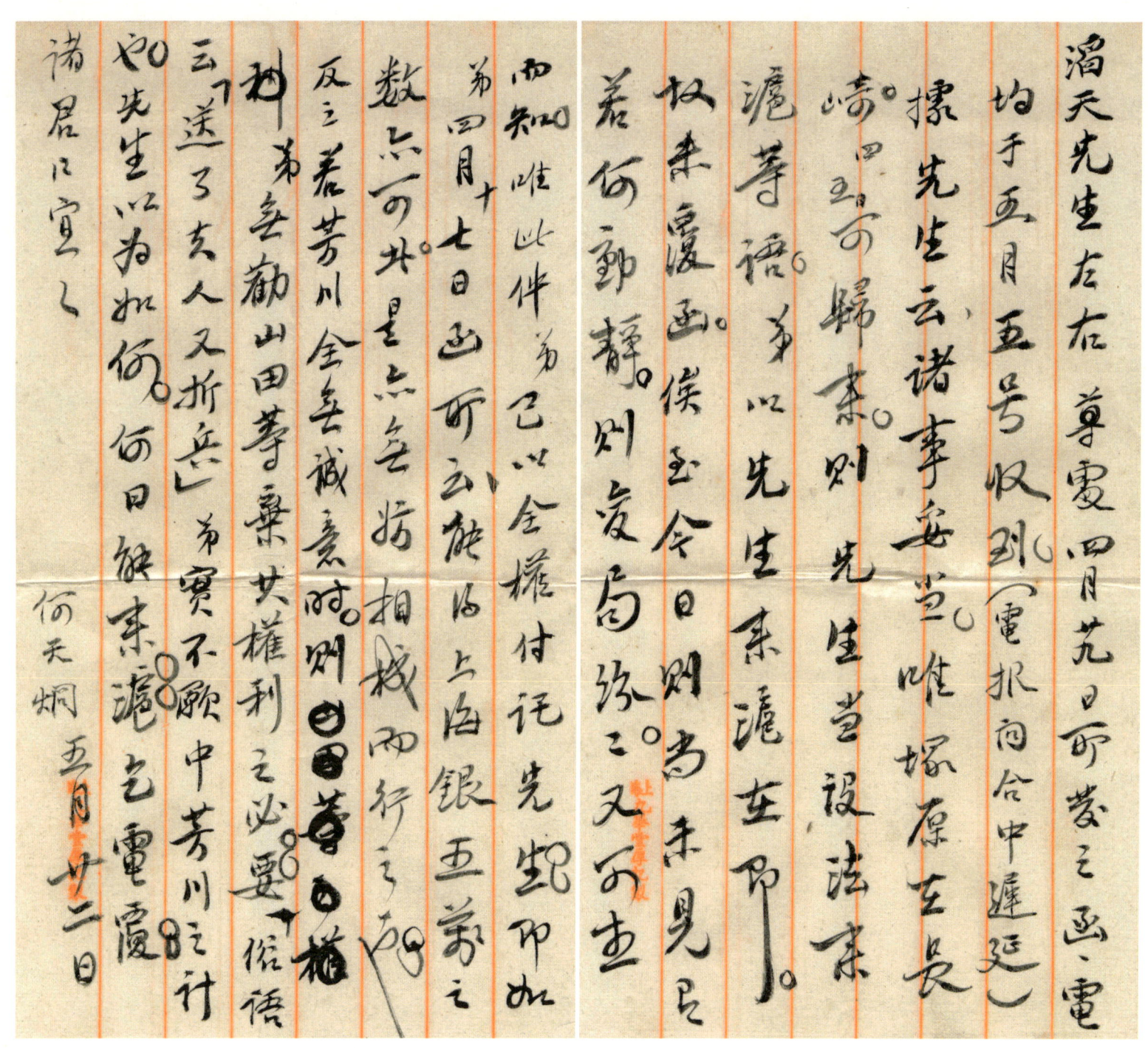

何天炯致宫崎滔天函（1920年5月22日）

 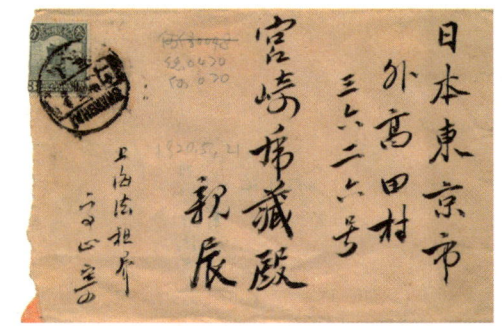

释读

滔天先生左右：

尊处四月廿九日所发之函、电均于五月五号收到（电报问合中迟延）。据先生云，诸事妥当，唯塚原在长崎，四五日可归来，则先生当设法来沪等语。弟以先生来沪在即，故未复函。俟至今日，则尚未见有若何动静，则变局纷纷，又可想而知。唯此件弟已以全权付托先生，即如弟四月十七日函所云，能得上海银五万之数亦可者，是亦无妨相机而行之也。反之若芳川全无诚意时，则弟无劝山田等弃其权利之必要。俗语云"送了夫人又折兵"，弟实不愿中芳川之计也。先生以为如何？何时能来沪？乞电复。

问候诸君。

何天炯
五月二十二日

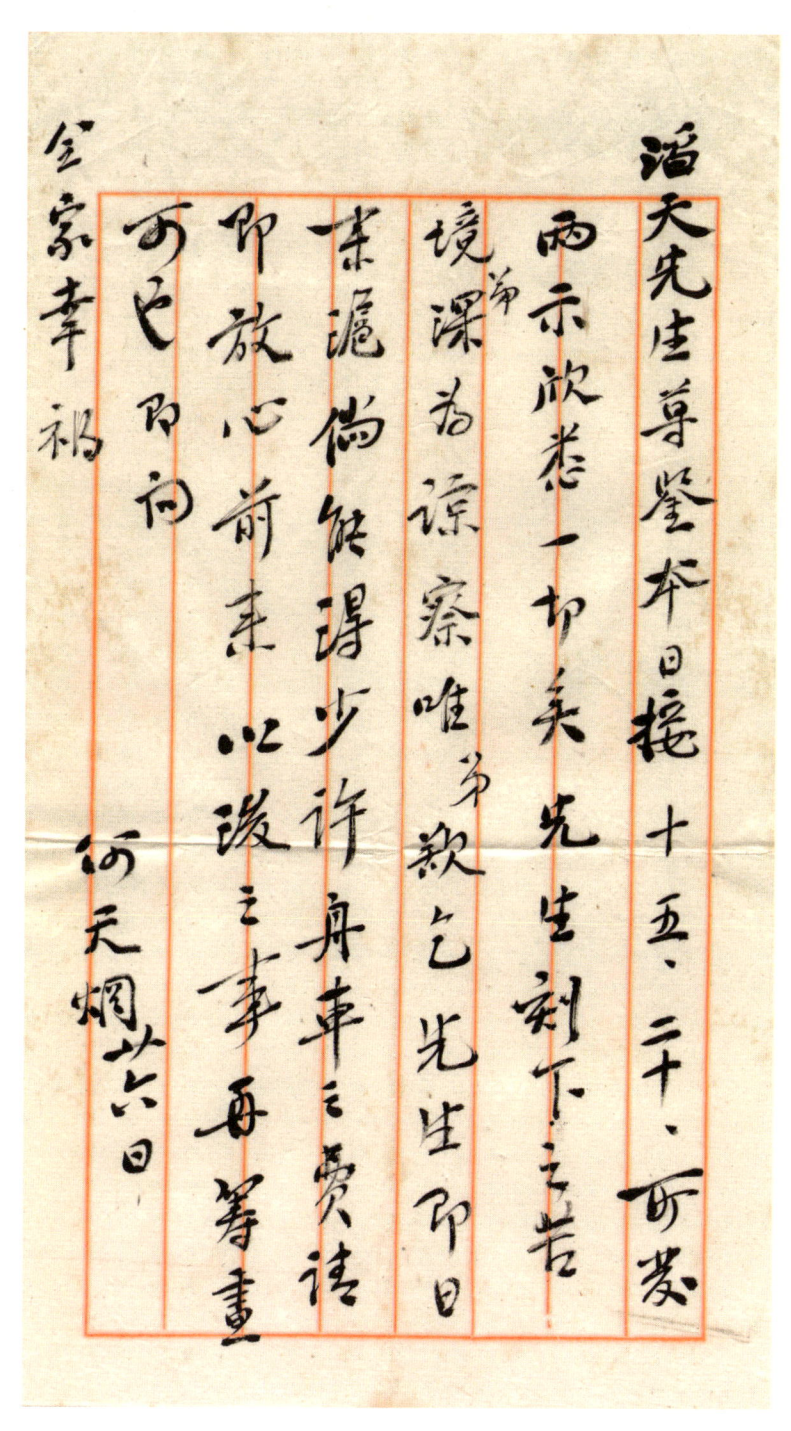

何天炯致宫崎滔天函（1920年5月26日）

宫崎滔天家藏民国人物书札手迹（第四卷）

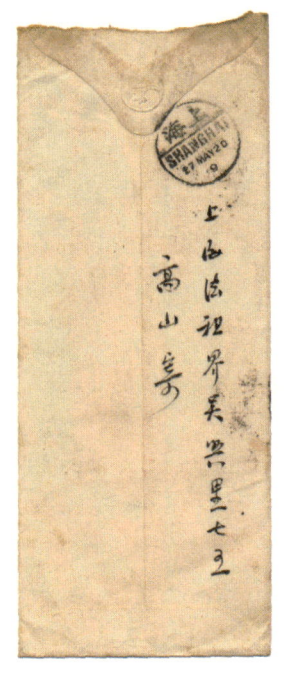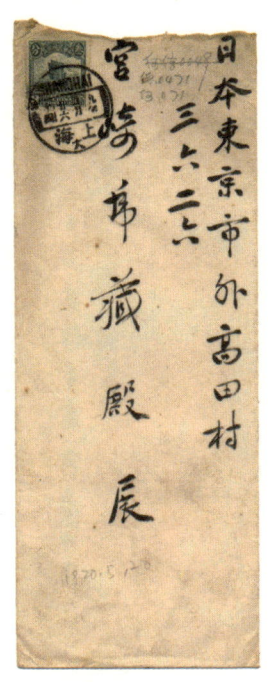

释读

滔天先生尊鉴：

　　本日接十五、二十所发两示，欣悉一切矣。先生刻下之苦境，弟深为谅察，唯弟欲乞先生即日来沪。倘能得少许舟车之费，请即放心前来。以后之事，再筹画可也。即问

全家幸福

何天炯

二十六日

滔天先生左右：捧六月一日函祗悉一切。唯弟披阅贵意至再至三，颇疑芳川之诚意不足。其远大之事业，芳川之所以不得不最低额于以于一时、弥缝三时减情于……又必须弟东来或派遣代表东来，皆君可也。重订契约之不可也。然东来重订契约而得最低额，则弟惟有决辞谢之耳。

且所谓最低额如果低至其何程度乎。于彼已不明言则弟不知。若低则日金一万不过下上价。以数千元而至于一万之权费，不过中银数千两而已。呜呼！以数千元之权费一个人之牺牲，山田芳川僕一田报拿要利，而芳川乃市僧之行为乎。今弟西退一步言之，两点观颜为之乎。若汤小款而能弥缝一时则弟亦乐为之也。然事实上已做不到则弟得。

彼迟交三万于山田为何意义先抑谈三万毋南谈铁山为闲像之计盘乎？如吕则弟不多言也。如吕别芳川此举主行动吕不慷慨耶人之意义无其跟到。至慷慨对于数人之言义。以何其践到可总之实出之一扶出之关。细拔其荷浚之言语结笠不二。总之此件交涉已甚良好之侯得，事勤分可用去此返之芳川立即迎着，官暂时放票之。候良好之结果。弟唯有约至彼与山田临原菩之金阔。庋之此件。

先生之若衷萱野兄之扶助弟唯感谢而已。
田之权利当然保留之特再声明。

弟炯 六月八号

再此函与芳川之交涉不进行则山西之遇间之必要。

宫崎滔天家藏民国人物书札手迹（第四卷）

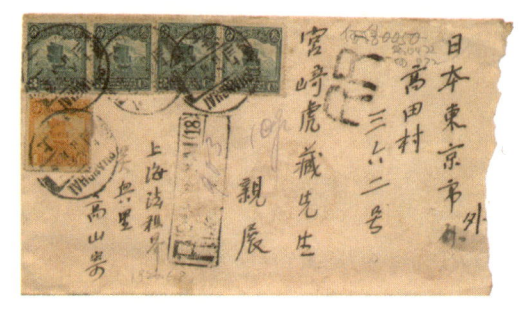

释读

滔天先生左右：

　　接六月一日函，祗〔祇〕悉一切。唯弟披阅贵书，至再至三，颇疑芳川之诚意，不足以共远大之事业。芳川云"暂先敷衍，以待何氏所能接受之最低额之时机……"又"必须弟东来"或"派遣代表"。夫弟东来可也，重订契约亦可也，然东来重订契约而得最低额之金钱，则弟唯有决辞谢之。且所谓最低额者，果低至若何程度乎？彼已不明言。则弟意度之，其数千円乎？其一万円乎？以刻下金价之低，则日金一万，亦不过中银数千而已。呜呼！以数千円之数，费一年之时日，又必牺牲山田等，使芳川一人独专其利，此乃市侩之行为。曾是悉膺贵族之芳川，而亦腼颜为之乎？今弟再退一步言之，若得小款而能弥缝一时，则弟亦颇乐为之也，然事实上已做不到。则弟得此小款，已无所用之。以云为维持生活费乎？则弟刻下每月尚得山田二百円之补助。纵令一时断绝，则弟亦不以个人生活之故，牺牲山田，使彼等笑吾目光之小也。反之，如果得中银五万以上，则弟可弥缝一切之外，尚可为少许之活动，成一直接间接有益该山之事业。诚如是，则弟必劝山田等谅吾苦衷，使让其权利于芳川。然问之良心，已痛苦不堪矣。颇闻芳川与山田之冲突，为一昨年［日文，意为前年］三万円之事件。今弟对于此事，略加评论，请先生为吾转告芳川可乎？今试问芳川，径交三万于山田，为何意义乎？为山田绍介报酬之费乎？想芳川不以为然也。然则芳川为资本家，弟则为山主人，彼径交三万于山田，为何意义乎？抑该三万円，与该铁山无关系之计划乎？如无之，则弟不多言也；如有之，则芳川此等之行动，有无蔑视鄙人之意义乎？然则彼对于山田何其慷慨，对于鄙人何其酷烈也。总之一年以来之交涉，弟细按其前后之言论，发见其无诚意之处甚多，今不一一抉出之矣。总之，此件交涉，已无良好之结果。弟唯有暂时放弃之，俟他日筹得二三万之款时，将弟部分所用出者，返之芳川，立即迫其废约。至彼与山田、塚原等之金钱关系如何，弟无过问之必要也。一年以来，先生之苦衷，萱野兄之扶助，弟唯有感谢而已。

　　再者，弟与芳川之交涉不进行，则山田之权利当然保留之，特再声明。

天炯

六月八号

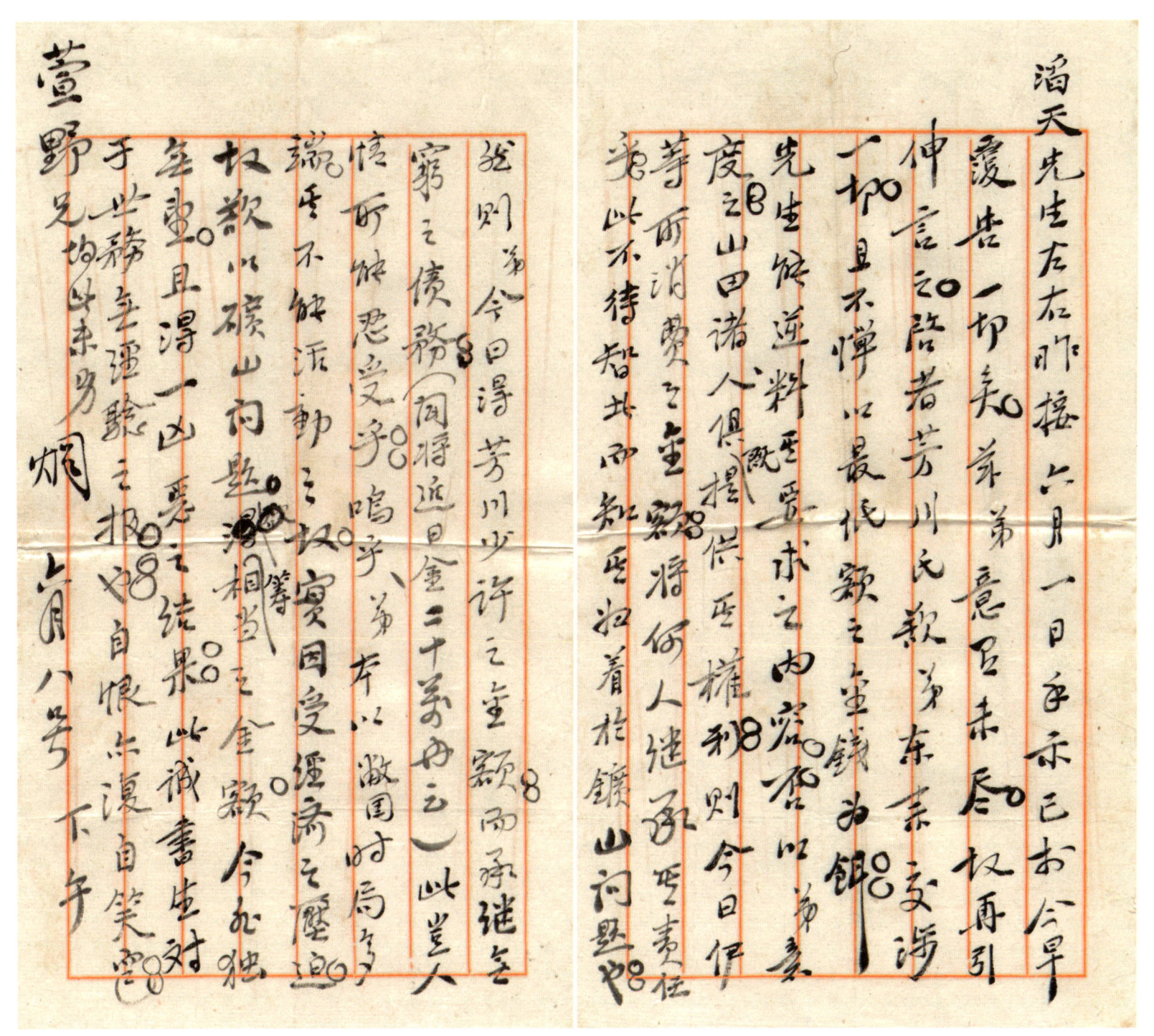

何天炯致宮崎滔天函（1920年6月8日）

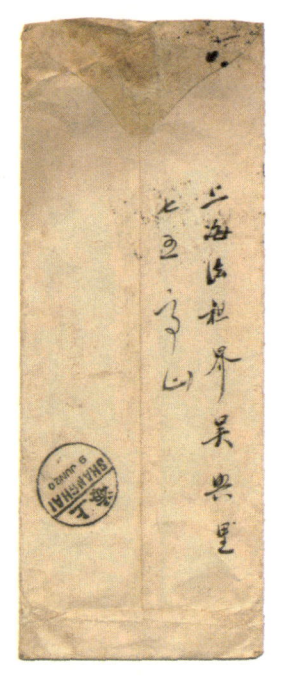
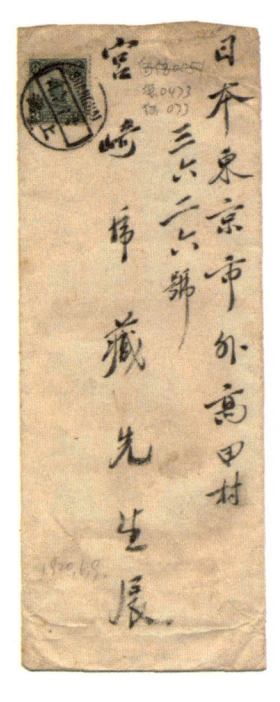

释读

滔天先生左右：

　　昨接六月一日手示，已于今早复告一切矣。兹弟意有未尽，故再引伸言之。启者：芳川氏欲弟东来交涉一切，且不惮以最低额之金钱为饵，先生能逆料其要求之内容否？以弟意度之，山田诸人俱既提供其权利，则今日伊等所消费之金额，将何人继承其责任乎？此不待智者而知其归着于矿山问题也。然则弟今日得芳川少许之金额，而承继无穷之债务（闻将近日金二十万円云），此岂人情所能忍受乎？鸣乎！弟本以敝国时局多端，其不能活动之故，实因受经济之压迫，故欲以矿山问题，筹相当之金额。今非独无望，且得一凶恶之结果，此诚书生对于世务无经验之报也，自恨亦复自笑而已。

　　萱野兄均此未另。

炯
六月八号下午

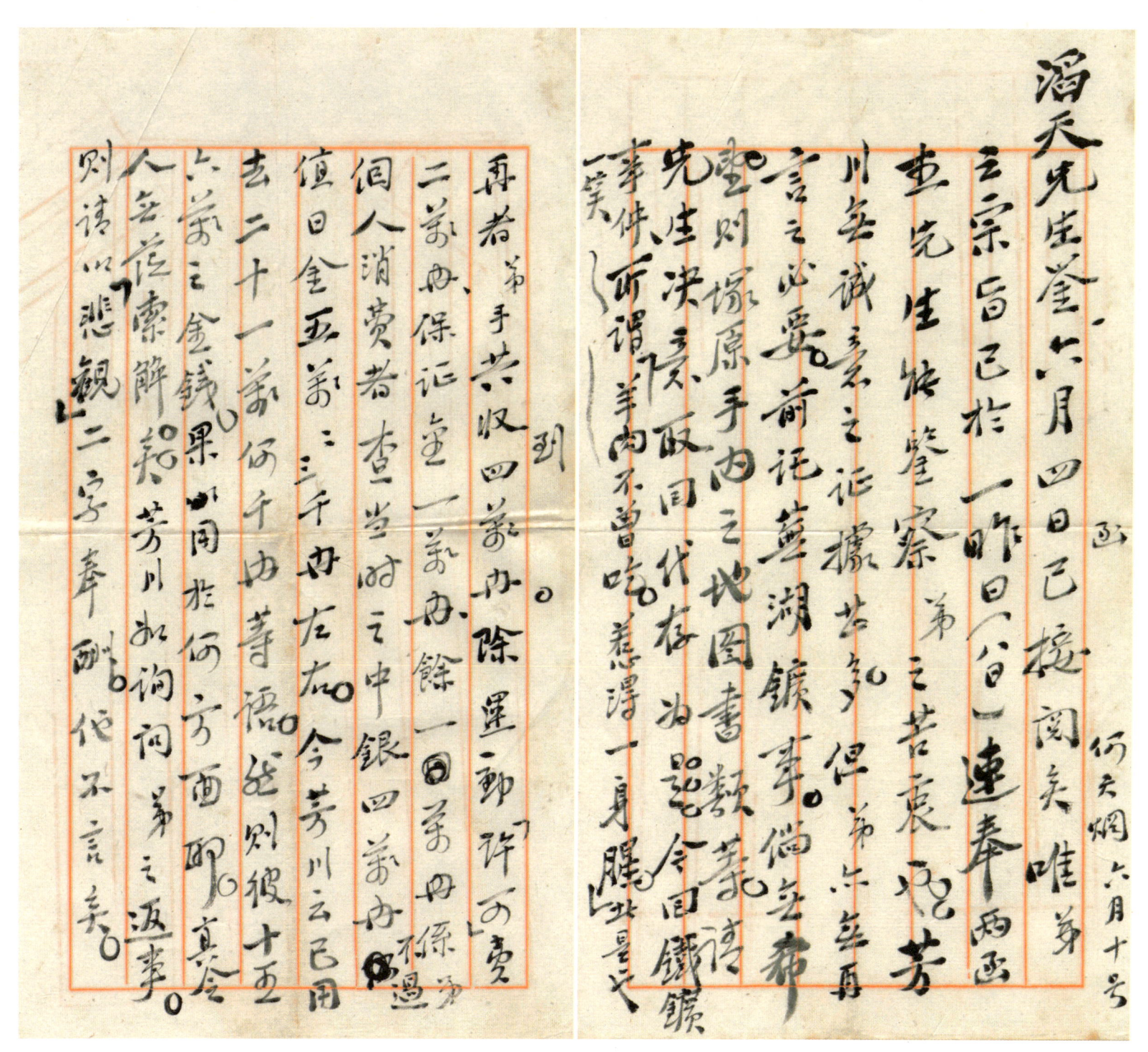

何天炯致宫崎滔天函（1920年6月10日）

宫崎滔天家藏民国人物书札手迹（第四卷）

 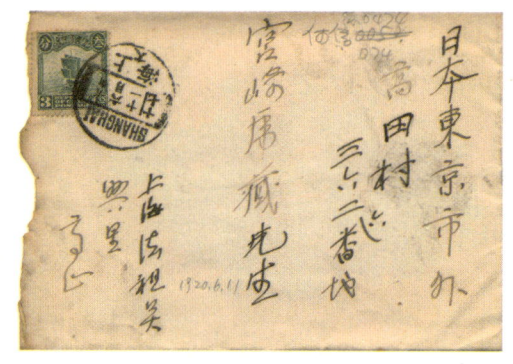

释读

滔天先生鉴：

　　六月四日函已接阅矣。唯弟之宗旨已于一昨日（八日）速奉两函，想先生能鉴察弟之苦衷也。芳川无诚意之证据甚多，但弟亦无有再言之必要。前托芜湖矿事，倘无希望，则塚原手内之地图书类等，请先生决意取回代存为是。今回铁矿事件，所谓"羊肉不曾吃，惹得一身腥"者是也，一笑一笑。再者，弟手共收到四万圆，除运动"许可"费二万圆，保证金一万圆，余一万圆系弟个人消费者。查当时之中银四万圆不过值日金五万二三千圆左右，今芳川云已用去二十一万伍千圆等语。然则彼十五六万之金钱，果用于何方面耶？真令人无从索解矣。芳川如询问弟之返事［日文，意为回复］，则请以"悲观"二字奉酬，他不言矣。

何天炯
六月十号

滔天先生左右 六月五号手示已於昨日接到。循诵再四。并见先生筹画之苦衷。感谢之、对芳川问题。即已连奉函、并於次弟收览、矣。揆弟愚见终觉芳川少些诚意。交涉一年之久、岂尽银行恐慌之时哉。即如老岁号人老父垂死之际。决不使动其毫末反之对於山田冢原等。则慷慨侠之消费且并不通知鄙人则鄙人之生亦实觉有所以蔑视鄙人格之嫌。此郵贾曰鄙人之意所以要保存山田等之权利者。以其消费大多。断不许其脱於此事而去。岂且爱之即以为何如铁路一件。弟六早已成算、唯谈山词题已无一些良好之结果则一波未平一波未起寔无趣兴之其事不就候哥人恐痛为之彼方要求之条件。不要。誓期其出资从至若何之程度。当不可不考虑之事也。专此即候

台宅平安 （壹野兄爱已另函道谢矣）

弟烱 六月十五

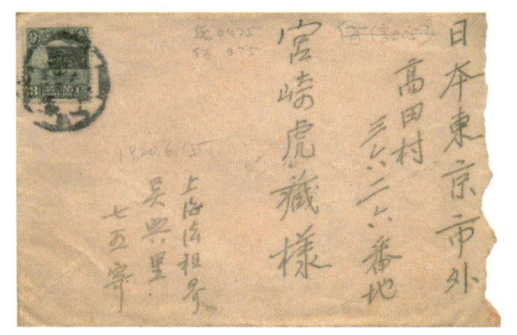

释读

滔天先生左右：

　　六月五号手示已于昨日接到，循诵再四，想见先生筹画之苦衷，感谢感谢。对芳川问题，弟已连奉两函，想亦可次第收览矣。据弟愚见，终觉芳川少些诚意，交涉一年之久，岂尽银行恐慌之时哉？即如旧岁鄙人老父垂死之际，亦不能动其毫末。反之，对于山田、塚原等，则慷慨使之消费，且并不通知鄙人，则有蔑视鄙人人格之嫌。鄙人之意，所以要保存山田等之权利者，以其消费大多，断不许其脱然无事而去，岂有爱之耶？以为何如？铁路一件，弟亦早有成算。唯该山问题，已无一些良好之结果，则一波未平，一波复起，实无趣味与之共事耳。就使鄙人忍痛为之，彼方要求之条件不至苛酷否？其出资能至若何之程度？皆不可不考虑之事也。专此即候

合宅平安

（萱野兄处已另函道谢矣。）

天炯

六月十五

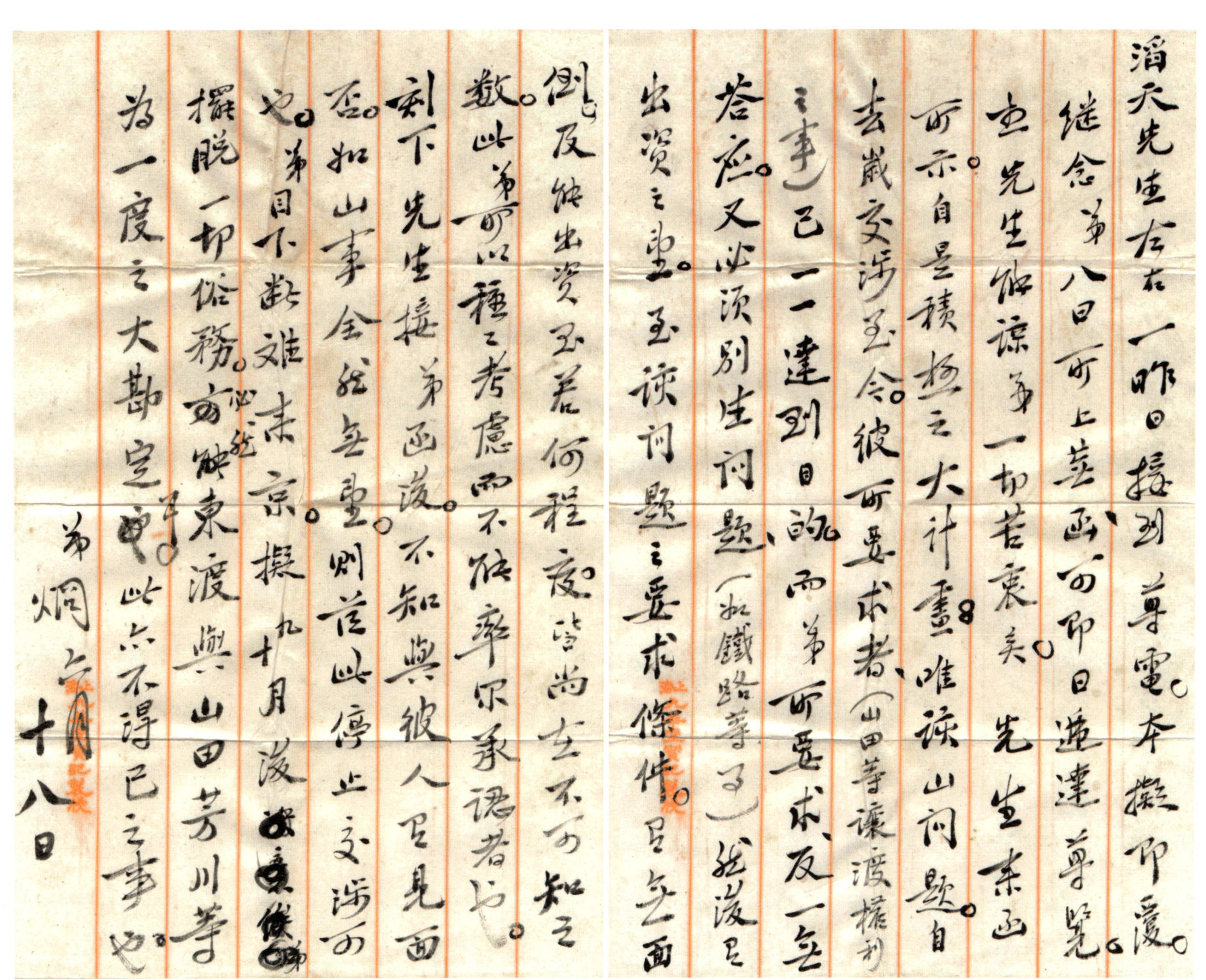

何天炯致宫崎滔天函（1920年6月18日）

宫崎滔天家藏民国人物书札手迹（第四卷）

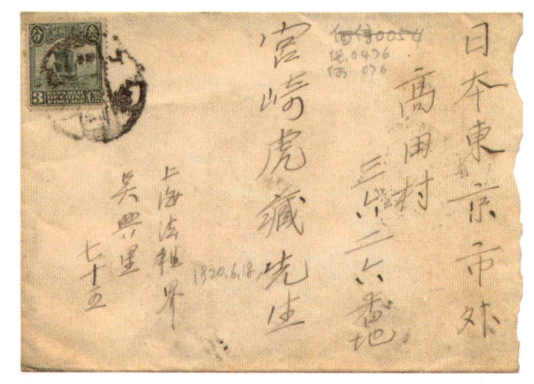

释读

滔天先生左右：

　　一昨日接到尊电，本拟即复，继念弟八日所上芜函，可即日递达尊览，想先生能谅弟一切苦衷矣。先生来函所示，自是积极之大计画。唯该山问题，自去岁交涉至今，彼所要求者（山田等让渡权利之事）已一一达到目的，而弟所要求反一无答应，又必须别生问题（如铁路等事），然后有出资之望，至该问题之要求条件，有无面倒[日文，意为麻烦]，及能出资至若何程度，皆尚在不可知之数，此弟所以种种考虑而不能率尔承诺者也。刻下先生接弟函后，不知与彼人有见面否？如山事全然无望，则从此停止交涉可也。弟目下断难来京，拟九、十月后摆脱一切俗务，必然东渡，与山田、芳川等为一度之大勘定[日文，意为结算]耳。此亦不得已之事也。

弟　炯
六月十八日

滔天先生左右前奉诺函。当均入览。嘱转致芳川一节。未奉彼对于弟之意见。何感觉也刚生欤先生为最后一度之报告。俱弟心中能瞭然于彼人之态度而下一最大之决心也。切盼多劳。激岛时局日趋混乱皖直两派终吕破裂之日而吾党行动自吕前辈主持。弟不敢过问也以鄂蒙度之。则日趋蹙落。可断言也。素行诸晨幸福

弟炯 七月九号

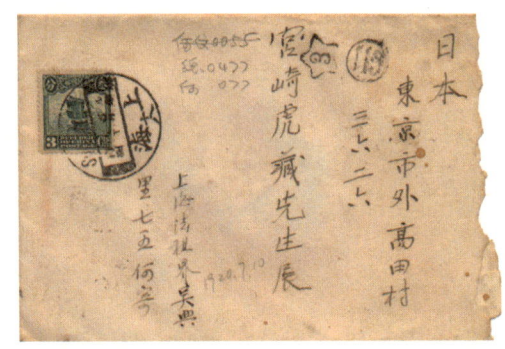

释读

滔天先生左右：

前奉诸函，想均入览。嘱转致芳川一节，未悉彼对于弟之意见有何感觉？甚愿先生为最后一度之报告，使弟心中能了然于彼人之态度，而下一最大之决心也。切盼切盼，多劳多劳。

敝国时局，日趋混乱，皖直两派，终有破裂之日。而吾党行动，自有前辈主持，弟不敢过问。然以鄙意度之，则日趋堕落，可断言也。奈何奈何。顺问

诸君幸福

天炯

七月九号

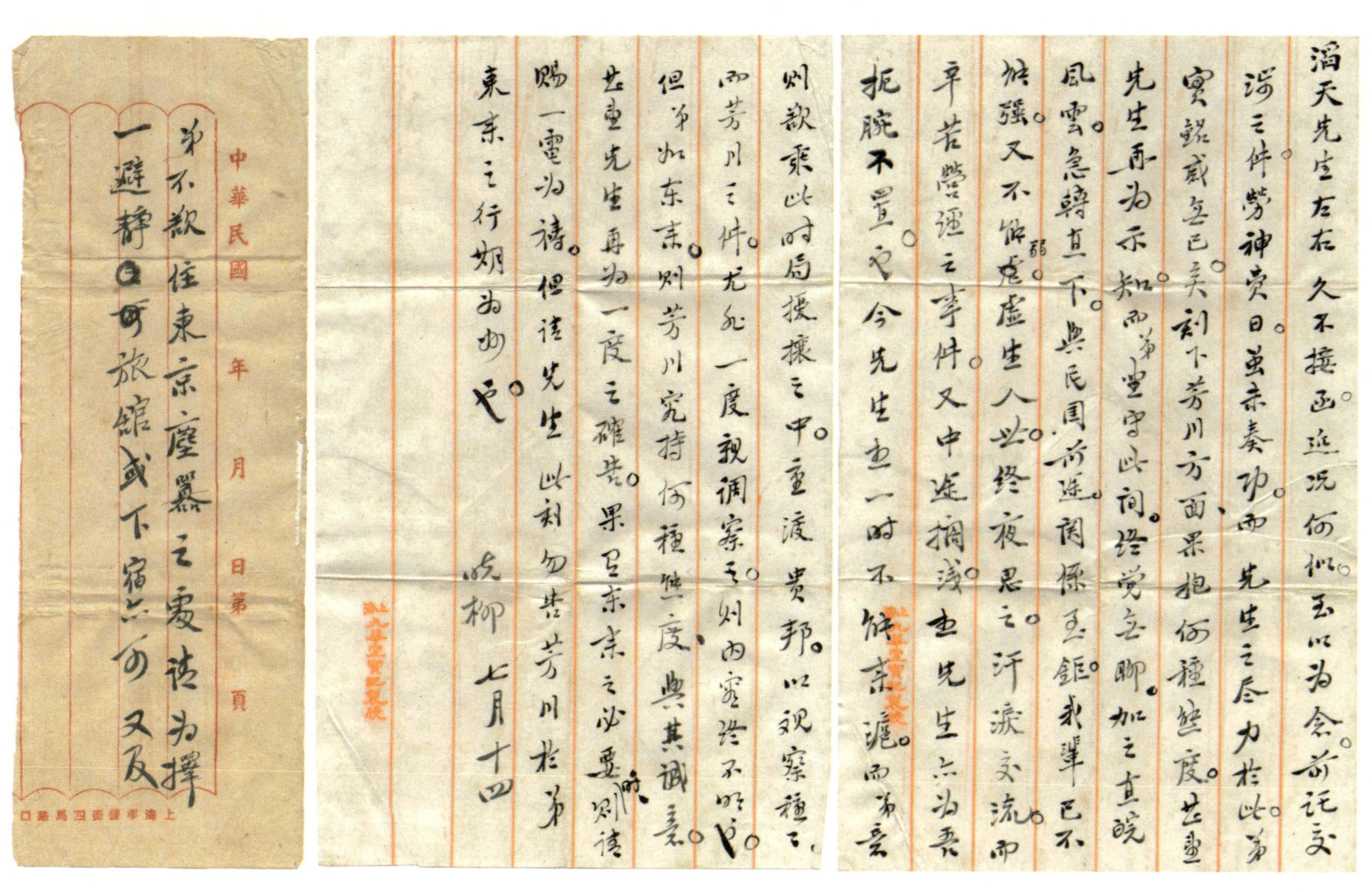

何天炯致宫崎滔天函（1920年7月14日）

宫崎滔天家藏民国人物书札手迹（第四卷）

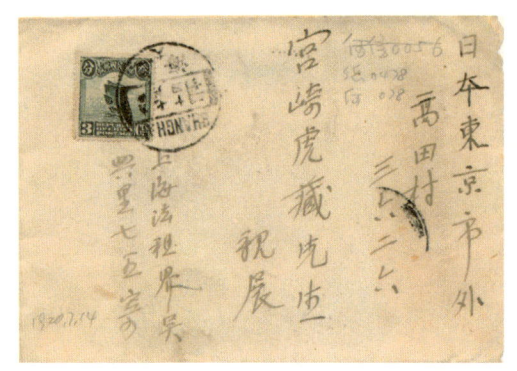

释读

滔天先生左右：

久不接函，近况何似，至以为念。前托交涉之件，劳神费日，虽未奏功，而先生之尽力于此，弟实铭感无已矣。刻下芳川方面果抱何种态度，甚望先生再为示知。而弟坐守此间，终觉无聊，加之直皖风云，急转直下，与民国前途，关系至巨。我辈已不能强，又不能弱，虚生人世，终夜思之，汗泪交流。而辛苦营经之事件，又中途搁浅，想先生亦为吾扼腕不置也。今先生想一时不能来沪，而弟意则欲乘此时局扰攘之中，重渡贵邦，以观察种种。而芳川之件，尤非一度亲调察之，则内容终不明也。但弟如东来，则芳川究持何种态度与其诚意，甚望先生再为一度之确告。果有东来之必要时，则请赐一电为祷。但请先生此刻勿告芳川于弟东来之行期为妙也。

弟不欲住东京尘嚣之处，请为择一避静旅馆或下宿亦可。又及。

晓柳

七月十四

滔天先生尊鉴：滬上今年酷暑袭人，弟因此困病数天。今日大雨始涼，心代滬上諸君幸，欲悲可云。滬上萌沈西云，弟不至大歎奔情，生是彼人之伊段或误辨，本不足置論。更何須問弟與先生之交情乎。唯是自舊歲至今，中間感多變幻，近則株式風潮迭出，人意之外，而芳川君目下之境遇、弟亦欲悉了解，請先生再代表弟意重為交涉，徒芳川君即滙日金弌萬为妙，以了弟目下一切之急務。其餘在前所要求三款項，僕芳川君銀根活動时始可再为實与や。

剂下接到郷中來函，家嚴自舊歲大病後，身體尚未復元故屢思弟等回家，以作遠役老年之人，應当再向先景權此交歎、牧祖此支涉，作遠了結。秋涼後些與回家不知先生屆時能否吾作四舍三遊手此量歪末滬上一投。

山田等之件，此刻当然不成問題，弟点頭合。

再諸貴邦與芳川君商量，總之弟與芳川君已肺腑相見，則遂早不難辦结起故不失敗之信果、僅不失敗則可謂與

段派失敗当然之多、早與民國前途无閱係孫跌落此点，表面云一革命當珠可喜、今失敗於此則民國多事や。

另付一画請贈芳川 弟 何柳欽啟 八月二号

释读

滔天先生尊鉴：

　　沪上今年酷暑蒸人，弟因此困病几天。今日大雨如注，心地清凉，适接来示，诸情欣悉。所云沪上菊池所云弟不要大款等情，想是彼人之手段或误解，本不足置论，更何能间弟与先生之交情乎？唯是自旧岁至今，中间几多变幻，近则株式风潮，殊出人意外。而芳川君目下之境遇，弟亦颇能了解。兹请先生再代表弟意，重为交涉，请芳川君即汇日金式万円，以了弟目下一切之急务。其余从前弟所要求之款项，俟芳川君银根活动时，然后再为实行也。刻下接到乡中来函，家严自旧岁大病后，身体尚未复元，故屡思弟等回家，以作清谈。老年之人，应当有此光景。故弟亟欲将此交涉作速了结，拟秋凉后，乘兴回家，不知先生届时能从吾作田舍之游乎？甚望亟来沪上一谈。

　　山田等之件，此刻当然不成问题。弟亦拟今冬再莅贵邦，与芳川君商量一切。总之，弟与芳川君已肺腑相见，则后事不难解结之也。多劳，不罪不罪。

　　段派失败，当然之结果也。倘不失败，则所谓与孙联络者，亦表面之事耳，与民国前途无关系也。今失败至此，则民国多一革命党，殊可喜之事也。另付一函，请交芳川君阅之。

晓柳敬启
八月二号

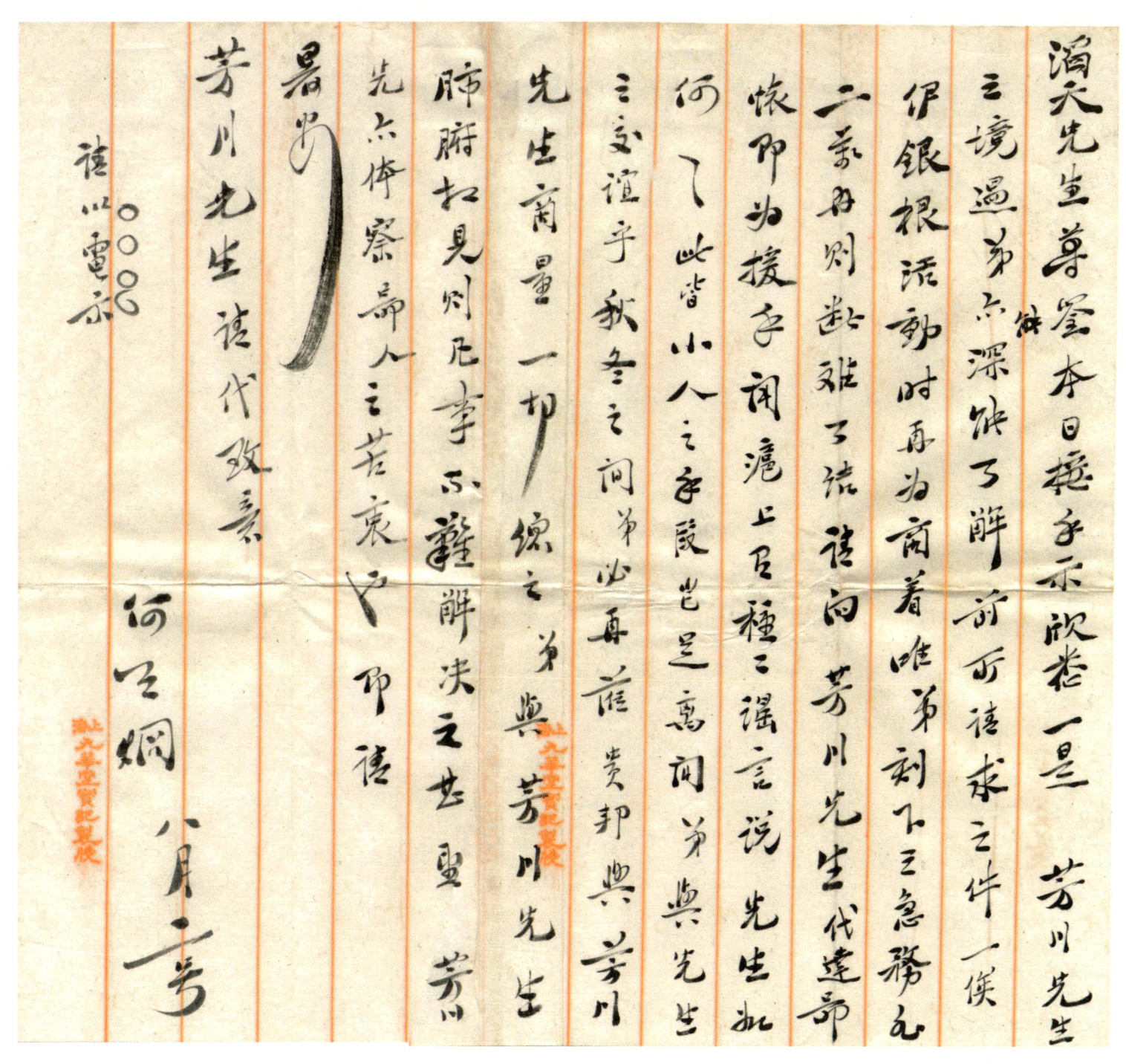

何天炯致宫崎滔天函（1920年8月2日）

释读

滔天先生尊鉴：

　　本日接手示，欣悉一是。芳川先生之境遇，弟亦深能了解，前所请求之件，一俟伊银根活动时再为商着。唯弟刻下之急务，非二万円则断难了结，请向芳川先生代达鄙怀，即为援手。闻沪上有种种谣言，说先生如何如何。此皆小人之手段，岂足离间弟与先生之交谊乎？秋冬之间，弟必再莅贵邦，与芳川先生商量一切。总之，弟与芳川先生肺腑相见，则凡事不难解决之，甚望芳川先[生]亦体察鄙人之苦衷也。即请

暑安

　　芳川先生请代致意。

　　请以电示。

何天炯

八月二号

滔天先生青鑒 本早曾奉一函，並可次第入覽矣。溽暑如火，查先生出入都市辛苦極矣。前函面陳，弟已鑒于財界之恐慌，不復如前執著，唯至低限致乞得二萬兩（申銀不過一萬三千餘兩）之度，則弟之陋境必已偶苟此而不可得，州芳川君之誠意亦可查而知。鐵路問題，弟實早至虞及，但次今冬回節詳以調查，始從著手。日來報上載巨南潮鐵道之說聞，此事由密如察何，望先生詳細調查云，何又反正以上部像，八月二日下午

 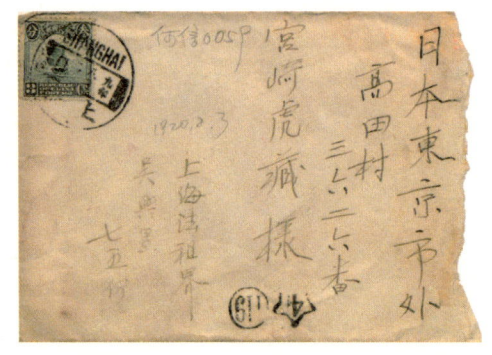

释读

滔天先生青鉴：

　　本早曾奉一函，想可次第入览矣。溽暑如火，想先生出入都市，辛苦极矣。前函所陈，弟已鉴于财界之恐慌，不复如前之执着，唯至低限数，非得二万円（中银不过一万三千余元）之度，则弟之厄境，必有加无已。倘并此而不可得，则芳川君之诚意，亦可想而知耳。铁路问题，弟实早有虑及，但须今冬回乡详为调查，然后着手。日来报上载有"南潮铁道"之新闻，此事内容如何，望先生详细调查之。切嘱切嘱。

何又及
八月二号下午

滔天先生左右 今早接手示 备承覆意 兄未尽此为第三械

兄弟之初意、本欲排苦难而东来。现下之种种事件

可牵连大吕不能脱然东渡之感。如芝湖现欲求此了结之法。

倘不致十分损害则决然票之以穷极书生作辛业

也。其诸可谓癞蛤蟆吃天鹅肉也一笑。弟对于芳川

三其诸可谓癞蛤蟆吃天鹅肉也一笑。弟对于芳川

二蒙为之话求、亦不致十分之望或别生问题以难吾倘彼承

谈第之要求而又欢喜焉。萧人设之件时唯为诸先生来

沪一行、以为彼此传达之机阅此等辛苦之兼务望先生

恒此许诺之也即叩。

词

再者东亚同文会员新出版之支那运输调查一

書 此書册散何须价虽许、内容完善否诺辞、

归就介君为我调查之

再关于统治朝鲜台湾之详细书籍(如行政等方

面)当以何共为善、尚望详示切祷

皆样宜之

弟三函

弓炯 八月二号 映

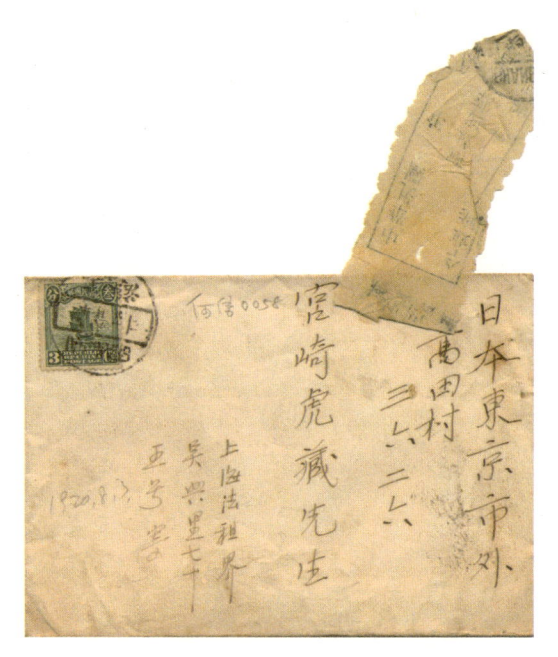
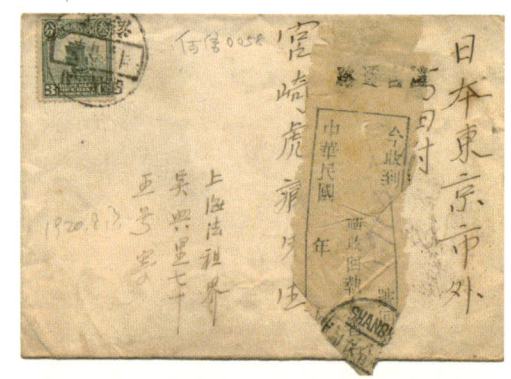

释读

滔天先生左右：

今早接手示，仓卒奉复，意有未尽，此为第三缄矣。弟之初意，本欲排万难而东来，然弟刻下实为种种事件所牵连，大有不能脱然东渡之感。如芜湖矿事，现亦求一了结之法，倘不致十分损害，则决然弃之。以穷极书生，作整兴实业之想，其谚所谓"癞虾蟆想吃天鹅肉"也。一笑一笑。弟对于芳川二万圆之请求，想不致十分无望，或别生问题以难吾。倘彼承诺弟之要求而又有欲与鄙人商谈之件时，则唯为请先生来沪一行，以为彼此传达之机关。此等辛苦之义务，尚望先生慨然许诺之也。切叩切叩。

再者，闻东亚同文会有新出版之《支那经济调查》一书，此书册数几何？须价几许？内容完善否？请转嘱龙介君为我调查之。

再关于统治"朝鲜"、"台湾"之详细书籍（如行政等方面）当以何者为善？亦望详示。切嘱。

向诸位问好。

天炯

八月二号 晚

敬啓 今早接 先生六日来示欣悉現已東回今師得慶如藥尤奉策之望中前月廿一日奉上一函諒照 先生可嘆景弟之宗旨已昭白爽快　　　　　　　　　　　　之前途矣出邀辭矣廣東尼雲日急一日此番直可得乎家鄉去聖憂交集久羅水火之粤民天理循環定能脱緣林匪酷虐之治政也（孫公之狂喜如小孩得了玩具弟刻下要欲回鄉惟此件未了則不能脱絕通知令而又不能東来以求早日解決則唯有將此交渉（為芳川交渉）之全權付記先生着先生能来滬一行大歡迎之也忽勿向

合宅平安

何天烔 九月六号

何天炯致宫崎滔天函（1920年9月6日）

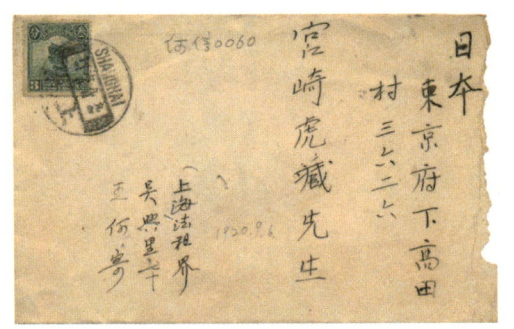

释读

敬启：

今早接先生廿八日来示，欣悉现已东回，令姊得庆勿药，尤奉贺之至也。前月廿一日奉上一函，系照先生所嘱。是弟之宗旨，已明白爽快，想前途亦无甚遁辞矣。广东风云，日急一日，此番想可得手。家乡在望，喜忧交集，久罹水火之粤民，天理循环，定能脱绿林酷虐之政治也（孙公之狂喜，如小孩得了玩具）。弟刻下亟欲回乡，唯此件未了，则不能脱然通身，而又不能东来，以求早日解决，则唯有将此交涉（与芳川交涉）之全权付托先生。若先生能来沪一行，尤欢迎之至也。即问

合宅平安

何天炯

九月六号

滔天先生尊鉴，惠书欣悉。屡访芳川皆尚未一面，揣先生推察，柳芳川果不在宅，或有意规避耶。弟意规避，是前途无事，无可希望之意，不足可虑。今忽又中变，其不顾一已之信用，果至此哉。且远隔江其中情形未能知悉。语先生确实告我为祷。今日去咸亥端至合芳川所要求者，弟已一一应先令中又芳川所要求者，菊亦不但自去咸亥端至合芳川所要求者，但自

菊池氏来故宅据云自下月（十月）起、先生（即弟也）云云或者再补助费不能不中断云之。弟诘以何故彼取还。云现僅存六百冊。又为赤平氏用去未他取還。是以没乎法子云。弟間言之下憫残久之不能置一詞。蓋山田氏已如此。代不足論耳。據本日关港未電惠州即時可匕陷落虎門要塞已归民軍掌中。果尔則广东事可大定矣。广东定則局面又大可活動。弟归心之急不可言，状如何。请足以示我。炯九月十九

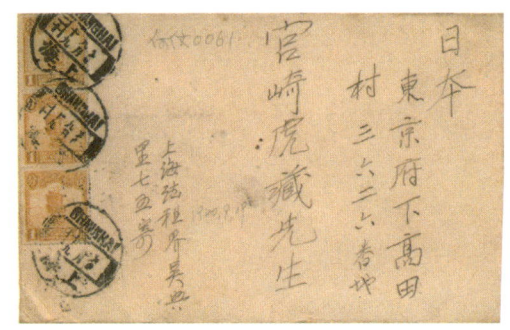

释读

滔天先生尊鉴：

惠书欣悉。屡访芳川，皆尚未一面。据先生推察，抑芳川果不在宅，或有意规避耶？如有意规避，是前途之事，无可希望，亦无可奈何之事也。但自去岁交涉至今，芳川所要求者，弟已一一应允，今忽又中变，其不顾一己之信用，果至此哉？弟远处申江，其中情形未能知悉，请先生确实告我为祷。今日菊池氏来敝宅，据云自下月（十月）起，先生（即弟也）之式百円补助费，不能不中断云云。弟诘以何故，彼云现仅存六百円，又为赤平氏用去，未能取还，是以没有法子云。弟闻言之下，悄然久之，不能置一词。盖山田氏已如此，他不足论耳。据本日香港来电，惠州即时可以陷落，虎门要塞，已入民军掌中。果尔，则广东事可大定矣。广东定，则局面又大可活动。弟归心之急，不可言状。如何，请有以教我。

炯

九月十九

敬启者，昨悉询对于芳川取如何手段云云。弟远在海上，芳川延日情形，殊难明白，且谈件特托先生与彼交涉，已经一年之久。则芳川之实在内容，唯先生知之最详。今彼忽然避面不见，且毛纸

点无还事。殊为不近人情，以弟意度之，则不过不肯出资而已。何乃至应酬之礼节，亦不讲耶。先生曾云彼是一个商人，谓势利不讲信义，然则弟只付之奈何而已。

废约一节。弟亦已决但彼不允，第弟亦无别法对付之奈何，再共商不得已时，或废约、或使之出资。弟若亲身东来，有许多费神调停烦扰何育耶。

时弟亦无别法对付之奈何，再共商不得已时，或废约、或使之出资。弟若亲身东来，有法不忍也。
滔天先生

弟炯

再共来函执信已死于虎门炮台内无革命党又的一个知素何，如宝则民党拿广东大局成矣。然西地盘稳立，南北之天下事正未可量也。

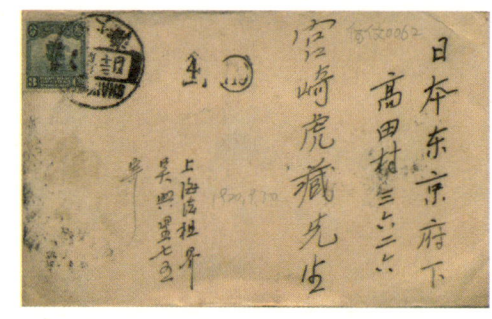

释读

敬启：

惠书欣悉。承询对于芳川取如何手段云云，弟远在海上，芳川近日情形，殊难明白。且该件特托先生与彼交涉，已有一年之久，则芳川之实在内容，唯先生知之最详。今彼忽然避面不见，且手纸 [日文，意为信函] 亦无返事 [日文，意为回复]，殊为不近人情。以弟意度之，则彼不过不肯出资而已，何乃至应酬之礼节亦不讲耶？先生曾云，彼是一个商人，讲势利不讲信义，然则弟亦付之奈何而已。

废约一节，弟亦甚有决心，但彼不允时，弟亦无别法对付之，奈何奈何。

滔天先生

天炯

再者，万不得已时，或废约，或使之出资。弟若亲身东来，有好法子否？乞一报。

请费神调查芳川对弟东来时之感情如何。再嘱再嘱。

再者，朱君执信已死于虎门炮台内矣。革命党又弱一个矣。奈何奈何。广东大局如定，则民党地盘确定，南北之局成，天下事正未可量也。

滔天先生道鉴，昨书当早入览，芳川避面无可奈何，弟刻下又无解约之能力（消费之金额如无着落，则彼不肯破约）据山田对芳川之报告，则事务可仍旧办若干三，於此间之菊池沈则现存金六百円，为赤平澄用不能取回，故自十月份起，弟之补助金完全取消云，此是金全方来何之事也，天下不平无可奈何之事也，兄正多之矣。

芳川之事，已无善法，请先生点代弟一番究知。

不宜 ——

弟可谋蓥湖煤鑛，问锺技师泽村氏调查精确。

呈详细之报告书，但刻下彼等已与此山脱离关係，

弟曾向龟井氏之取此书，彼意不甚首肯，

而又言已交于先生处云。

参考之资料，诸先生谅焉。

先生惠寄一份焉，曩日间曾见及许又铭氏谈及鑛务

则云必发书于先生转寻台湾欹某商呈，但欹氏在

京否不可得而知，此点缓不济急之事也，卯候

阁潭诸吉 茂藏先生左京恳请代致意

何天炯四号

释读

滔天先生鉴：

鄙书想早入览。芳川避面，无可奈何，弟刻下又无废约之能力（消费之金额，如无着落，则彼不肯破约）。据山田对芳川之报告，则事务所仍有金若干云云。然此间之菊池则云"现存金六百円，为赤平滥用，不能取回，故自十月份起，弟之补助金项完全取消云云"，是亦无可奈何之事也。天下不平，无可奈何之事亦正多多也。芳川之事，有无善法，请先生亦代弟一考究之。不罪不罪。

弟所谋芜湖煤矿，闻经技师泽村氏调查精确，有详细之报告书，但刻下彼等已与此山脱离关系。弟曾向龟井氏乞取此书，彼意不甚首肯，后虽首肯，而又言已交于先生处云云。弟今欲得此报告书为参考之资料，请先生谅焉。如无差支之事，请先生惠寄一份焉。日间曾见及许又铭氏，谈及矿务，则云必发书于先生转寻台湾颜某商量，但颜氏在京否不可得而知，想此亦缓不济急之事也。即候

阖潭清吉

民藏先生在京否？请代致意。

何天炯

四号

滔天先生鉴：奉书欣悉关芳川之件深劳赞助，唯其结果终必出于无希望之途而已。此发将放弃此行，甚以先往憎心跃之烦懑之意先生必赞成之也。（山田掳原侧主不设之到）

第三芸湖镇区，据龟井兄特述，泽村氏之言云：支那之镇山固年代久远，大底镇床深浅不一，故工作较为困难。惟此镇（即芸湖之镇）则出乎平坦，与日本的无大差别。故虽资少燻烟大，而镇区易于工作，轻重西权得失相抵。我日人视之余殊有憾云。又云：支那镇山主富到豪杳，见故不甚重视云。若我日本如吕此镇（即芸湖镇）其价值可抵百寿内之！！以乃龟井私对第三述言。（言时共责甚细，恐恐人闻之也）此今泽村在先生零之报告别舆此极其欲言之。我辈对于此道全是门外汉，一任技师之播弄，亦无可如何。

最近弟托庞东湿技师（伦敦大学毕业生）到山调查其报告云：镇匠平坦，其工作较代镇为易。女曾喻其作一简工计划表另抄奉阅。

裏作岸之友如吕耀突永之事业会，最近上海镇价日增且镇山外六七善策，欧西消售真绝大之利源。（支那煤运往西欧，供其消费，今回为破天荒之事。）现国有西支耶内坑邑供不忍求之势。国之其便日激有豪刻下之实业名过煤镇诸先生曾参属顷向荒之事。
全家幸祉

何天炯

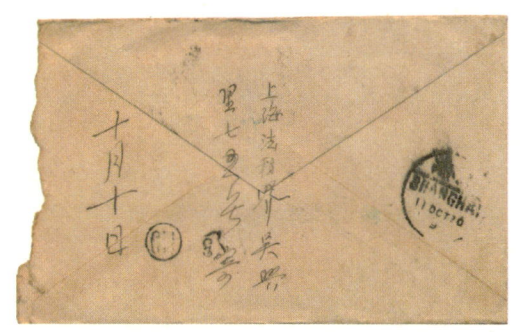 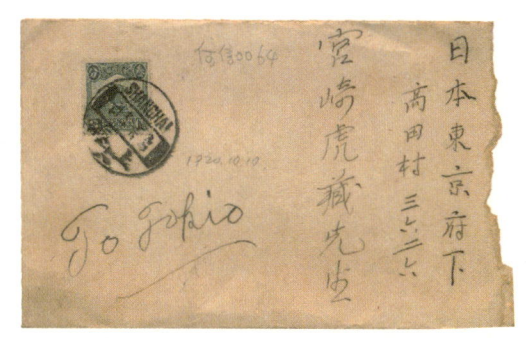

释读

滔天先生鉴：

惠书欣悉矣。芳川之件深劳臂助，唯其结果总必出于无希望之途。弟此后将放弃此问题，以免徒憎〔增〕心头之烦恼，想先生必赞成之也（山田、塚原等俱在不谈之列）。

弟之芜湖矿区，据龟井兄转述泽村氏之言云："支那之矿山，因年代久远，大底〔抵〕矿床深浅不一，故工作较为困难。唯此矿（即芜湖之矿）则甚平坦，与日本的无大差别。故虽煤质少嫌烟大，而矿区平坦，易于工作。轻重两权，得失相抵，我日人视之，亦殊有价值云"。又云："支那矿山丰富，到处皆有发见，故不甚重视之。若我日本如有此矿（即芜湖矿），其价值可抵百万円云云。"此乃龟井私对弟之述言（言时其声甚细，若恐人有闻之者）也。今泽村在先生处之报告，则与此相反，大抵泽村失败之后，立言反复耳。总之我辈对于此道，全是门外汉，一任技师之播弄，亦无可如何也。最近弟托广东温技师（伦敦大学毕业生）到山调查，其报告亦云，矿区平坦，其工作较他矿为易。弟曾嘱其作一开工计划表，另抄奉阅。

震作君之友如有志确实永久之事业，舍矿山外亦无善策。最近上海煤价日增，且渐渐运往西欧消〔销〕售，真绝大之利源也（支那煤运往欧西，供其消费，今回为破天荒之事，现仅运往十余万吨，而支那内地，已呈供不应求之势，因之其价日涨）。弟意刻下之实业，无过煤矿，请先生留意焉。顺问

全家幸福

何天炯

右表奉上開採煤礦預算表請為
查察據此表則得十萬金即可開此礦乃除
開消外其餘利益每月可得三四萬六千元
其獲利之厚真出人意外美此表為友人工
學士潘君所計畫傑甚負責任之言諸先
生垂色已志願此業共君如單倍歉閣係則
尤歡迎也

英國工學士溫少璠

開採安徽寧城縣茶村煤礦計畫書
豎坑長十二尺,濶六尺,深三十丈 ㊀坑分三部
二部為搬運,一部別為通氣及裝置
打水管二用

開鑿費   洋六千元也

斜礦 六尺、四尺、深三十丈 左工人上下等之用

開鑿費   洋六千元也

銅絲繩 大小五根   洋六百元也
裝煤籠車 四部   洋二百元也
起重木架 一座   洋五百元也
起重機 一座   洋一千五百元也
開鑿費   洋六千元也

鐵管 甲二尺五寸 三十五丈 五十二寸 二十二丈   洋一千五百元也
煙囪 六丈一尺半 一個 洋五千元也
鍋爐 二十尺、六尺半 一個 洋八千元也
裝置費   洋一千元也
搬運費   洋一千元也
零星鐵器   洋一千五百元也

打水栈   洋壹千五百元也
打凤機 风扇引擎 大二匹、小一匹 洋二千元也

坑道預備費   洋三千元也
廠屋建造費   洋二千元也
預備金   伍千元也

共計三萬八千八百元也

释读

滔翁再鉴：

兹奉上开采煤矿预算表，请为查察。据此表则得十万金即可开办，乃除开消〔销〕外，其余利至每月可得三万六千円，其获利之厚真出人意外矣。此表为友人工学士潘〔温〕君所计画，系负责任之言，请先生物色有志愿此业者否，如单借款关系，则尤欢迎也。

英国工学士温少璠
开采安徽宣城县蔡村煤矿计划书

竖坑（长十二尺，阔六尺，深三十丈。坑分三部，二部为转运，一部则为通气及装置打水管之用）	
开凿费	洋　六千円也
斜窟（六尺，四尺，深三十丈，为工人上下等之用）	
开凿费	洋　式千円也
起重机（一座）	洋　式千五百円也
起重木架（一座）	洋　五百円也
装煤笼车（四部）	洋　式百円也
钢丝绳（大小五根）	洋　六百円也
打风机（风扇引擎）	洋　式千円也
打水机（大二座、小一座）	洋　壹千五百円也
锅炉（二十尺，六尺半，二个）	洋　八千円也
烟囱（六丈一尺半，一个）	洋　五百円也
铁管（四寸五十丈，三寸五十丈，五寸二十丈，二寸一百丈，寸半一百丈）	洋　一千五百円也
零星铁器	洋　一千五百円也
搬运费	洋　一千円也
装置费	洋　一千円也
坑道预备费	洋　三千円也
厂屋建造费	洋　式千円也
预备金	伍千円也
	共计三万八千八百円也

每月開支預算表

支架木　　　　　　洋四百五十员や
棧道修理費、　　　洋一百员や
機器油紗費、　　　洋一百卌员や
坑道延長費　　　　洋叁百卌员や
測量繪圖費　　　　洋五十员や
坑夫救恤費、　　　洋四十员や
衛生費、　　　　　洋一百员や
醫生及警察費、　　洋一百员や
旅用及雜用　　　　洋貳百员や
各項稅金　　　　　洋九百员や
官利八厘　　　　　洋三吉六十员や
總行開支及办事員薪金　洋六百员や
（上海、莖湖）

鑛地工費、及办事員薪金　洋四千员や
由鑛地至水東運費　洋四千零五十员や
由水東至莖湖運費　洋六千七百五十员や
以上每月共支出洋壹萬八千员や

每月收入預算表

每日出煤約壹百五十噸　莖湖價塊、屑平均每噸十二员や
每月出煤四千五百噸　洋五萬四千员や
除每月開支外餘利洋三〇,〇〇〇
但開工三個月後方可各日出煤一百五十噸又須

释读

每月开支预算表

支架木	洋	四百五十円也
机器修理费	洋	一百円也
机器油纱费	洋	一百円也
坑道延长费	洋	叁百円也
测量绘图费	洋	五十円也
坑夫救恤费	洋	四十円也
卫生费	洋	一百円也
医生及警察费	洋	一百円也
施用及杂用	洋	式百円也
各项税金	洋	九百円也
官利八厘	洋	二百六十円也
总行开支及办事员薪金（上海、芜湖）	洋	六百円也
矿地工人费及办事员薪金	洋	四千円也
由矿地至水东运费	洋	四千零五十円也
由水东至芜湖运费	洋	六千七百五十円也
以上每月共开支	洋	壹万八千円也

每月收入预算表

每日出煤约壹百五十吨（芜湖价，块、屑平均每吨十二円也）	洋	壹千八円也
每月出煤四千五百吨	洋	五万四千円也

除每月开支外，余利洋三万六千円也

但开工三个月后，方可每日出煤二百五十吨，又志。

滔天先生尊鑒：本日晤中山先生，擴之前有兩函奉詢足下（節先生），唯至今未見覆音，特囑弟順便轉詢。弟至廣東局面已晤次歸入吾黨範圍，中山先生擬二週內即偕鹿伍兩君返粵，擬將廣日軍府維持現狀，然後逐漸改良，以圖發展，此實辛亥以來未有之機會，如之一般普通之思想六頗呂覺悟，以為北京已完全沒有希望，則南部同人當然獨立以圖存。弟業亦頗辣辛。六至於如何中某中山先生之意擬俟返粵後繼續致港，即遣弟東渡與貴國朝野人士共商東亞大局之前途。弟維家之李先呂內政、外交、吾黨如果呈堅固之團體，則世界之軍移豈獨日本。

通之思想六頗呂覺悟，以為北京已完全沒有希望，則南部同人當然獨立以圖存。弟業亦頗辣辛。

故弟擬即日返粵，觀察各方面之情形，或補救或開展，然後再定行止。中山先生亦以為然。故弟一週後擬即返汕頭，經此後直下廣州，東京一切情形此後甚先生隨時下告，殊切盼之。唯此李未先事實言前諸先生命雨蒸云人說及否，別諸公私無巹去先生章玄言料中。

弟示諸仍寄上海所屬之嵩
  弟天烱十四号

宫崎滔天家藏民国人物书札手迹（第四卷）

 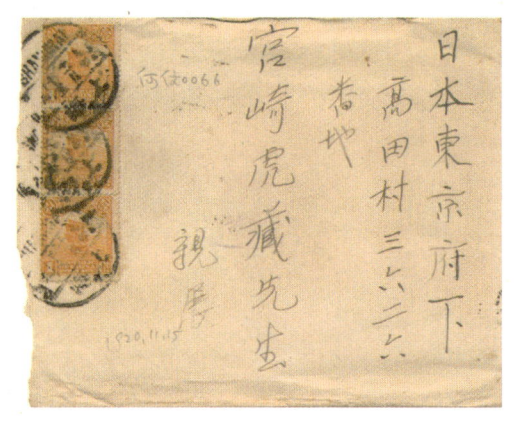

释读

滔天先生尊鉴：

　　本日晤中山先生，据云前有两函奉询足下（即先生），唯至今未见复音，特嘱弟顺便转询，有无收到。兹广东局面，已暂次归入吾党范围，中山先生拟二周内即偕唐、伍两君返粤。拟将旧日军府维持现状，然后逐渐改良，以图发展。此实辛亥以来，未有之机会。加之一般普通人之思想，亦颇有觉悟，以为北京已完全没有希望，则南部同人，当然独立以图存。事业虽颇艰辛，亦无可如何也。兹中山先生之意，拟俟返粤后，组织稍有头绪，即遣弟东渡，与贵国朝野人士，共商东亚大局之前途。弟维国家之事，先有内政，然后有外交。吾党如果有坚固正大之团体，则世界之外交皆可转移，岂独日本？故弟拟即日返粤，观察各方面之情形，或补救，或开展，然后再定行止。中山先生亦甚以为然。故弟一周后，拟即返汕头，然后直下广州。东京一切情形，此后甚望先生随时下告，殊弥切盼之至。唯此事未见事实之前，请先生勿向第二人说及，否则诸多阻碍，公私无益，想先生亦早在意料中也。

　　来示请仍寄上海弟寓为嘱。

何天炯
十四号

滔天先生善鉴 接由上海转到来函欣悉
一切矣千舟三件孙公已嘱由上海转
汇到不难千两入年关困难诸君为筹
划过去该事告不可再畏矢日来军
府彼方整顿内政国会重开当函选
孙公为正式总统贯彻主张中间而
傅孙陈暗斗等事纯是谣言陈炯
明亦极力拥护毫阻者孙公

湖南赵统司令友林省长文字均完全
加入吾党约庚伍均驰指挥滇贵沏联
为军府之马首是瞻四川李六大旦
言三虎岑西陆荣廷不咸肉趋粤军
希望夏西陆荣廷不咸肉趋粤军
一到彼必内部必拥兔逐之矣如此川
蜀滇联为一章公发进寇长江祁建灿
江必首先响应陈光远吴佩孚又必
联论加入则北方不足平也

第束行之事大约须候明年正月中旬
境可放洋孙公视此为至
大权不能不独至孙先生助
善一臂头山犬养均在先为政意
诸安如吕函仍寄上海故宅
为祷由沪起程时必先此电车知届
时诸先生到神户一攻拳此印候

鸿安
合第平安

第 何天炯 十二月廿一日

同时英法美各派代表一人

宫崎滔天家藏民国人物书札手迹（第四卷）

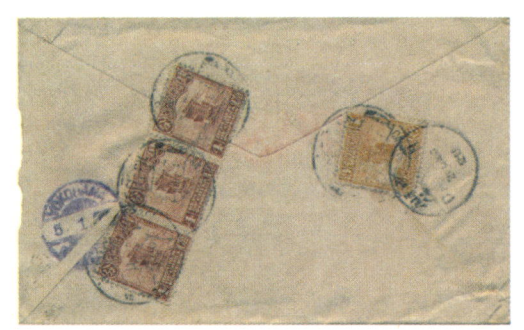 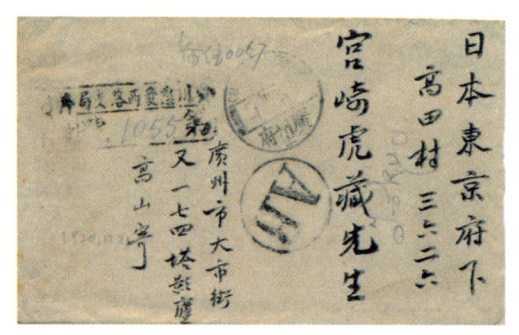

释读

滔天先生尊鉴：

　　接由上海转到惠函，欣悉一切矣。千円之件，孙公已嘱由上海转汇，刻下想可入手。年关困难，请稍为敷衍过去，后事无不可商量也。日来军府极力整顿内政，国会重开，当必选孙公为正式总统，贯彻主张。外间所传孙、陈暗斗等事，纯是谣言。陈炯明亦极有觉悟，已宣誓服从孙公。湖南赵总司令恒惕及林省长支宇均完全加入盟约，唐、伍均听指挥，滇、贵相联，为〔唯〕军府之马首是瞻，四川事亦大有希望（黄、石诸同志军队仍约有四万在内云）。广西陆荣廷则不成问题，粤军一到，彼内部必倒戈逐之矣。如此则西南联为一气，然后进窥长江，福建、浙江必首先响应，陈光远（江西）、吴佩孚又必联褊〔翩〕加入，则北方不足平也。万岁万岁。

　　同时英、德、美各派代表一人。

　　弟东行之事，大约须俟明年正月中旬才可放洋。孙公视此问题极为重大，故弟亦不能不勉为其难，甚望先生等助吾一臂。头山、犬养两翁均请先为致意请安。如有函件请仍寄上海敝宅为祷。由沪起程时，必先以电奉知，届时请先生先到神户一谈。专此即候
鸿安。顺问
合第平安

弟　何天炯
十二月二十一

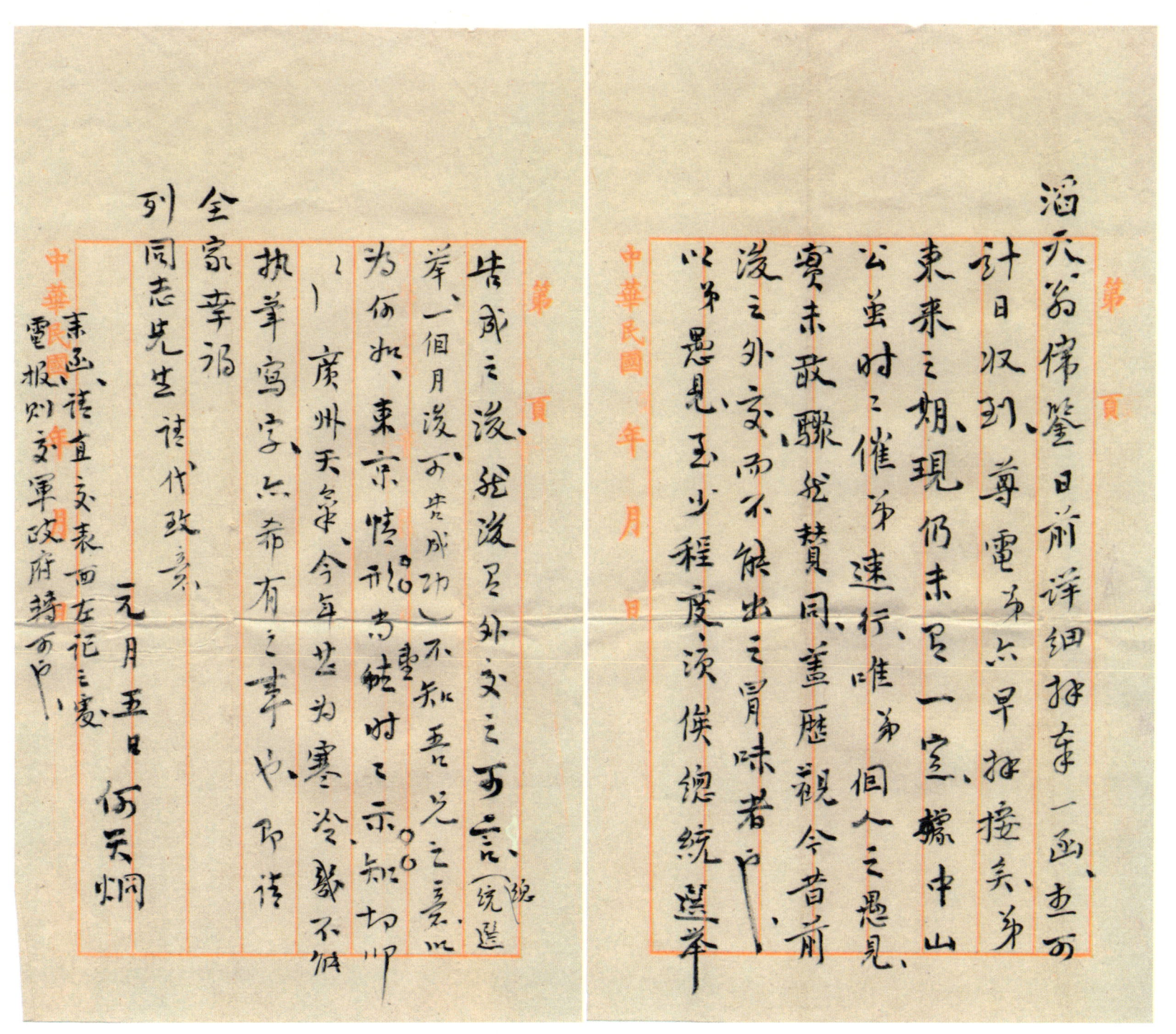

何天炯致宫崎滔天函（1921年1月5日）

 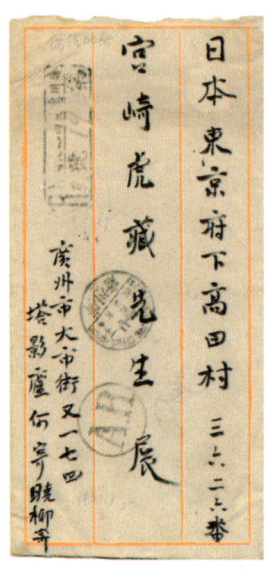

释读

滔天翁伟鉴：

　　日前详细拜奉一函，想可计日收到，尊电弟亦早拜接矣。弟东来之期，现仍未有一定，中山公虽时时催弟速行，唯弟个人之愚见，实未敢骤然赞同。盖历观今昔前后之外交，而不能出之冒昧者也。以弟愚见，至少程度须俟总统选举告成之后，然后有外交之可言（总统选举，一个月后可告成功）。不知吾兄之意，以为何如？东京情形尚望时时示知。切叩切叩。广州天气，今年甚为寒冷，几不能执笔写字，亦希有之事也。即请

全家幸福

　　列同志先生请代致意。

何天炯
元月五日

来函，请直交表面左记之处，电报则交军政府转可也。

滔天先生鉴、孫公接到和田二十二日来電云、須速派代表等語、但同人僉以此次民黨再興、対内対外、均須謹愼將事。刻下貴国政府實已危害民黨之存亡权、主張不能亂派代表以啟人輕侮之心。孫公當囑弟回覆此電、第即霞心接和田電、並感但派遣代表汝興各國一俟黨表諸轉達、車先生早日接到此電矣。第二十一日曾奉上一函、業已照詳實、此刻芸胎先生等之大教年末、貴我西国民之感情。惡劣极矣。弟與先生雖呂中日联盟之主張不知何日可能實現念之不勝憤慨、故刻下別人數章機已到偽貴政府仍恃強為出、福必芒可希望也如何

何天烱 一月廿五日

列同志先生均此未另

 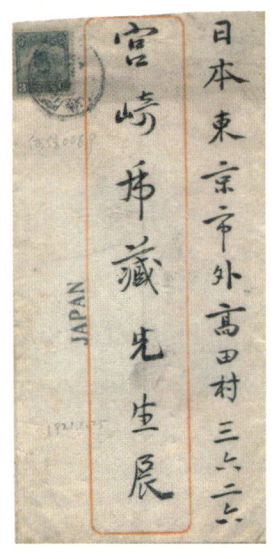

释读

滔天先生鉴：

　　孙公接到和田二十二日来电，云须速派代表等语。但同人佥以此次民党再兴，对内对外，均须谨慎将事。刻下贵国政府，实有危害民党之存心，故主张不能乱派代表，以启人轻侮之心。孙公当嘱弟回复此电，弟即覆以"接和田电，甚感。但派遣代表，须与各国一并发表，请转达"。想先生早日接到此电矣。弟二十一日曾奉上一函，业已"详明诚实"，此刻甚盼先生等之大教。年来贵我两国民之感情，恶劣极矣，弟与先生虽有中日联盟之主张，不知何日可能实现，念之不胜愤慨。然刻下则时机已到，倘贵政府仍恃强为生，则人类幸福，必无可希望也。如何如何。

　　列同志先生均此未另。

何天炯
一月二十五日

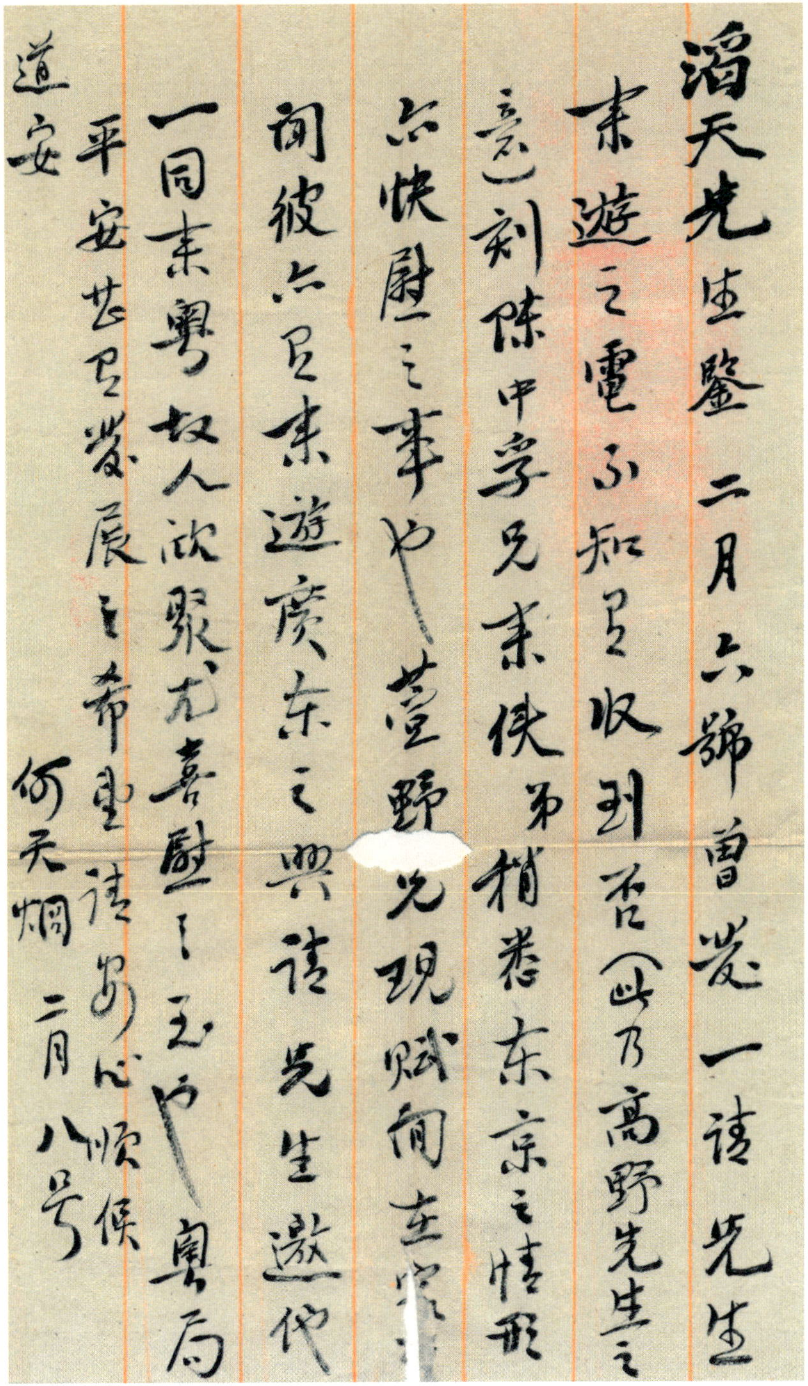

滔天先生鉴 二月六號曾发一诗先生来遊之電不知曾收到否（即乃高野先生之意）刻陳中孚兄来俱示捎来东京之情形不快慰之事也萱野先生現赋闲左啓間彼六月来遊廣東之興诸先生邀代一同来粤故人欲聚尤喜慰上玉也專為道安

平安芸员资展之希重诸如心顺候

何天烱 二月八号

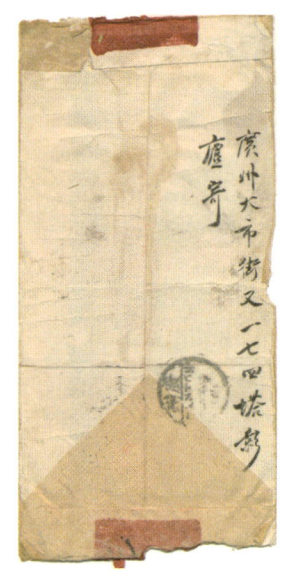
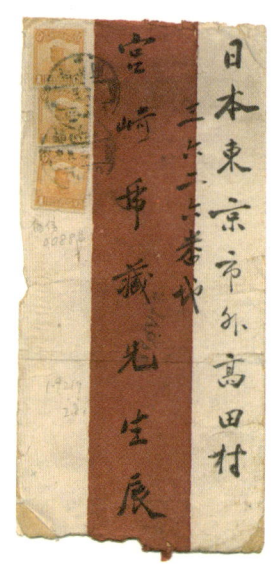

释读

滔天先生鉴：

　　二月六号曾发一请先生来游之电，不知有收到否（此乃高野先生【编者注：指孙中山】之意）。刻陈中孚兄来，使弟稍悉东京之情形，亦快慰之事也。萱野兄现赋闲在家否？闻彼亦有来游广东之兴，请先生邀他一同来粤。故人欣聚，尤喜慰之至也。粤局平安，甚有发展之希望，请安心。顺候

道安

何天炯

二月八号

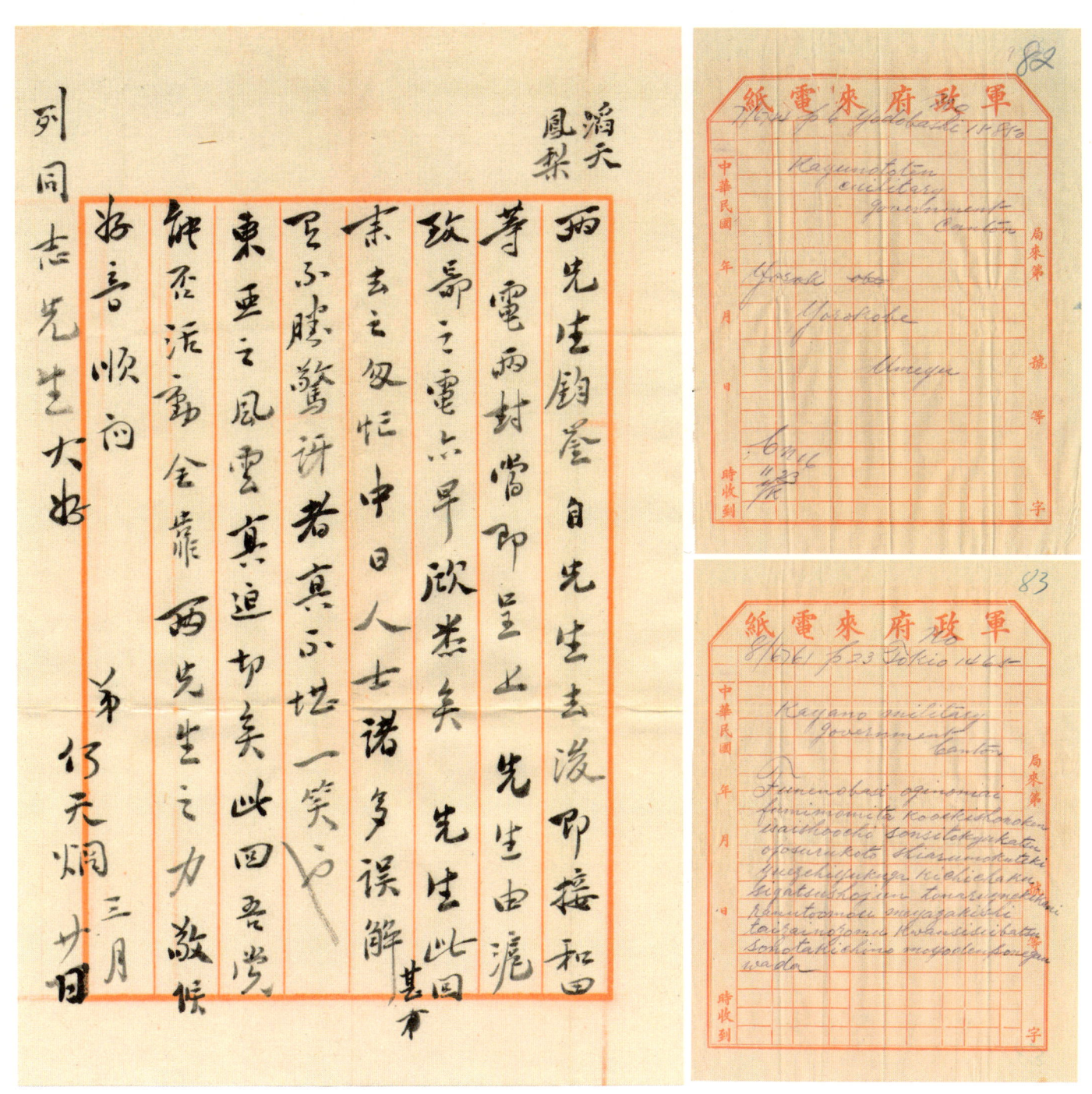

何天炯致宮崎滔天函（1921年3月20日）

释读

滔天、凤梨两先生钧鉴：

自先生去后，即接和田等电两封，当即呈上。先生由沪致鄙之电亦早欣悉矣。先生此回来去之匆忙，中日人士诸多误解，甚有不胜惊讶者，真不堪一笑也。

东亚之风云真迫切矣，此回吾党能否活动，全靠两先生之力，敬候好音。顺问

列同志先生大好

弟　何天炯
三月二十日

滔天先生等鉴：到阅上海日报拾卷、先生等拾前月某日抵东归平安一路、可为歌祝。本月七号孙文氏由国会选为正式总统重早阅报欣忭一切、此间各界人心完全一致。唐继尧氏当时蛮艺赞成、彼时为政学会人捏[拑]力持拽[之]说、今则为其帝下诸将颌力勒其附逆孙氏招呈回复势力兴名誉之登、故唐氏玉今日对于孙氏拒登信。俩意并此发生也。（唐之部下已将离间孙唐之不肖议员等、驱逐净尽呈回港共呈左此避匿不敢自画出讣此）唐绍仪以要求内阁总理一席为条件、此事纪独孙氏不承语、我辈决不之许。由现已敬鬼神而远之矣。（即少数议员之反对总统共此皆以金钱爵禄为交换之件孔真友对选孙氏为总统也此辈约呈三十八人左右）唯我觉前途殊为寥远一层之助课呈坚子诸公而东亚问题、如一方之责任殊极如此、特为奉告养画闻可及六告诉三、屈正已采也。先生等左滞可票谋一切侯陈中孚氏来可造见矣。电话转告所诸

到先生同志大安

宏话转告所诸

何天炯 胃九号

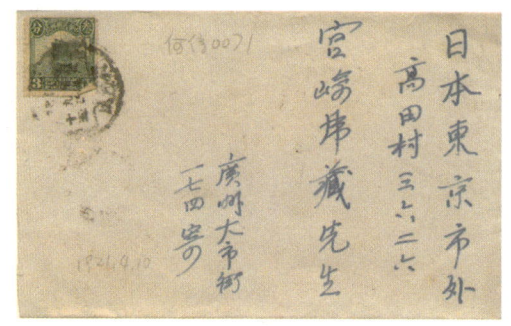

释读

滔天先生尊鉴：

　　刻阅《上海日报》，始悉先生等于前月廿六日始由沪东归，平安一路，可为预祝。本月七号，孙文氏由国会选为正式总统，想早阅报欣悉一切矣。此间各界人心，完全一致，唐继尧氏当时虽甚赞成，然时为政学会人极力煽惑，故时持两可之说。今则为其部下诸将领力劝其附从孙氏，始有回复势力与名誉之望，故唐氏至今日对于孙氏，极其信仰，毫无问题发生也（唐之部下，已将离间孙唐之不肖议员等驱逐净尽，有回沪者，有在此避匿不敢白昼出门者）。唐绍仪以要求内阁总理一席为条件，此事非独孙氏不承认，我辈亦决不之许，现已敬鬼神而远之矣（即少数议员之反对总统者，亦皆以金钱爵禄为交换之件，非真反对选孙氏为总统也，此辈约有三十人左右）。唯我党前途殊为寥远，一臂之助，深有望于诸公。而东亚问题，非一方之责任。此间情形如此，特为奉告，尚望尊处见闻所及，亦告知一二也。居正兄来，甚悉先生等在沪所谋一切，俟陈中孚氏来可进行矣。萱野兄处请转告。即请

列先生同志大安

何天炯
四月九号

滔天先生尊鑒：四月三日函早拜悉矣。粵中自選出大總統後，人心甚為踴躍。隆因于經濟未定何日就職（天約五月初頭可就職）因此反生出許多謠言。謂孫陳不和云，其實皆為北京偵探利用此等離間而施其手段耳。

我則財政問題誠粵中今日生死問題也。噫！陳中孚此之供，現廖氏定一方針謂目下須先有四五十萬，匯到粵中為見証金，然後取得臨時之許不此事。陳氏早已來電說此事矣。茲又向此方面活動。

已趨于競爭態度。弟與廖氏頗憂結果甚不雅觀。諸先生等默察東京各方情形，如何？係字辦理此策之上也。如慮大局，向此先生等可運動。然目下必出囯于經濟，又可知盡此。問心或甚于尊囊也。奈何。

萱野兄示為

何天炯四月十八

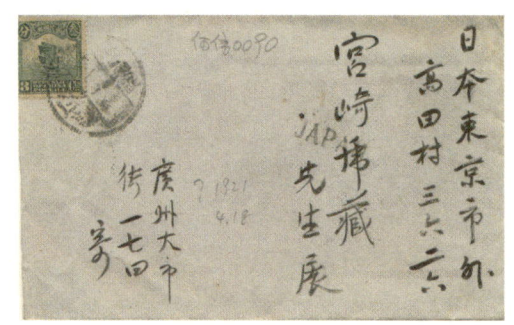

释读

滔天先生尊鉴：

四月三日函早拜悉矣。粤中自选出大总统后，人心甚为踊跃，唯困于经济，未定何日就职（大约五月初头可就职），因此反生出许多谣言，谓孙、陈不和云云。其实皆为北京侦探利用此等难局而施其手段耳。

然则财政问题，诚粤中今日生死问题也。噫噫。陈中孚氏之件，现廖氏定一方针，谓目下须先有四五十万円汇到粤中为"见证"金，然后取得临时之"许下"。此事想陈氏早已来电说明。而某氏亦当然向此方面活动，故此事已趋于竞争态度。弟与廖氏，颇忧结果甚不雅观，请先生等默察东京各方情形，如可合并办理，则策之上也。切嘱切嘱。大局问题，甚望先生等有所活动，然目下必甚困于经济，又可想而知，盖此间或甚于尊处也。奈何奈何。

萱野兄示另。

何天炯

四月十八

滔天先生尊鉴叠奉芸缄並均登记宝矣
先生可不示谷函俱转达孫公深以
先生熱誠宏願此之歲寒松柏其人格
尤倉促△區△此諸吾党临風感激
无巳者也唯此間自小川先生事件发
以來对於贵国外交芸抱悲觀即
和孫公对於东亚大局有偉大
之計畫者六云日本外交不克次
助只希望不为我害即大成中
心云之其彼我民党一絶大遺憾已
事下語先生注意之下分掌
哥荷幸諾正可陳谈事件各範
並签对丁日本同人方面且要求
不當權利之野心特此間不平
之事甚多(交易所之外)故偶读件
西引起哥之宰騷不已诶

先生等惊焉唆荻野初到候东
时即左領事署云余(即荻野目指)
可读之交易所印宫崎及萱野
等老先克党之可为也。(据人觀之清鏡
又哥曾于某宴会席上向荻野親向
哥细信曰此件今幸告的宫崎樣
當不致贪之旨哥当时共感謝
艾言纯先生今日之景况如此。

查先生冲潚为懷不以读物为介
意安義可當深則语勿遠慮盖
今之世界非此物不行却嚣
哥刻下甚为间暇亲行率六非三個
月不寳。現且哥六也此一行。故欸
利用此时機四鄉省親兼可避暑。
不知先生能凝渝东擬卵一遊在
眼挖喜極

癸太郎 七月八日

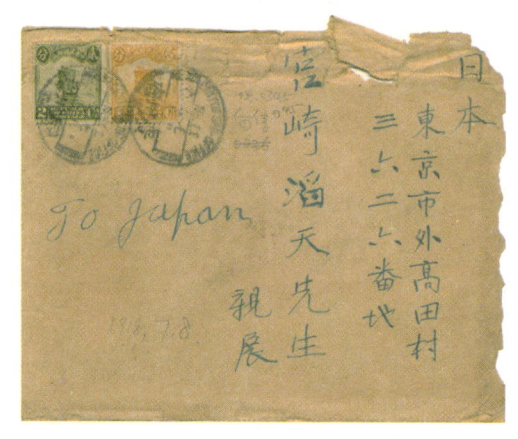

释读

滔天先生尊鉴：

叠奉芜缄，想均登记室矣。先生所示各函，鄙俱转达孙公，深以先生热诚宏愿，比之岁寒松柏，其人格尤苍健无匹云云。此诚吾党所临风感激无已者也。唯此间自小川丸事件发以来，对于贵国外交甚抱悲观，即如孙公对于东亚大局有伟大之计画者，亦云日本外交，不求其助，只希望不为我害，即大成功也云云，真彼我民党一绝大遗憾之事耳。请先生注意之。合掌合掌。鄙前奉诸函，所陈该事件各节，并无对于日本同人方面有要求不当权利之野心，特此间不平之事甚多（交易所以外之事件），故偶因该件而起鄙之牢骚耳，请先生等谅焉。唯荻野初到广东时，即在领事署云：余（即荻野自谓）所谋之交易所，即宫崎及萱野等老民党之所为也（鄙人亲闻诸领事馆人员所述）。又鄙曾于某宴会席上，荻野亲向鄙细言曰："此件今幸告成，宫崎样当不致贫乏。"云云。鄙当时甚感谢其言。然先生今日之景况何如？想先生冲澹为怀，不以该物为介意，然义所当得，则请勿远虑。盖今之世界，非此物不行，切嘱切嘱。鄙刻下甚为闲暇，东行事亦非二三个月内可以实现，且鄙亦甚怕此一行，故欲利用此时机回乡省亲，兼可避暑，不知先生能跋涉来敝乡一游否？盼极喜极。

英太郎
七月八号

滔天先生著覽：今早接七月十日華翰，查即奉覆荅函一封（日書留）到下。茲持先生之函人見孫公，之報閱後出為欣慰，乃對來曰，汝東行之事，余每日不希望早日實現之者，唯此番正式政府成立，汝須以代表政府先聲正大之宗旨于日本朝野上下告予。名義往方為鄭重。因此，汝之任務當不在實業，尤不在借款。汝之任務在宣傳新政府進行。即如從前二十一條之不當要挾必須包改(修復)之野心，非拘不可告此野心一律取消。如此則彼我兩國方可經濟提攜及種之親善之方言者，一部分之小之實業問題固无須政府特派代表以為之。

且日本若不改變侵略政策，則小之實業亦不易成功，英或他他進行于初其後必必

今汝貴政府不可對于東方敢予侵略及

孫又曰汝即東行以宣傳此東亞共存之主義可也。但今回之行動，不可遲于舊曆七月朝。

以敬同胞此旨可為殷鑒之事云了

野山犬克往崇酬酢如此則運動費不小，又曰運動費約必每月三千要同以陸子內為度但初到東京時玉少每月陪子由左右如此則費因頗不小，又曰池玉少須有一蓄母，方可出發到下電總統府之財政頗為困難，將素之伽，又曰汝外間如呂友人或商人可以借貸者承開呂則由政府出名或擔保之亦可。

公乃對曰，各一各一，新人商探公之言乃有三種感觸，下在佩孫公之訒，二在惜公之遇，三甚惜今之人借公為私，更公默不因于公事一先生此感慨耳。

今早寫書留一函寄上為此函同入告
覽矣，草此即候
滔安不一
何子炯七月十九日

宫崎滔天家藏民国人物书札手迹（第四卷）

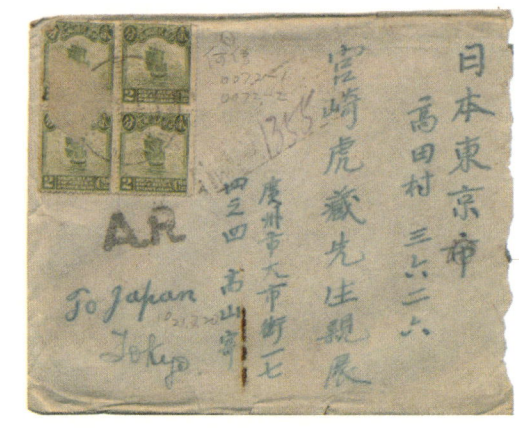

释读

滔天先生尊览：

今早接七月十日华翰，当即奉复芜函一封（用书留[日文，意为挂号]）。刻下弟持先生之函入见孙公，孙公披阅后，甚为欢喜，乃对弟曰："汝东行之事，余无日不希望早日实现之者，唯此番正式政府成立，汝须以代表政府之名义往，方为郑重。因此，汝之任务，固不在实业，尤不在借款。汝之任务，在宣传新政府光明正大之宗旨于日本朝野上下，告于今后贵政府不可对于东方有侵略及包办（请负）之野心。非独不可有此野心之进行，即如从前'二十一条'之不当要挟，亦须一律取消。如此，则彼我两国，方有经济提携，及种种亲善之可言。若一部分之小小实业问题，固无须政府特派代表以为之。且日本若不改变侵略政策，则小小实业，亦不易成功。虽或能进行于初，其后亦必有困难之日。且以目下之情形而论，若政府贸然与日本生特别之关系（即经济及借款），则政府必受人民之攻击，或宣告死刑焉。盖以段祺瑞之强，其倒毙即在向敌人乞款以杀同胞，此皆可为殷鉴之事。"云云。

孙又曰：汝即东行以宣传此东亚共存之主义，亦可也。但今回之行动，不可过于简俭，且随员、书记亦须二三人同行，须与其朝野士大夫往来酬酢。如此，则运动费亦不小也。又曰：运动费，约以每月三千円为度，但初到东京时，至少每月要用陆千円左右，如此，则费用颇不小也。又曰：汝至少须有一万円，方可出发。刻下总统府之财政颇为困难，将奈之何？又曰：汝外间有友人或商人可以借贷者乎？若有之，则由政府出名或担保之亦可。鄙人乃对曰：无之无之。鄙人闻孙公之言，乃有三种感触：一、甚佩孙公之言；二、甚怜孙公之遇；三、甚惜今之人借公为私，公款不用于公事。想先生亦有此感慨耳。

今早寄书留一函，想可与此函同入青览矣。草此即候

鸿安 不一

何天炯

七月十九日

滔天先生尊鉴

本早接到七月十日可发之示，欣卷一切，复谢。敬启者目下小弟之境遇至种之障碍（近经商为绝大之烦心）实未能即日东航当中山公出巡华如此问题如何乎。且如先生可设之实业家要件、小弟当一人束即呈省目下可言。大约此等要件，非实业家自身呈绝大败北之戚。然最发则荁野派之铃木大岛等连袂西来。而山田之真正金重不束。此山田所以又失败也。弟所以言共，呈见利之可至必间风而束。且此束此争也。反之，目下些大利之可图者，则日本左办实业家呈呈四家呈如台行三井三菱马如华束小等）则并不见彼等之若何热心也，且其之相设反呈如左投水之若焉弟所以为中外实

业家之心理。大抵如此虽不呈悟。然彼若呈心向南谋东则总必得至先行调查为是。其束也诸先生同行之州戎举必信也。今日束台湾总督府参事官沈西艾之私密（现尚限于广东坑府合间）财政赈方面接洽据云欲出三千万投为间发海南事业之用。据之以事兴官权会呈也，贺本统出自民间且表示极热诚之态度。

但此间要人以此事件至大为束呈若何之办法反吏进行。从此又呈见款运营事业之呈亲束此间不可也。现下弟听祈

○海南岛利源丰富呈不同
○大湖沙头之阁发
弟共束元以前千万以上
○上敬土厂发全约二千万以上
○翁源水电三百万以上

以上各件为刻不一般人可注目之事业

广东呈弟之实业炊。

荁野呈山田派之竞争微呈欧洲大战争之小试。以此如先生誉临多啸，先生素如束热心企业家则非促呈到广东一游。彼侮否解浔此间之真象真不宾不束彼之末。若谓彼等不冒贸之而束。彼之末，非败陷不可则余所可言。彼若不用为敬成对言之曰。若此人者呈不呈诚心束广东企业者也。实业家希望及至决心实至苏张之否，呈誉所用之也。即如先生誉俟多啸，先生素如束热心企业家则非促呈以营利为目的利之可左矣。即如可用则虽呈大总统之欢迎彼点至利可固则之可左矣。从最初山田呈鎭三奇观。利之可左矣。

何如交易可亨事件

派荁野市山田派差呈如下

至此西荁野派弟一日人左此为代表。

（陈中孚呈中国人故不敌山田）故荁野派发员

宫崎滔天家藏民国人物书札手迹（第四卷）

释读

滔天先生尊鉴：

本早接到七月十日所发手示，欣悉一切，多谢多谢。启者：目下小弟之境遇，有种种障碍（以经济为绝大之原因，惭愧惭愧），实未能即日东行，虽中山公亦无如此问题何耳。且如先生所谈之实业要件，亦断非弟一人东来，即有眉目之可言。大约此等要件，非实业家自身有绝大的希望及其决心，则虽有苏张之舌，亦无所用之也。明如先生，无俟多嘱。弟意先生处如有热心企业家，则非促其到广东一游，彼实不能得此间之真象。真象不明，则万事都无可言。若谓彼等不肯贸贸而来，彼之来也，非敦请不可，则弟敢武断言之曰：若如人者，是不有诚心在广东企业者也。实业家以营利为目的，利之所在，虽万里不辞，无利可图，则虽有大总统之欢迎，彼亦必望望焉去之。今为证明事实如下：

例如交易所事件：萱野派与山田派之竞争，俨有欧洲大战争之奇观，利之所在故也。然最初山田坐镇在此，而萱野派无一日人在此为代表（陈中孚是中国人，故不敌山田），故萱野派几有败北之感。然最后则萱野派之铃木大岛等连袂而来，而山田之真正金主不来，此山田所以又失败也。

弟所以为此言者，足见利之所在，必闻风而来，且必来此竞争也。反之，目下无大利之可图者，则日本在广东之实业家，亦有三四家焉（如台行、三井、华南行等），则并不见彼等之若何热心，甚且与之相谈，反有如石投水之感焉。弟以为中外实业家之心理，大抵如此，虽不足怪，然彼若有心向南谋事，则总以促其先行游历调查为是。其来也，请先生同行之，则我辈必信之也。日来台湾总督府参事官池田其人者，时时秘密来此与各要人（现尚限于广东财政厅方面之要人，与总统府无关）接洽，据云愿出三千万円投为开发海南岛事业之用。据云此事与官权无涉，资本纯出自民间，且表示极热诚之态度。但此间要人以事件重大，尚未有若何之办法及其进行，然此又足见欲经营事业者，非亲来此间不可也。现下据弟所知，广东有望之实业如下：

○海南岛：利源丰富，无所不用。

○大沙头之开发：广州市边之商场，资金约二千万以上。

○士敏土（セメンド）[日文，意为混合水泥]厂之改良：三百万円以上。

○翁源水电：一千万以上。

以上各件为刻下一般人所注目之事业。

滔天先生荸鉴：昨日叠奉两函，均已收览。去前正

可设海南岛李件，现据友人来谈云：现下另某

日人向唐正民运动，愿出三千蒙取先设立银

行，预备为调拨银海南岛之用。此事与池田向

马氏之热心于实业实可见一斑矣。弟意广

家之热心于实业实可见一斑矣。弟意广

西向岛很而早日解决因此资本家之热度

必又增高一番故弟意先生震如已确实

可靠之资本家，则总以促其早南下为是，

然非与先生同来则弟颇难相信，弟

意先生誓日不辞贫乏之中此等旅行

费用当然出去资本家做此旅行小费点

吞不肯出是点念诚意之资本家西已故

此事点随尊意之便，或弟先生一人代

表资本家西东或亦可也。甚望~~

事体复杂 做电不能详，故未以电覆~~

诸谅旦来此刻点头誉 打电之能力，一笑

一笑。山氏已回东京，皂见及否，此人虽不足

纯正然淳先生尊严为指导或向渡艾民

党之原形否则唯只自消灭之一法殊可

惜也。黄革之速震~~

问文昌可去上海之株式已涨价至

三十冊左右殊可鹉。希望可为业也。

何天炯启廿一日

 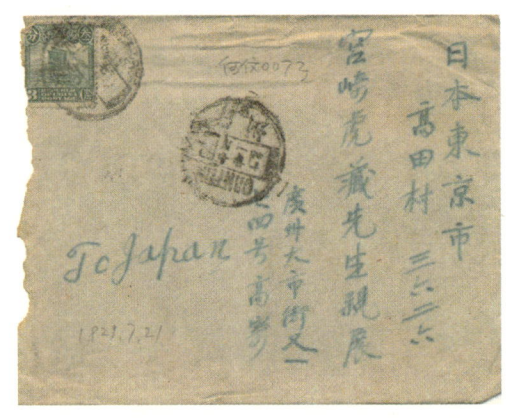

释读

滔天先生尊览：

　　昨日叠奉两函，想有收览矣。前函所谈海南岛事件，现据友人来谈云：现下有某日人向居正氏运动，愿出三千万円，先设立银行，预备为开发海南岛之用。此事与池田向马氏所谈，系各一门径，然则近日贵处资本家之热心于实业，实可见一般〔斑〕矣。弟意广西问题，总可早日解决，因此资本家之热度，必又增高一番。故弟意先生处如有确实可靠之资本家，则总以促其早日南来为是。然非与先生同来，则弟等亦颇难相信。弟意先生无日不在贫乏之中，此等旅行费用，当然出在资本家。倘此旅行小费亦吝不肯出时，是亦无诚意之资本家而已。故此事亦随尊处之便，或仅先生一人代表资本团来粤，亦可也。甚望甚望。

　　事体复杂，电不能详，故未以电复，请谅。且弟此刻亦尚无打电之能力，一笑，一笑。△△氏【编者注：指三田纯三郎】已回东京，有见及否？此人虽不甚纯正，然得先生等严为指导，或向可复其民党之原形，否则唯有自消灭之一法，殊可惜也。万事乞速复速复。

　　闻交易所在上海之株式，已涨价至三十円左右，殊有希望之事业也。

何天炯
七月二十一日

滔天先生惠鉴粤军自收克贵县后,陆荣廷、谭浩明即假名辞戎,遂由南宁(陆氏十余年来之巢穴)遁往南安矣。广西问题未及西月即告辞决,殊出意料之外,尽先生等商之定浮一大白也。先生曾讼之实业问题,弟一一大白也。先生曾校之实业同题,弟敢商之孙公岂能谓济为感谢,但孙公之意,愧以读实业家未粤为前题,盖未别方信粤局之安宁,且可兴各要人为推诚之谈,乃先生而可利用此机再为南方之旅行,必可种之兴趣。且可補前回

之後,致谭诘戎即假名辞戎,遂由

日留粤之遗憾也,出粉、弟前日回陈子易可之件,此乃弟一时愤慨之语,由今思之,颇为无趣,且俟先生等光加入于烦问之中,则尤非弟始愿可及,弟乞置之不理可也。盖投戒事业,弟已不出相宜,先生亦不出相合也。一笑〻〻
  桂林山水甲于天下
  先生艾尼意手又及
诸居口宜之
  何子烟 七月廿三

何天炯致宫崎滔天函（1921年7月23日）

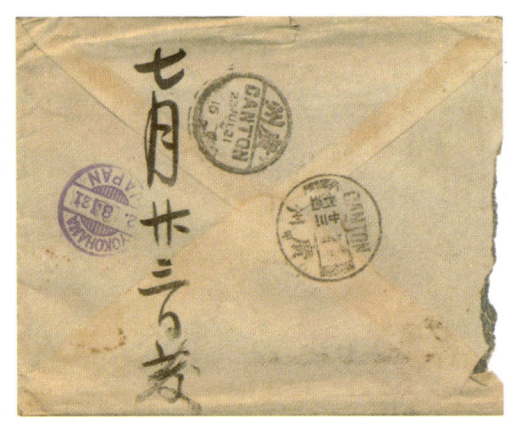
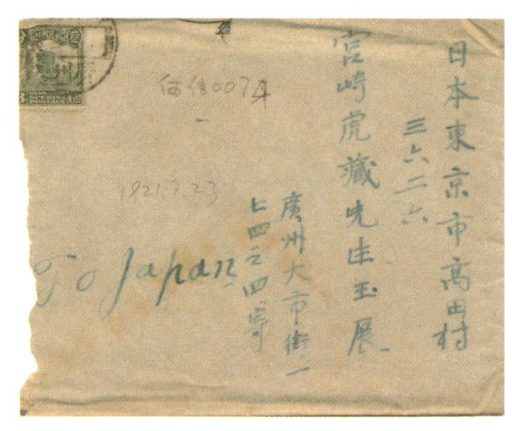

释读

滔天先生惠鉴：

粤军自攻克贵县后，陆荣廷、谭浩明即假名辞职，遂由南宁（陆氏十余年来之巢穴）遁往安南矣。广西问题未及两月即告解决，殊出意料之外，想先生等闻之，定浮一大白也。先生曾谈之实业问题，弟一再商之孙公，无论深为感谢。但孙公之意，总以该实业家来粤为前题〔提〕，盖来则方信粤局之安宁，且可与各要人为推诚之谈话。弟意先生可利用此机，再为南方之旅行，必有种种之兴趣，且可补前回三日留粤之遗憾也。甚盼甚盼。弟前日所陈交易所之件，此乃弟一时愤慨之语，由今思之，颇为无趣，且使先生等亦加入于烦闷之中，则尤非弟始愿所及，万乞置之不理可也。盖投机事业，弟已不甚相宜，想先生亦不甚相合也。一笑一笑。

桂林山水甲于天下，先生其有意乎？又及。

问诸君好。

何天炯

七月二十三

滔天先生尊鑒：

昨日接手示，當經碧泉孫先生面達、深感先生熱心毅力，此刻拉助先生攜該呈函次與未粵，唯弟前函說明先生等須即日首途而今先生之意則必欲介君同行為道者此點之便（但先生不出寫之意小弟之意怨不能言人註目此外恐難重大之點，董事意若先生能親束附鄙函並早入覽故未電奉達（電文反不明白）

一切均無但方辭決乎必另有術也。

交易所之件壹者梅子山邊未震示，茲見匪同起之複雜，弟亦再將本市（七十二行商報）之記事專函寄讀，可以雖難日增為聊盡忠告之義務、只印可以救粵黨之信用耳。

吾財政廳長之言日受易日變，一印可知，黨一印内途、繼續政府中派中人所知之，此不負責任云云所南之殊敢党前途不能放心也。

弟何天炯 八月五号

 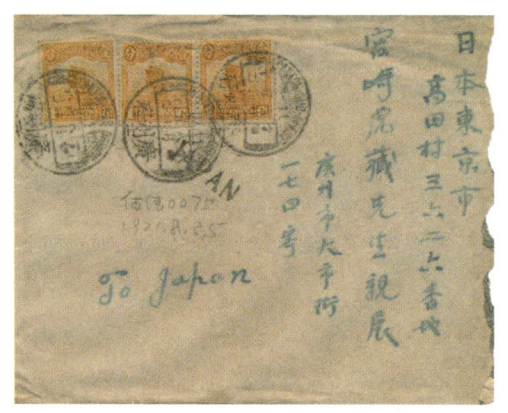

释读

滔天先生尊鉴：

　　昨日接奉手示，当经转呈孙先生阅悉，深感先生热心毅力。此刻极盼先生携该有力者欣然来粤，唯弟前函说明先生等须即日首途，而今先生之意则以龙介君同行为适当，此亦随先生之便也。（但先生不出马之意以为恐有人注目，此则恐非重大之点。盖弟意若先生能亲来，则一切问题俱可解决耳，以为何如？）

　　鄙函想早入览，故未以电奉促（电文反不明白）。交易所之件，萱君接弟函后并未复示，想见问题之复杂也。兹再将本市（七十二行商报）之记事奉阅，弟甚恐该所之难题日增，为聊尽忠告之义务，亦即所以救吾党之信用耳。

　　（马财政厅长之言曰："交易所之事，乃总统府派中人所为，其以后一切问题，我不负责任。"云云。弟闻之，殊觉前途不能放心耳。）

　　　　　　　　　　　　　　　　　　　　　　　　高山

　　　　　　　　　　　　　　　　　　　　　　　　八月五号

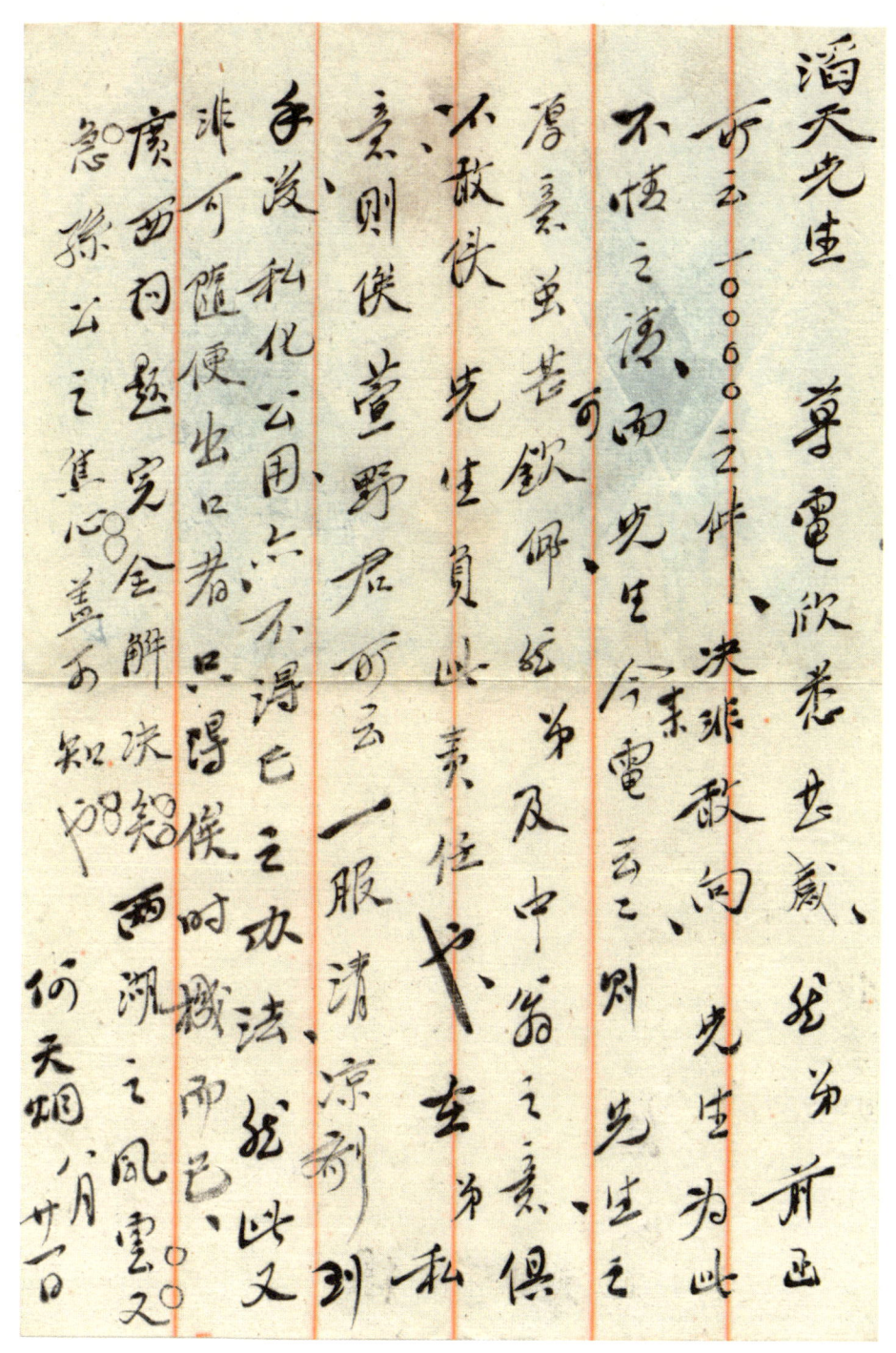

何天炯致宮崎滔天函（1921年8月21日）

释读

滔天先生：

　　尊电欣悉，甚感。然弟前函所云一〇〇〇〇之件，决非敢向先生为此不情之请，而先生今来电云云，则先生之厚意虽甚可钦佩，然弟及中翁之意，俱不敢使先生负此责任也。在弟私意，则俟萱野君所云一服清凉剂到手后，私化公用，亦不得已之办法，然此又非可随便出口者，只得俟时机而已。

　　广西问题完全解决矣，两湖之风云又急，孙公之焦心，盖可知也。

何天炯
八月二十一日

滔天先生尊鉴：本日接令兄民藏先生手示，始悉彼此函电均有误会不鲜，苦笑而已（因前日令兄来电，仅署名宫崎，而弟误认为先生可发蒸之电文错误甚多，致起弟种种之误解。今仅为取消弟前函所说种种惭愧奚分）。

小铳之件，因陈总司令不在广东，故无交涉，深恐有误民藏先生之事。今请先生转达，重将此佛可作罢论。

盖此如此童大事件，弟难以电为成功之要素，若迟延复迟延，其结果又或不成功，则弟之负咎愈重。故不如之民藏先生罢手为妙。切嘱切嘱。已粤政府虽见发达强固而对于日本外交，则出为冷淡，受欺诈迫害之结果，无论若何之外交能者，恐点不能疏通此鸿沟也。馀容後告 芹候

民藏先生靴安 何天炯 九月十五

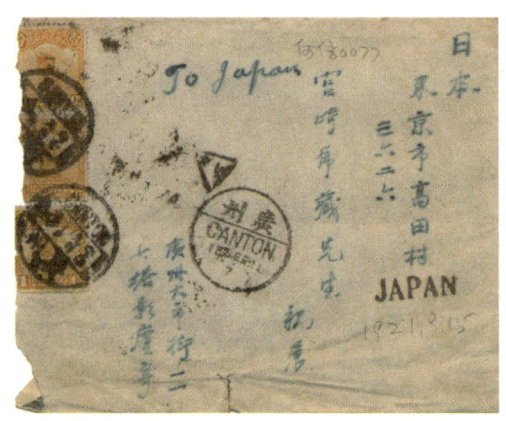

释读

滔天先生尊鉴：

　　本日接令兄民藏先生手示，始悉彼此函电，均有误会，不禁苦笑而已（因前日令兄来电，仅署名宫崎，而弟先误认为先生所发，兼之电文错误甚多，致起弟种种之误解，今谨为取消弟前函所说种种，惭愧万分万分）。

　　小铳之件，因陈总司令不在广东，故无从交涉，深恐有误民藏先生之事，今请先生转达，望将此件，可作罢论。盖如此重大事件，万难以函电为成功之要素，若迟延复迟延，其结果又或不成功，则弟之负咎愈重，故不如乞民藏先生罢手为妙。切嘱切嘱。粤政府虽日见发达强固，而对于日本外交，则甚为冷淡，受欺诈迫害之结果，无论若何之外交能者，恐亦不能疏通此鸿沟也。余容后告。并候
民藏先生　福安

何天炯
九月十五

滔天先生荃鉴 本日接 先生八月十九日之函欣悉，一是（但此函迟延至一个月之久始收到）广西问题已延期决而湖南问题又渡突破。此乃贵党之路遥此民国目前之腾败非小事，根本改良则决定在于一点。虽无贵此改良之责者谁乎？东生已不足恃此民党中果下此人物乎？无一疑问也。东何~~出兵长江问题正本年内必见诸事实会。

虽登倡中山出马之说，但事机成熟之时则陈炯明必自告奋勇南供中山为守两粤，此虽弟今日推切之辞，然十必中八九也。粤此若事机而未成熟则不许中山自（又言者则事机而未成熟则不许中山自信之计画也）。先生可设资本家来粤之行，殊为老成思虑预防之策。盖今日之大问题左中日间之恶感未除，粤政府为维持人心计决不

欲公然向日本资者之商借。反之日本资本家则必向退全局械俱处则经投资。此皆不能沟通一家之大原因也。方东内感孤料必长在出兵长江之时，此后有重大破碎之交涉，届时予如无他事去身必下一决让而味与诸先生为问咸之谈话也。

之东京俱有黑幕笑沙左东殊不佳，识者一笑也。 诸氏
先是玄易可得成功之除〇〇等去恐为东京将大黑幕扶案，一面又恐弟到东时向日友寰借敷出竞买抹式，如此则彼辈非批左私利而图，又且失了面目。以呢鬻向中山意推荐葉民为驻日货探，不敢言代表者，恐中山拒绝之也。

盖葉氏已东京则可暂缓弟使为行程，则于此间咸功交易可黑幕之计，甚真可惜可恶可笑也。事速为笑何。陈氏曰君掌经发电往日本友人证明弟氏为负中山之使命者，彼仓皇失色回无之也。隹致一电于吴蓉平，且云赴电"陈氏对弟曰如有不委坐行伏命之衷心。"又曰"葉氏左日必必为、必发电促彼回国"。望日陈氏对弟曰

何天炯致宫崎滔天函（1921年9月21日）（一）

宫崎滔天家藏民国人物书札手迹（第四卷）

 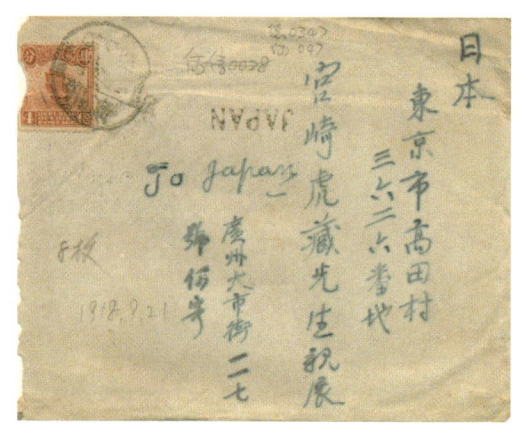

释读

滔天先生尊鉴：

本日接先生八月十九日之函，欣悉一是（但此函迟延至一个月之久，甚可异也）。广西问题已近解决，而湖南问题又复紧张，此乃当然之路径。如民国目前之腐败，非从事根本改良，则决无生存之望。虽然，负此改良之责者谁乎？众生已不足语此，民党中果有此人物乎？亦一疑问也。奈何奈何。

出兵长江之问题，而本年内必见诸事实。今日虽盛倡中山出马之说，但事机成熟之时，则陈炯明氏必自告奋勇，而使中山坐守两粤。此虽弟今日推切〔测〕之辞，然十必中八九也（反面言之，若事机而未成熟，则不许中山出马，此又陈氏自信之计画也）。

先生所谈资本家来粤之行动，殊为老成思患预防之策。盖今日之大问题，在中日间之恶感未除，粤政府为维持人心计，决不敢公然向日本生若何之关系。反之日本资本家，亦必向安全有担保处，然后投资。此为皆不能沟通一气之大原因也。

弟东来问题，预料必在出兵长江之时，然后有重大烦碎之交涉，届时弟如无他事在身，必下一决心而来，与诸先生为开诚之谈话也。

日来人心鬼蜮，至为可怕。前日叶夏声之东来，俱有多少黑幕在中，殊不值识者一笑也。先是交易所将成功之际，△△诸氏等甚恐弟东来，将其黑幕抉穿。一面又恐弟到东时，向日友处借款以竞买株式。如此则彼辈非独无私利可图，又且失了面目，以是齐向中山处推荐叶氏为驻日侦探。不敢言代表者，恐中山拒绝之也。盖叶氏已东来，则可暂缓弟使日之行程，则于此间暗成其交易所黑幕之计画。真可怜、可恶、可笑之事也。事后弟笑问陈氏曰："君尝发电往日本友人处，证明叶氏为负中山之使命者乎？"彼仓皇失色曰："无之无之，仅致一电于吴苍耳，且无带中山使命之意义。"又曰："叶氏在日，如有不妥当行为，必发电促彼回国。"翌日陈氏对弟曰：

已电名叶氏同国矣、权叶氏云、孙洪伊名彼回沪者伪也、作伪心劳、真彼等之谓也。

先生又云蒋作宾李书城向萱野敬野之借款三李、盖艾中又有黑幕在也。说、蒋、李、居、俱为湖北之人、而居氏与蒋李俱不同道、且竞争岀到、盖湖北之民党至半点团体对于人民全无信用、盖为民国中腐败之尤共。

但蒋李较居氏为有势力、而居氏又亟欲襲取左湖北活动权、是表面伏萱野等为出资人、而以交易可暗中画出之一策、向中山提出为湖北军费之用、盖李萱敗、两仍可俟萱野等为将末索歉八也、（此一蒙株係公议为历年到士坡商之恤金、今居氏不可用自已可得之利益而提及公款可谓甚矣不可不发展而制巳矣又也哀哉）

李人傑氏曾托 先生为疏通仲介人共、盖不知艾中李實也、权弟意此事可谓通而不通又不通而通、请 先生前设之资本主随何时召何、介绍而已。

今日之时机千变万化、而总以接近见面共南海昌之问题、此为重大、苍论山田氏至此、解力為民萎思、不过虚興周旋而已、先生之劳神可也。

方生一切之感惧。至於防彼此竞争之嫌云、则弟以为毋须虑及也、盖如此重大之向題谁竝随时解竞争之手续、有惧言非必成功、以交涉之前提心代俱可不虑及也。先生以为如何、餘不一先生师清惠巳全念都也念告即候
先生師清惠已全念郊此念
諸位平安
　　何天炯九月廿日
  时局因延之格外保養

释读

（接上页）

"已电召叶氏回国矣。"故叶氏云孙洪伊召彼回沪者，伪也。作伪心劳，真彼等之谓也。

先生又云蒋作宾、李书城向萱野、荻野借款之事，盖其中又有黑幕在也。

蒋、李、居三氏俱为湖北之人，而居氏与蒋、李俱不同道，且竞争甚烈（在湖北之民党，无半点团体，对于人民亦全无信用，盖为民国中腐败之尤者）。但蒋、李较居氏为有势力，而居氏又亟欲乘机在湖北活动，于是表面使萱野等为出资人，而以交易所暗中画〔划〕出之一万株，向中山提出，为湖北军费之用。盖事虽败，而仍可使萱野等为将来索款人也。（此一万株系公议为历年烈士后裔之恤金，今居氏不用自己所得之利益而乃提及公款，可谓无处不发展利己主义也，哀哉！）

李人杰氏曾托先生为疏通仲〔中〕介人者，盖不知其中事实也，故弟意此事可谓"通而不通，又不通而通"，请先生勿劳神可也。

南海〔海南〕岛之问题，甚为重大。无论山田氏无此能力，马氏等亦不过虚与周旋而已。先生前谈之资本主，请即时绍介前来。盖今日之时机，千变万化，而总以接近见面者，方生一切之感情。至于防彼此竞争之嫌云云，则弟以为无须虑及也。盖如此重大之问题，谁则随处随时能竞争之乎？总之有诚意者必成功，此乃交涉之前提也，他俱可不虑及也。先生以为何如？余容后告。即候

诸位平安

先生御清恙，已全〔痊〕愈乎？甚念甚念。时局困难之秋，乞格外保养。切叩切叩

何天炯

九月二十一日

滔天先生草覽：接由荒尾村源到一函，祇悉清遊間適出為欣慰。以先生多年之勞苦得此一滴廿霖，定可息肩于芒刺矣懷。託二則將如何指置乎。先生達人，祇有一笑真我佛之莰身也（六祖偈曰：菩提本非樹，明鏡亦非臺。本來無一物，何處惹塵埃）。

又悉蓂野兄曾對先生言：弟尚有千株之惠賜真意外之優禮也。昨日董兄已到粵，對弟云保管之微物周到。下價未甚高，賣之殊為可惜，再俟一二月後。定可得心願之善價。弟因此甚感其意，不得已忍痛于一時菩中有笑久中有苦，天下事大抵然也。

弟刻下心中最痛若者是山田芳川兩翁承蒙天之賜。然得此款早日清完則弟之輕此輕年球也。

湖南向過到底必以兵力解決。昨日周震鱗此已心勞軍使名萎先往長沙為極之預備延中来國方面對於粵政府多有勢優禮之表示偽兵力誅及武漢則承認新政府出必以君於東行之期並未定矣局面日甫展則出發之期必不遠矣。（千株向舉此早辨完則為三行期會速耳）

弟烱九月廿八日

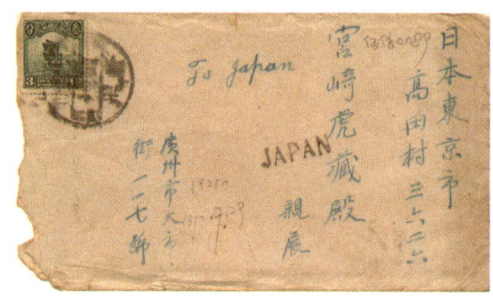

释读

滔天先生尊览：

接由荒尾村递到一函，祇悉。清游闲适，甚为欣羡。以先生多年之劳苦，得此一滴甘霖，定可息肩于片刻，然后此茫茫天壤，则将如何措置乎？先生达人，只有一笑，真我佛之后身也。（六祖偈曰：菩提本非树，明镜亦非台。本来无一物，何处惹尘埃。）

又悉萱野兄曾对先生言，弟亦有千株之惠赐，则真意外之优礼也。昨日萱兄已到粤，对弟云：保管之微物，因刻下价未甚高，卖之殊为可惜，再俟一二月后，定可得如愿之善价。弟因此甚感其意，固不得已忍痛于一时。苦中有笑，笑中有苦，天下事大抵然也。

弟刻下心中最痛苦者，是山田、芳川之问题，如蒙天之赐，能将此款早日清完，则弟身之轻，亦如轻气球也。

湖南问题，到底必以兵力解决之。昨日周震鳞氏，已以劳军使名义先往长沙，为种种之预备矣。近来米国方面，对于粤政府多有优礼之表示，倘兵力能及武汉，则先承认新政府者，必此君也。弟东行之期虽未定，然局面日开展，则出发之期亦不远矣。（千株问题如早解决，则弟之行期愈速耳。）

天炯

九月二十八日

滔天先生鈞鑒 弟于田舍起程之前二日（五月八号）
望上菩函一封，計可邀青覽矣。弟因長途
跋跄感受暑氣到省後，病卧床六七日至今
則託福幸告痊可矣。粤中政局去為平安決
不致以外間新聞電報等之妄為揣度者今
江西軍事又日見進步，陳炯明泯忘黨悟當
身前途者長與孫公高明為取敗之途
且廣西亂頗亟呈供一般人心渙動

必向韶關一帶起苏南一面起（當為苏方面
解釋者，此粤為不詳，知可得孫陳回意耳）
及北代軍前途膝敗如何，弟之是心所以為
此疑問不決則實足誤事之進行諸君
三思，孫陳二民到下實堂不能不向甲
争至絕戰勝敗張，而決不能向甲
民党派遣表戴威鳳者盖吳氏自身實
坚強之觉得吴氏年来久住南方，

權陳氏已嘲允諾擔任勸匯事宜。孫
公出披誠相結大約三日内陳氏當由惠州
回省任事矣。如此則前方討賊軍更可安
心直進，此為吾黨一大事件之解決諸寬
錦念可也。唯軍興之際，財庫空为支絀
弟刻之甚憲者，即去此進官矣由家
附近既撰于兩廣鹽務或本省財政之
首途且即對于時务即每抱一積勵
二職中擇一而登臺。唯深然已登之後
對于財政前途至一特色，示人則良心上
亦願為黨擔任此。先生自去歲必未
為吾黨之權常與賀本家寫。奇賓模接
治權今於諸語，先生每徒辛退隐須専
為革命的活動，供蓋功則受賜
者，蓋獨子一人已矣。孫公约于日间同
粤，並持大局，倘家一因事聲同則弟

宾深知南中民黨之不可侮彼對于学
用之趙恆惕尚不敢迎事威逼越岳州一步
者，彼乳惶趙之惟湖南為民黨產生地故
也，且彼可以惶勝段，張若平日論之因吳
此可標榜而擊名之名，戴稍黨叚張
為便權力也。若可中民党之旗幟黄吳以
磊落較之吳氏之假托民意其高下又巨
可以道里計平，善其今日之形勢論之只有

民黨勢北進，斟各吳氏南来之方也。沈幸
張高末全敗，實呈良吳多澇歇之爱。叚派
實已歸心唯日昭南昌之諾者，凡此真象也
圣先生不悍頌劳向諸君解釋或賀本
之圖或成功之日，時不再素，當機則其
其結果則雨国前途俱告寬幸祖為
先生實利賴之，謹此候優祺幷询
列周志先生鴻聲，後陸致一印
何天烔十五月
十九

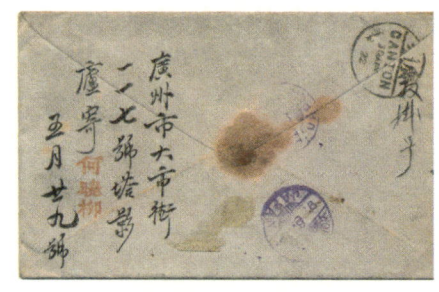 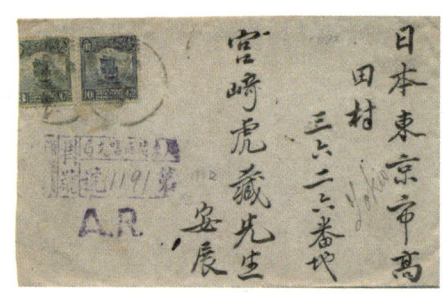

释读

滔天先生钧鉴：

弟于田舍起程之前二日（五月八号），曾上芜函一封，想可早邀青览矣。弟因长途跋涉，感受暑气，到省后，竟卧床六七日之久，今则托福幸告痊可矣。粤中政局甚为平安，决不致如外间新闻电报等之妄为猜度者。今江西军事，又日有进步，陈炯明氏亦觉悟自身前途，若长与孙公分离，则为取败之道。且广西匪乱颇亟，足使一般人心浮动，故陈氏已翻然允诺，担任剿匪事宜。孙公亦披诚相结，大约二三日内，陈氏当由惠州回省任事矣。如此，则前方讨贼军，更可安心直进，此为吾党一大事件之解决，请宽锦念可也。唯军兴之际，财库甚为支绌，弟所刻刻焦虑者，即在此途。当弟由家首途日，对于时局，即再抱一积极奋斗之愿，拟于两广盐务或本省财政之二职中，择其一而登台。唯深恐已登之后，对于财政前途，无一特色示人，则良心上亦颇觉难堪耳。先生自去岁以来，为吾党之故，常与资本家有所商榷接洽，故弟今祈请先生，勿徒事退隐，须再为革命的活动，使竟其全功，则受赐者，岂独弟一人已乎？孙公约于日间回粤主持大局，倘万一因事难回，则弟必向韶关一行。兹有一问题，当为各方面解释者，则粤局不靖（如所传孙、陈问题等）及北伐军前途胜败如何等等是也。弟以为此疑问不决，则实足碍诸事之进行，请直答之曰：孙、陈二氏，刻下实无问题发生。吴佩孚虽能战胜段、张，而决不能向南中民党派逞其威风者，盖吴氏自身实有坚强之觉悟。吴氏年来久住南方，实深知南中民众之不可侮，彼对于无用之赵恒惕，尚不敢过事威逼，越岳州一步者，彼非惧赵也，惟湖南为民党产生地故也。且彼所以能战胜段、张者，平心论之，因吴氏所标榜、所号召之名义，稍觉段、张为优故耳。若南中民党之旌旗，其光明磊落，较之吴氏之假托民意，其高下又岂可以道里计乎？盖以今日之形势论之，只有民党北进，断无吴氏南来之事也。况奉张尚未全败，足使吴多后顾之忧。段派实已归心，唯日盼南昌之陷落。凡此真象，尚望先生不惮烦劳，向诸君解释。或资本之团，或功名之士，时不再来，当机则断，其结果，则两国前途，俱有无穷幸福，为先生实利赖之。谨此候复，并问

列同志先生鸿安

凤梨兄处未另，请转致一切。

何天炯

五月二十九

再者 此事請秘為言

閣下之財政廳長程氏係廖氏可扑拔
之人，出必經驗手腕為各方面可反對、
其人雖卒業于米國某學校故與
日本方面必無因緣故刻下粵局財政
仍由廖氏向沙面洋行借款百萬元
左支右絀、彼若不可必矣若以私人
感情論則廖氏對于台行及吾粵君
方面則可謂惡劣之極矣。廖氏同時
以當源水電事業託山田借款活動特此奉告
以備參考之資

释读

再者（此事请秘为是）：

  目下之财政厅长程氏，系廖氏所引拔之人，甚无经验手腕，为各方面所反对。其人才卒国〔业〕于米国某学校，故与日本方面甚无因缘。故刻下粤局财政，仍由廖氏向沙面台行借款百万，正在交涉，能否成功，不可必也。若以私人感情论，则廖氏对于台行及吾粤各方面，则可谓恶劣之极矣。廖氏同时以"翁源"水电事业托山田借款活动。特此奉告，以为参考之资。

龙介
震作两兄惠鉴日前迳耕先生尊示
如悉 尊公已于昨年登遐归
道山悲悼之馀令人哀念俱灰
左尊公尽瘁民党求仁得仁
复何可憾唯我辈碌碌尘寰
毫无建树同念 尊公青眼相
爱之驻谊能不愤叹继以
挥涕雨天乎弟自去年孙公
同瘽之後旋点影山林不问
世事而童陈党之加害也不

料去冬陈氏败亡其残党退兴 驻
宁江西交界之间弟乡此包围
三平其骚扰害民之事纸不
胜书弟家叨天之福尚未被
其抢掠此真不幸中之幸唯因
此之故弟与外间隔绝消息数
百日余矣此 尊公之讣可以范未
间心衷哉今者逝者已登仙界
唯望 兄等节哀顺变用继
尊公未竟之事业别贤昆仲
之光荣也

　　欧因未知何日浮臻太平弟日间
　　拟往汕一行或取道往省也
全堂大人前请代以顾
巡耕先生处未劳山请代问书

宫崎滔天家藏民国人物书札手迹（第四卷）

 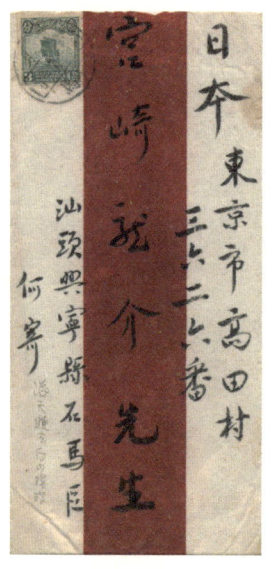

释读

龙介、震作两兄惠鉴：

  日前接到巡耕【编者注：宫崎滔天之兄宫崎民藏，别号巡耕】先生尊示，始悉尊公已于昨年冬遽归道山，悲悼之余，令人万念俱灰。在尊公尽瘁民党，求仁得仁，复何所憾。唯我辈碌碌尘寰，毫无建树，回念尊公青眼相看之雅谊，能不惭愤交加，继以挥涕问天乎！弟自去年孙公回沪之后，旋亦息影山林，不问世事，忌陈党之加害也。不料去冬陈氏败亡，其残党退驻兴宁、江西交界之间，弟乡即在此包围之中，其骚扰害民之事，纸不胜书。弟家叨天之福，尚未被其抢掠，此真不幸中之幸。唯因此之故，弟与外间隔绝消息几及百日余矣，此尊公之讣音所以茫未闻也，哀哉！今者逝者已登仙界，唯望兄等节哀顺变，用继尊公未竟之事业，则贤昆仲之光荣也。

  敝国未知何日得臻太平，弟日间拟往汕一行，或顺道往省也。

  令堂大人前，请代安慰之。

  巡耕先生处未另函，请代问好。

龙介、震作两世兄青鉴 仆於去岁八月由家
震作 来省 公私两方都乏善状 可述惭
愧之至 前李到钧 来日时 仆本拟同行
復因事不果 天下事诚不易料 及也運
入新年 知徽国大局稍呈转機 仆仍擬束
未與诸兄聚首 可寄上部蓋山岳一
年半之两册 诸转呈一册於巡耕先生
並候
年半之两册 诸转呈一册於巡耕先生
並候
令堂大人 福安 并
令堂大人 福安 并
皆樣宜々

天炯啓 一月三日

何天炯致宫崎龙介、震作函（1925年1月3日）

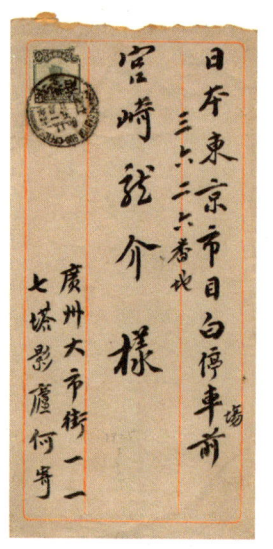

释读

龙介、震作两世兄青鉴：

仆于去岁八月由家来省，公私两方都无善状可述，惭愧之至。前李烈钧氏来日时，仆本拟同行，复因事不果。天下事诚不意料及也。运入新年，如敝国大局稍有转机，仆仍拟东来，与诸兄聚首耳。寄上鄙著《山居一年半》两册，请转呈一册于巡耕先生。并候

令堂大人福安并

大家安好

天炯启

一月三日